五訂版

現代経済政策入門

長谷川　啓之　編著

学文社

執筆者及び執筆分担紹介

長谷川啓之	日 本 大 学	（第1章，第8章）
馬場　正弘	敬 愛 大 学	（第2章）
谷口　洋志	中 央 大 学	（第3章，第6章）
中島　正人	大東文化大学	（第4章，第5章）
守谷　基明	関 西 大 学	（第7章，第9章）
森岡　洋	三重短期大学	（第10章）

〈執筆順〉

はしがき

　戦後45年が経過したが，日本経済を長期的にみると，むしろ明治120年余が経過したといった方が適切ではないかという気がしてならない。というのは，明治維新の頃日本政府（それに政府と直接関係のない各界のリーダーたちも含めて）が目標としたのはイギリス（を中心とした西欧というべきか）であり，それは強大な経済力を背景とした軍事大国であった。まさにそれゆえに，イギリスは世界中に植民地をもち，国民は豊かで（もっとも不平等は著しかったが），政治的・社会的・文化的にも世界のトップにあった。少なくとも，経済面でみる限り日本はイギリスに追いつき，追い越したようにみえる。それは何ゆえであったかといえば，勤労意欲に富む，1億の人口と旺盛な企業家精神を基本とした，活発な企業活動，政府の政策，そして国際環境に恵まれて，輸出志向工業化を強力に推進することができたからである。これは今日「日本型モデル」ともいえるものであり，NIES や ASEAN ばかりか中国，ソ連などの社会主義陣営でさえ評価しようとしている。最近の社会主義圏の動きを見ると，人間の解放とか歴史法則とかいい，「発展なき資本主義は形容矛盾」であるといわれるほど，経済発展に力を入れてきた資本主義のアンチ・テーゼとして出発した社会主義といえども，経済発展を無視しては成り立ちえないのかとの疑問を感じる。

　いずれにせよ，われわれが求めているものは皆大差はないのであり，人間は結局豊かさや公正，安定といった，共通の目標を求めているのであろう。そうだとすれば，それらの目標をどのようにして，効率的に実現しうるかが問われているのである。

　本書の目ざすものも，このような観点から，基本としては市場経済を前提としたうえで，政府の役割を考えていこうというものであり，資本主義とか

特定の経済のみを対象としているわけではない。たとえば，今日では中国やソ連でも部分的には市場のメカニズムを利用しようという動きがあり，その場合にも本書の考え方は部分的には大いに役立つと思われる。

ところで，本書は経済学の理論を学んだ人たち（主として学生諸君）を対象としたテキストであり，かなり基本的な考え方を可能な限りやさしく説明してあるので，本書をともかく通読したうえで各章に示した参考文献をさらに読んでみられるようお奨めしたい。

本書の作成にあたっては，学文社社長田中千津子さんおよび編集部の皆さんに大変お世話になった。執筆者に代って心から感謝したい。

長谷川啓之

五訂版の刊行にあたって

このたび，経済状況の急激な変化にあたり，若干の変更を加え，五訂版として刊行することとなった。改訂にあたり，主として以下の変更を行った。第1に，従来の11章編成から，2章分を削除し，代わって1章分を追加し10章編成とした。また，各章もそれぞれ若干の修正や統計数字の修正などを行った。

目　次

第1章　経済政策の目的，手段および主体……………………………………1
　第1節　経済政策の意味と内容……………………………………………1
　　　a　経済政策の意味(1)／b　経済政策と経済政策論(3)／
　第2節　経済政策の目的……………………………………………………5
　　　a　政策目的(5)／b　政策諸目的間の関係(8)／
　第3節　経済政策の手段……………………………………………………9
　　　a　財政手段(9)／b　金融手段(10)／c　他の政策手段(12)／d　目的と手段の関係(13)／e　経済政策と経済計画(14)／
　第4節　経済政策の主体とその変化………………………………………15
　　　a　経済政策の主体(15)／b　財政赤字と大きな政府(16)／c　政策体系とその要件(18)／

第2章　経済成長と安定化政策………………………………………………20
　第1節　経済安定化と経済成長の概念……………………………………20
　　　a　景気変動と経済安定化(20)／b　経済成長(26)／
　第2節　経済安定化政策……………………………………………………27
　　　a　経済安定化と政府の役割(27)／b　経済安定化の政策手段(29)／
　第3節　経済成長政策………………………………………………………36
　　　a　経済成長の理論(37)／b　経済成長の要因分解と政策(40)／

第3章　失業とインフレーション……………………………………………47
　第1節　失業とインフレーションの動向と現状…………………………47
　　　a　失業の動向と現状(47)／b　インフレーションの動向と現状(49)／
　第2節　失業に対する経済政策……………………………………………51
　　　a　循環的失業（需要不足失業）に対する政策(52)／b　非循環的失業に対する政策(56)／
　第3節　インフレーションに対する経済政策……………………………59

a　インフレーションの原因(60)／b　需要インフレーションに対する政策(61)／c　供給インフレーションに対する政策(63)／

　第4節　完全雇用か物価安定か――失業・インフレのトレードオフをめぐって――……………………………………………………………65
　　　a　フィリップス曲線(65)／b　自然失業率仮説：理論(66)／c　自然失業率仮説：政策的含意(68)／

　第5節　失業とインフレーションをめぐる最近の議論……………70
　　　a　日米におけるフィリップス曲線(70)／b　物価安定政策をめぐる最近の議論(73)／

第4章　分配の公正と分配政策………………………………………77
　第1節　所得分配の機構と尺度………………………………………77
　　　a　市場システムの分配機構(77)／b　不平等の尺度と現状(79)／
　第2節　分配の公正基準………………………………………………81
　　　a　貢献原則と必要原則(81)／b　厚生経済学と分配の公正(83)／
　　　c　ロールズのマキシミン原則(86)／
　第3節　所得分配政策…………………………………………………89
　　　a　分配決定因への介入(89)／b　所得再分配(91)／
　第4節　社会保障制度…………………………………………………94
　　　a　公的扶助(94)／b　社会保険(96)／

第5章　政策の主体と決定システム…………………………………99
　第1節　政治分析のフレームワーク…………………………………99
　　　a　政治の失敗と公共選択論(99)／b　政策決定過程の参加者(100)／
　第2節　投票ルールの諸問題………………………………………102
　　　a　投票のパラドックス(103)／b　多数決ルールの性質(105)／
　第3節　代議制民主主義……………………………………………108
　　　a　不確実性と代議制(108)／b　空間競争モデル(109)／
　第4節　官僚制………………………………………………………112
　　　a　ニスカネン・モデル(112)／b　裁量型官僚モデル(114)／

第5節　利益集団……………………………………………………… 115
　a　利益集団の形成(115)／b　利益集団競争モデル(116)／

第6章　産業政策…………………………………………………………… 119
　第1節　産業政策とは何か………………………………………………… 119
　第2節　産業組織政策（独占禁止政策）………………………………… 121
　　a　独占禁止政策の理論的基礎1(121)／b　独占禁止政策の理論的基礎2(125)／c　SCPアプローチの発展と批判(127)／d　日本の独占禁止政策(130)／e　電気通信事業と独占禁止政策(133)／

　第3節　産業構造政策……………………………………………………… 138
　　a　経済の構造変化と産業構造調整(138)／b　産業構造政策の分類，目的，手段(140)／c　産業構造政策の有効性(145)／

第7章　国際経済と経済政策……………………………………………… 149
　第1節　貿易政策と財政金融政策の政策手段…………………………… 149
　　a　ミクロ経済政策(149)／b　マクロ経済政策(152)／
　第2節　経常収支の決定要因と国際資本，労働移動の政策的側面…… 154
　　a　経常収支の持続的不均衡と国際資本移動の原理(154)／b　国際資本・労働移動の経済効果と資本豊富・稀少国の政策対応(157)／

　第3節　構造的経常（貿易）収支黒字と貿易・産業構造の変化……… 158
　　a　経常収支分析のための2つのアプローチ(158)／b　構造的貿易収支黒字の判別式と85年の状況(159)／c　85年以降の円高と貿易，産業構造の変化ないし変革(160)／d　日米包括経済協議（94年2月）後の動きと日本の競争力を高めるカギ(164)／

第8章　日本の経済成長と経済政策……………………………………… 170
　第1節　戦前の成長と政府の役割………………………………………… 170
　　a　戦前期の経済成長(170)／b　経済成長の要因とメカニズム(176)／c　政府の役割(179)／

　第2節　戦後復興期の経済と経済政策…………………………………… 183
　　a　ドッジの安定化政策(183)／b　朝鮮動乱とサンフランシスコ体制(188)／

第3節　高度成長期の経済政策………………………………………… 190
　　a　高度成長期の経済成果(190)／b　高度成長の主要因(191)／c　経済計画と経済政策(194)／
第4節　安定政策と経済政策…………………………………………… 201
　　a　石油ショック後の日本経済(201)／b　安定成長への経済政策(202)／c　具体的産業政策――コンピュータの場合(205)／
第5節　国際調整下の経済政策………………………………………… 207
　　a　バブル経済の発生(207)／b　国際協調と経済政策(210)／
第6節　バブル崩壊と日本経済転換へのシナリオ…………………… 215
　　a　バブル崩壊後の日本経済（215）／b　長期不況の原因は何か（216）／c　長期要因の重要性（217）／d　日本経済とアジア（219）／

第9章　グローバル化・ボーダーレス化における制度転換と経済政策… 225
　第1節　円乱高下，超低金利，低株価，資産デフレを抱えた日本経済の診断……………………………………………………………… 225
　第2節　グローバル化（内外国際化），ボーダーレス化（脱国境化）と制度転換の政策的側面……………………………………… 231
　第3節　グローバル・スタンダード（国際標準化），ロー・コスト・エコノミー（低コスト経済），エコノミー・オブ・スピード（スピードの経済）志向による経済再生策とコンプレックス・システム－インスティチューショナルチェンジ（複雑系制度転換）……… 236
　第4節　市場原理のメリットと二極化是正型，協調・協力型，循環・共生型経済社会の制度化を生かしたマクロ・ミクロ経済改革と制度転換への道……………………………………………………… 252
　　a　「失われた10年」とつくられた回復・自立回復の意味――転機のマクロ経済政策(252)／b　21世紀へ向けての自律回復のためのマクロ経済改革と大胆なミクロ経済改革・制度変革の必要性(254)／c　経済・社会の二極化を是正し，ポスト市場主義を志向する協調・協力・共生社会（第三の道）構築と制度転換の方向性(258)／

第10章　資源・環境政策………………………………………………… 265
　第1節　資源・環境問題の現状………………………………………… 265
　第2節　枯渇性資源と最適消費政策…………………………………… 268
　第3節　技術進歩を考慮した資源と最適消費政策…………………… 275
　第4節　環境を考慮した資源と最適消費政策………………………… 280

第1章 経済政策の目的,手段および主体

第1節 経済政策の意味と内容
a 経済政策の意味

われわれは日常生活の中で,さまざまな目標や期待をもち,それらが実現される努力をしている。だが,個人ではどうにもならないために,それを政治や社会が実現してくれることを強く望んでいるものも少なくない。それらの中にはごく身近なもの(たとえば,住宅・土地問題,環境,物価問題など)もあれば,それほどではないが,やはり日常生活に何らかの関連があるもの(たとえば,失業,所得や資産の分配,円高,貿易黒字,農産物自由化などの問題)もあり,さらには直接的には比較的関係は弱いが,重要と思われるもの(たとえば,遠い海外での大量失業とか飢餓貧困など)もある。これらの多くは放置しておけば,おそらく解決しないばかりか悪化さえするかもしれない。そうだとすれば何らかの措置を講じて,これを解決する努力が必要となろう。それを実行するにふさわしいのは誰かとなれば,今日では誰もがただちに,まず政府と答えるであろう。だが,かつてイギリスの経済学者アダム・スミスは自由放任主義的な観点から国家が経済に介入するとすれば,次の3点に限定すべきものと考えた。すなわち,① 社会を他の独立の社会の暴力と侵略とから防ぐ義務,② 社会の各成員はその社会の他の成員の不正または圧迫に対して,できる限り保護する義務,③ それを建設することが,一個人または少数の個人の利益とはけっしてならないような,ある種の公共土木工事または公共施設を建設し維持する義務,がそれである。このような政府は安価な政府(cheap government)などとよばれる。

しかし,この考え方の背景には,特定の個人や企業が他の個人や企業に影響を及ぼすほどの力をもたない自由競争の存在とそれを通じて市場には調和

や均衡がつねに達成されるとの楽観的見通しが前提とされている。この前提が正しいならば，たとえ一時的に調和や均衡が崩れ，問題が発生しても，やがて解決されるはずである。ところが，現実は必ずしもそうはならなかった。産業革命以降，ヨーロッパ，アメリカで相つぎ恐慌が発生した。その背後には生産力の拡大とともに独占や寡占が進行し，生産力の拡大を促進するために自国商品の販売可能な市場や，生産に必要な原材料等を求めて帝国主義的戦争が発生した。その結果，政府の多額の出費と介入の必要性が認識されることとなった。

こうした傾向は，20世紀に入ってますます顕著となり，1930年代の大恐慌はもはや政府の適切な介入がなければ経済は崩壊するほかないことを教えたといってよい。

政府が介入する場合，一貫した理論の体系が不可欠であり，そのことにもっとも大きな影響を与えたのはイギリスのJ.M.ケインズである。彼は1926年に書いた「自由放任の終焉」と題する小論の中で，「私的利害と社会的利害がつねに一致するように，世界が天上から統治されているわけではない」とし，「今日における経済学者の主要課題は，政府のなすべきこととなすべからざることとを改めて区別しなおすことであり」，「そのなすべきことを成し遂げることができるような政府形態を，民主制の枠内で工夫することである」[1]と主張した。

このような考え方に立ってケインズはあの有名な『一般理論』（正式には『雇用，利子及び貨幣の一般理論』1936年）を書き，ケインズの考え方に従って経済政策を行えば，多くの重要な問題が解決できるとの確信を人びとに与えた。その一つの典型例が，失業を解決することは政府の責任であるとの考えを示した，アメリカの雇用法（1946年制定）であり，その後の各国の経済計画などに示された政府の姿勢である。

ところで，政府が「なすべきこと」はどのような基準で決定されるのであろうか。ケインズによれば，国家の「なすべきこと」でもっとも重要なのは

個人がすでに遂行している活動ではなく,現在まったく実行されていないことを行うことである。それは,たとえば,富の不平等の是正,社会全体の貯蓄の規模やその最も生産的な分野への配分,適度な人口規模などを達成することである,とケインズはいう。

だが,これだけでは政府がなすべきかなさざるべきかの体系的な説明をすることはむずかしい。そこで,ケインズ以降政策論の研究は急速に進み,その体系化が試みられてきた。その出発点は経済政策とは何かをまず明確にすることである。たとえば,K.ボールディングは次のようにいう。「一般的にいって〈政策〉とは,特定目的をもった行動を支配する諸原理をいう。したがって,政策の研究は,次の三つの事項を取り上げねばならない。すなわち,われわれの欲するものはなにか(目的),われわれはいかにしてそれらを達成するか(手段),そして〈われわれ〉とはそもそもだれか,つまり,政策にかかわりをもつひとびとの組織あるいは集団は,いかなる性格のものか――という三つの事項である」[2]と。

目的(ないし目標)とは何かといえば,特定の個人や集団だけが欲するものとか利益の実現でないことはいうまでもない。それは一般に幸福とか福祉(ないし厚生)の増大であり,経済的厚生と非経済的厚生に分けて考えることができる。だが,前者は失業率とか,1人当り国民所得のように量的に測定できるのに,後者は測定できるものとできないものとが含まれており,経済政策の対象からはずされることが多い。

b 経済政策と経済政策論

ところで,経済政策はある決められた目的を一定の条件(たとえば,社会的・文化的慣習とか制度あるいは,そのときどきの経済・社会・国際情勢など)のもとで政策主体が実現しようとする努力である。しかし,それを可能な限りスムーズかつ長期的に矛盾が生じないようにするには論理的で体系的な政策のメカニズムが明らかにされていなければならない。その基礎となるものが経済政策論であり,それは,とりわけ戦後急速に発展した。

経済政策論は現実の経済政策がどのように行われ，どのような結果が生じたかといった政策そのものに関する研究や分析をはじめ，その原理やメカニズムについて明らかにするものが経済政策論である。それには通常一般経済政策論と特殊経済政策論がある。前者は経済政策方法論，経済政策基礎原理および総合経済政策論（これは総合的な経済計画と経済政策構想を問題とする）を含む。つまり，そこでは経済政策の目的と手段，主体と決定機構，経済体制，政策原理，総合的・総体的な政策などの研究が対象となる。また，特殊政策論には部門別と問題別の特殊政策論があり，前者は経済とか産業の諸部門を区別して，たとえば農業政策，工業政策，商業政策，貿易政策などについて研究する。後者は失業，インフレ，独占などの問題別に関連した理論を使って政策論を展開するものである（たとえば，完全雇用政策，物価安定政策，反独占政策など）。

以上の他にも，さまざまな特殊経済政策論が考えられる。たとえば，地域別にみていけば農村政策とか都市政策といった区分も可能であろう。

また，体系的分類からいえば，注目されるのはドイツ流の，経済経過政策，経済秩序政策および経済基盤政策，の三分法である。経済経過政策とは各経済主体の行動とか市場成果，さらにはその結果としてのインフレ，失業，不況など，日々の経済の動きに直接介入する政策である。経済秩序政策は，各経済主体の日常活動を支える経済的・社会的・法的な枠組みに関する政策で，たとえば政府の財政構造，産業組織，労働市場，公共部門と私的部門の構成，公共財と私的財の消費構造，その他の制度などへの措置が考えられる。また経済基盤政策は経済的要因そのものでは必ずしもないが，経済活動を支え，その維持や変化に影響を及ぼす自然的，人的，文化的基盤（たとえば，気候や風土，人口の量と質，科学技術，経済精神，国際環境など）に関する政策である。

第2節　経済政策の目的
a　政策目的

　経済政策は，政策主体（たとえば政府）が意識的に国民が望むことや経済活動の望ましい状態を実現しようとする努力であるから，どのような政策の目的を選ぶかを誰かが判断しなければならない。しかし，それは「日本経済は現在こういう状態にある」という判断（これを事実判断という）と違い，「望ましい日本経済の状態はこうあるべきだ」といった経験的に正しいか否かを判定できない判断（これを価値判断という）を必要とする。だから，現実にはそのような価値判断を前提としていても，それが正しいか否かといった科学的な議論をしようとすれば意見が分かれ，客観的に決着がつけられないことが多い。そこで，各政党がそれぞれ自ら正しいと思う目的を掲げて，それを国民に選択してもらい，それに基づいて「合理的な政策」を実行するといった工夫が行われる。その場合にも，「合理的な政策」がもっとも正しく客観的でありうるかといえば必ずしもその保証はない。そのため，目的と政策手段との間でたえずフィードバックを考えていかねばならない。

　それでは，まず政策目的から具体的に考えていこう。政策目的には先にも触れたように，大きく分ければ経済的厚生と非経済的厚生とがある。そこで，まず前者からもう少し具体的にみていくと，今日国により多少ウエイトのおき方に違いはあるものの，ほぼ共通して次のような主目的が指摘されている。

　① 完全雇用（ふつう，働く能力と意思をもつ人がすべて雇用される状態で，そのことにより経済的厚生とともに社会的政治的安定も増大する。）

　② 経済成長（国民所得の長期増大の傾向をさし，それによって国民の物質的厚生は増し，雇用の増加，産業構造の高度化などに影響を及ぼす。）

　③ 物価安定（種々の財貨やサービスの加重平均値である一般物価水準が安定しなければ，年金生活者をはじめ一般国民の生活が脅かされ，ときとして社会的・政治的不安定を生む。）

④ 所得と富の分配の改善（経済活動の成果である所得とその蓄積である富とが平等に分配されることで国民の経済的・非経済的厚生は高まる。）

⑤ 国際収支の改善（対外取引の結果である国際収支の大幅な黒字や赤字は、いずれも国内経済ばかりか国際経済の安定した運営を阻害するため、国民の経済的厚生に悪影響を及ぼす。）

⑥ 社会的必要の充足（国民すべてが共同で使用する国防、警察、司法、教育などは民間企業によっては、まったく、ないしは十分に供給されないから、政府がそれらを供給することで国民の厚生を増大させることができる。）

⑦ 特定産業の保護・育成（過去に重要な役割を果たしたが、現在は斜陽化した産業、逆に現在は未発達だが将来は主導産業となる可能性のある産業などを、一時的に保護したり育成することも政府の重要な目的の1つである。）

⑧ 特定地域の保護・開発（かつての北海道や沖縄のように、開発することや乱開発を防止したり観光などの目的で特定地域を保護することも政府の重要な政策目的の1つである。）

⑨ その他に公害（たとえば水質汚濁、大気汚染、騒音など）防止、廃棄物の衛生的処理による自然環境の保全などの生活環境改善、石油などのように緊急時のための備蓄を要する物資の供給確保、望ましい財の消費を増加させる目的をもつ個人消費パターンの改善なども大切な政策目的である。

⑩ 以上は主として国内ないし国際経済に関する政策目的であり、それらの政策目的を達成することが直接国民生活に影響を及ぼす。だが、今日では他の国ぐに、一方で先進工業諸国、他方で低開発諸国（NIESを含む）の集団があり、それらの経済動向は日本経済に大きく関連してくる。かつてイギリスの歴史家E.H.カーは国際社会は存在するかと問い、かりにそれが存在するとしても、そこには一社会内部の平等の原則は適用しにくく、全体の福祉が部分の福祉に優先するという原則が一般に容認されていないために不完全であると考えた。しかし、彼は、国家内の秩序が調和を保つためには、利益の調和と倫理（または道義）的調和のいずれか一方ではなく、両者（つまり、

力と道義）の混成によって達成されるように，国際道義的秩序が依拠しなければならない力のヘゲモニーを存続させるには，それを握る側の自己犠牲が必要だとした[3]。つまり，この考え方に立てば，先進国と低開発国の共通の利益（ないし福祉）のために力をもつ先進国の自己犠牲が必要であるということになろう[4]。それは具体的には先進国が低開発諸国の経済発展を助けることであり，ここに政策目標として低開発国の開発援助が重要な意味をもつ。

確かに，E.H. カーがいう通り，開発援助への強制力は国際社会で作用しないため，各国は自らの道義と必要に応じて実行しているにすぎない。しかし，低開発諸国の開発を助けることが，自国の利益につながるとの認識は大きく前進しつつあることはまちがいあるまい。

これらの政策目的のどれを優先するかはそのときの経済状態や経済の発展段階などに応じて変化する。たとえば，わが国では終戦後しばらくは物価安定，生産と雇用の拡大，国際収支の改善などが主要目的とされた。その後しだいに物価は安定したが，国際収支と景気のトレード・オフが続いた。1960年代後半からは国際収支の黒字基調が現われ，しだいに拡大した。他方では物価上昇が生じ，資源確保，そして再び雇用問題が重視されるに至った。このように，とりあげるべき政策目的の優先順位は変化するが，多くはほぼ一貫して追求される必要があることはいうまでもない。

ここで，非経済的目的について触れておこう。それは具体的には，たとえば芸術，宗教，平和，政治的自由，友情，隣人愛などであり，それらは貨幣で取引きできないから経済政策の対象からはずされるが，それらは経済的目的と密接に関連がある。1例をあげると，経済成長の進展は，一方で物質的豊かさを増大させるが，他方では環境を破壊したり，友情を希薄にするなどの可能性がある。

また，都市化が進めば，サラリーマンは長時間かけて遠くからの通勤を余儀なくされる。このように，経済的厚生と非経済的厚生とを考慮すると，場合によっては両者から得られる満足感はゼロやマイナスになるかもしれない

のである。

b 政策諸目的間の関係

ところで，上述のように経済的厚生，非経済的厚生の各増大を考える場合の具体的諸目的の間で密接な関連があるように，経済的厚生を実現する諸目的の間にもさまざまな関係がある。そこで，ある目的を追求することが他の目的の実現にどのような影響を及ぼすかという観点から，基本的にまず次の3つが区別される。

(i) **独立的関係** これは，ある目的を達成しようとしても他の目的の実現にほとんど，ないしまったく影響を与えない場合である。たとえば上述の政策目的を例にとれば，国際収支の改善と社会的必要の充足とか所得と富の分配の改善と特定産業の保護・育成といった組合せが考えられる。だが，これらの例も間接的には何らかの関連がないとはいえないから，まったく無関係ではないかもしれない。

(ii) **補完的関係** これは，ある目的を追求すると他の目的の実現に望ましい影響を及ぼす場合である。たとえば，物価安定が国際収支の改善に好ましい影響を与える場合も考えられるし，経済が成長して雇用を拡大する場合もありうる。

(iii) **対立的関係** これは，逆にある目的を追求していくと他の目的の実現に悪影響を与える場合である。この代表的な例として物価安定と経済成長ないし完全雇用との関係がある。つまり，物価を安定させるために総需要を抑制すれば，それだけ企業は生産量を減少させることとなり，経済が停滞したり，失業者が増大する可能性が生じる。

これらの諸関係の中で，もっとも問題なのは，いうまでもなく対立的関係である。1960年代後半あたりから先進諸国を中心に完全雇用と物価安定の問題が発生し，その後石油ショックをきっかけとしてさらにそれらに国際収支の悪化が加わって，その解決に悩まされることとなった。しかし，たとえば，ある目的Ａと他の目的Ｂの実現の間に対立的関係があっても，さらに他の目

的の実現にとっては補完的関係や独立的関係にある場合も考えられる。さらにまた目的Aの達成に役立つ手段の中に，目的Bには好影響を及ぼすが，Cには悪影響を及ぼすものが混在すれば，一部補完的で一部対立的関係が生じるかもしれない。このように，現実には純粋な関係でない混合的関係が存在する可能性はつねにあるといってよい。

第3節　経済政策の手段

　上記政策目的をいかにして実現するかは，政策手段の問題と密接に関連する。政策目的が増大し，複雑化すればそれだけ手段の増加を必要とする。むしろ目的を効果的に達成しようとすれば，目的数を上回る政策手段を必要とするであろうし，目的と手段の関係を考えれば，全体として体系的にならざるをえない。すなわち，これまでみてきたように，経済政策の分類に従って政策手段を分類することが可能である。すなわち，ドイツ流の経済経過政策，経済秩序政策，経済基盤政策にはそれぞれマクロ的（たとえば財政金融手段），ミクロ的（たとえば価格・数量的統制）な政策手段が用意される。また，オランダのJ.ティンバーゲンは政策手段を量的経済政策（主として財政・金融政策および直接統制），質的経済政策（租税制度，通貨制度および社会保障制度，農地改革など）と改革（社会制度の特質の変更など）に分けている。ドイツ流の経済経過政策および経済秩序政策はティンバーゲンの量的政策と質的政策にほぼ対応する。

　このように，それぞれの政策目的に応じて適切な政策手段が用意されなければならない。ところで，主たる政策手段には後にみるように，財政手段，金融手段，為替レートの変更，直接統制および制度の変更，があるが，これらは大きく量的政策と制度の変更に分けられる。

a　財政手段

　そこで，まず財政手段からみていこう。それには，① 財政収入，② 財政支出および③ 両者の収支バランスがあり，①と②は具体的には次のような

ものから構成されている。

① 財政収入に含まれるもの

個人所得税，法人税，関税，社会保障分担金，財産税，相続税，物品税，海外からの移転所得

② 財政支出に含まれるもの

政府投資，企業への補助金と移転支払い，家計への移転支払い，政府在庫投資，海外への移転支払い，政府消費（公務員等への人件費と消耗品等の購入）

政府の収支バランスが政策手段となるのは，財政の黒字ないし赤字の増加または減少の形であるが，それが意味をもつのは中央政府の場合に限定される。収支バランスを1年単位で均衡させると有効需要に大きな影響を与えることは困難である。このため，後でみるように数年間にわたる均衡を考えようとの動きがケインズ経済学の登場以来出てきた。このことは，国債発行と関連するが，近年の先進各国の大幅な財政赤字は改めて国債発行の当否についての議論をよんでいる。

財政収入面でのもっとも重要な政策手段は，直接税および間接税であり，財政支出面では政府投資である。

b 金融手段

次に，金融手段をみよう。これは中央銀行（日本は日銀）による貨幣や信用の操作を主内容とする。金融手段は大きく分けると量的金融政策と選択的（または質的）金融政策がある。前者には，① 公定歩合（または金利）政策，② 公開市場操作（オープン・マーケット・オペレーション）および，③ 支払い準備率政策の3つがある。

① 公定歩合政策とは，中央銀行が手形の再割引とか貸出しの形で民間金融機関に資金を供給するとき適用する利子率である公定歩合の変更を通じて，企業などの資金借入の費用（つまり金利）を増減させ，その面から企業などの経済活動（つまり投資）を管理する政策である。たとえば，公定歩合の引

き上げ→市中銀行金利の上昇→企業の資金借入コストの上昇→企業の投資支出減少→総需要の減少，というメカニズムが働くと，物価の上昇や景気が抑制されるかもしれない。逆に，公定歩合の引き下げが総需要を増大させれば，不況の回復，失業の減少，経済の成長などの結果を生む可能性がある。

② 公開市場操作とは，不特定多数の企業とか家計が自由に有価証券を売買する市場（これが公開市場）で中央銀行が手形や債券を売買して市中の貨幣量を調節する政策である。それによって，民間金融機関の資金状況を変化させ，その信用供与の態度を変えたり，既に発行してある証券の利回りの変更を通じて企業などの資金需要量に影響を与える。たとえば，売りオペ（中央銀行の債券売却）をすれば通貨が中央銀行に還流し，逆に買いオペ（中央銀行の債券購入）をすれば通貨が市中に流れ，それぞれ金融の引き締めと緩和が生じて総需要に影響を及ぼす。

③ 支払い準備率政策は次のような内容をもつ。つまり，民間金融機関が法律で預金額の一定割合（これが支払い準備率）を保有するよう定められているので，これを中央銀行が変更すると，以下のようにして民間金融機関の貸し出し態度は影響を受ける。

いま，A銀行に1,000万円の新たな預金があると，支払い（または法定）準備率(a)が10％であれば，A銀行は100万円を手元におき，残り900万円を貸し出すことができる。しかし，aが12％に引き上げられると，それだけ手元におかねばならない支払い準備金は増え，貸し出せる通貨は減少する。そればかりか，金融機関は一般に信用創造をしているから，その分にまで次のようにして影響が及ぶ。

いま企業がx_1, x_2, x_3, x_4, ……, 銀行がA，B，C，D，……あるとする。そして企業x_1が銀行Aから1,000万円を借り入れ，それを企業x_2への支払いにあて，x_2はそれを銀行Bに預金すると，Bは支払い準備率（10％）に応じて貸し出せる金額（900万円）を決定する。Bが900万円を企業x_3に貸し付け，x_3はそれを企業x_4への支払いにあて，x_4はこれを銀行Cに

預金すると，Cはそれから支払い準備率を差し引いた，$900\times(1-0.1)$ 万円を貸し付けることができる。このようにして，次々と取引が続いていくと銀行組織全体では，最初の貸し付け額1,000万円を加えて，合計貸し出し額 (T) は次のように表せる。

$T=1,000+1,000\times(1-0.1)+1,000\times(1-0.1)^2+1,000\times(1-0.1)^3+\cdots\cdots$
$\quad =100,000$

つまり，当初の貸付1,000万円が次々と信用を創造して，貸付総額はその10倍の1億円となる。もし支払い準備率 (α) が12%となれば，上式の0.1に0.12を入れればよいから，約8.33倍，つまり8,330万円，α が15%なら約6.67倍の6,670万円，逆に，α が0.8に引き下げられれば，1.25倍の1億2,500万円というふうに変化する。つまり，支払い準備率の変更が信用創造の大きさを変え，総需要に影響を及ぼすことがわかる。

次に，選択的金融政策をみよう。上でみた量的金融政策が経済全体の貨幣量とか金利を変更して資金の使い道については直接触れない。だが，選択的金融政策は特定部門を対象とするが，さらには必要に応じて資金の使途を規制する場合も含められる。特定部門を対象とするだけで，その部門内部には規制を加えない例としては輸入抑制を目的として輸入担保率（＝保証金÷輸入金額）を引き上げたり，消費者金融での頭金支払い額や割賦期間を変更する場合などがある。資金の使途を規制する措置には，わが国でもっとも有効性を発揮してきたものの1つといわれる，日銀の窓口規制（または指導）がある。これは，各民間金融機関に対して，日銀が日銀からの借入額や特定企業に対する貸出量の規制などについての指導を行うものである。

c 他の政策手段

(1) 次に，為替レートの変更についてみてみよう。これは為替レートの変更を通じて，国際収支の均衡を図る有力な手段である。それも，1949年4月に設定された1ドル＝360円という平価が固定され，必要に応じて変更される固定為替相場制の下では意味があった。だが，1973年2月の変動為替相場

制への移行以後は，中央銀行が為替相場に介入したり，市中銀行の為替持高に直接規制を加えることはあっても，政策手段としての有効性はほとんどなくなってしまった。

(2) 直接統制は法律に基づいて緊急の事態が発生したとき，自由企業経済の理念に反しながらも，やむをえずとる手段である。これには，輸出入制限や外国為替管理，資本流出規制などの対外取引への直接統制と，物価安定のための賃金・物価統制，物資不足に対処するための配給制，公害規制を目的とした特定地域の特定産業の活動規制などの国内取引への直接統制がある。

(3) 制度の変更には変更される対象に従って次の3つに整理される[5]。① 生産に直接影響を与えるもの（たとえば，競争条件の変更，農地改革，産業国有化など），② 他の政策手段に影響を与えるもの（たとえば，租税制度の変更，信用制度や通貨制度の変更，直接統制に関する制度変更など），そして，③ 国際組織に関するもの（たとえば，国際貿易，国際金融などに関する国際機構の創設や廃止ならびに改変など），である。制度の変更には時間がかかること，一度変更すると容易に再変更や廃止，さらには元に戻すことが困難なことなどから，制度を所与とした量的政策手段と違って政策手段としてひんぱんに使用されないのが大きな特徴である。

d 目的と手段の関係

今日では，たった1つの目的を達成すれば，他の目的については考えなくてもいいということはほとんどない。複数の目的を同時に達成するには複数の政策手段の組合せ，つまりポリシー・ミックスが必要とされる。その場合の問題の1つは，設定された目的を実現するのにどのような手段を選択すべきかということである。手段選択のもっとも重要な基準は，効率性基準である。これは，追求する目的の実現にもっとも効果的な手段を選ぶべきである，とする考え方である。また，オランダのJ.ティンバーゲンによれば，与えられた複数目的を同時に実現するにはそれと同数だけの手段が必要である。その場合，採用される手段が目的変数に対して有効であること，目的と手段

がそれぞれ相互に独立であること，の2つの条件が必要である。

　この2つの条件を充足して，たとえば2つの政策手段が利用できれば，2つの政策目的を同時に達成できる可能性がある。しかし，複数の政策目的のそれぞれについて，それらを実現するための政策手段も複数あるが，それぞれ目的に及ぼす影響力には相違がある。そこで，各目的にどのような手段を割当てるかが問題となる。この問題についての基本的な考え方は，R. マンデルの「政策手段の比較優位の原理」（あるいは効果的市場類別原理などともいわれる）に示されている。それによれば，各手段が相対的に大きな効果を与える目的に割当てられるならば，複数目的の同時達成は効果的になされる（この具体的な例は，後の章で取り上げよう）。

e 経済政策と経済計画

　今日，社会主義諸国ばかりか資本主義諸国，さらには低開発諸国でもさまざまな形の経済計画を実施している。これを資本主義諸国の場合でみると，政府は一定期間内で多様な目的を同時に追求するとき，長期的にも安定した経済運営をする必要性から整合的な政策運営が行われねばならない。このため戦後経済計画が先進資本主義でも行われるようになったが，それは社会主義諸国での強制的計画と違って，企業や国民に具体的目標を実現するために必要な政策やプロセスを明らかにするだけの指示的（ないし分権的）計画である。それでも，国民に政府の意欲，態度，さらには計画の実施によって生じると予想される結果をあらかじめ示すことで，国民に経済活動の誘導目標を与えたり，目標を実現するために都合のよい方向へと努力させることが期待できる。このため一定期間に実現したい国家計画目標とそれに必要な手段の整合性や可能性の分析が行われることになり，経済計画の中に経済政策が具体的に示されることになる。

第4節 経済政策の主体とその変化
a 経済政策の主体

これまで経済政策の目的とその実現のための政策手段についてみてきた。次に，それでは誰が政策目的や手段の選択，さらには実行の主体になるのかが明らかにされねばならない。一般的には，政策主体は政府（または国家）である。政府といってもまず第1に中央政府と地方政府があり，さらに国際的な諸機構（たとえば国連やその諸機関をはじめ，地域統合機関であるECやASEANなど）とか国家内の諸組織（たとえば，労働組合や経営者団体連盟など）の政策決定主体もある。それでも強制権力をもつのはいぜん政府（ないし国家）だけであるから，ここでは一般に使用されるところに従って，政策主体を政府（ないし国家）に限定することにしよう。

つまり，政府は直接政策目的と手段の体系とを選好する政策作成者とみるわけだが，その選好はどのようになされるのかといえば，政府の勝手な選好ではなくて，そこには何らかの意味で国民の意思や期待が反映している。政府と国民の選好は政策決定経路とか政策決定機構であり，具体的には国会である。だが，国民と政府の選好が必ずしも一致しないために，両者間に緊張関係が生じることはよく知られている。それは直接政策を作成する者（政府）の背後に労働組合とか大企業などのような圧力団体が存在したり，社会経済の複雑化や国家機能の増大などから専門化が進み，経済政策も専門技術化し，高度の知識を要するため，住民の地域代表が理解できる範囲をしばしば越え，経済政策の専門知識をもつ高級官僚や企業幹部が結びつくなどして，官僚支配，テクノクラシー，セクショナリズムなどが進展したためといわれる。[6]

このため，本来政策主体であるはずの政府や具体的な政策作成機構であるはずの国会は名目にすぎなくなり，実質上は政党，圧力団体，専門官僚といった集団が主体をなすに至る。すると，そこからさまざまな問題が発生しやすくなることは容易に想像される。

b 財政赤字と大きな政府

その1つで，先進諸国に共通してみられる現象に巨額な財政支出と大幅な財政赤字の問題がある。図表1-1および図表1-2からそのことは容易に知ることができる。

図表1-1 主要先進国の公債依存度と長期政府債務残高／GNP（％）

	日本		イギリス		アメリカ		西ドイツ		フランス	
	A	B	A	B	A	B	A	B	A	B
1960	−	4.1	−	89.8	3.4ⓐ	46.3	0.2	7.6	3.0ⓑ	14.1
65	5.2	3.1	−	71.4	1.2	39.1	1.6	6.7	4.0ⓒ	7.2
70	4.2	5.7	2.9ⓔ	56.8	1.5	29.7	1.4ⓓ	6.4	−	3.9
75	25.3	12.3	18.4	41.7	16.0	26.6	21.1	9.4	12.2	3.7
80	32.6	33.9	13.1	45.4	12.5	26.5	12.8	15.1	6.1	5.3
85	23.2	47.7	3.6	46.7	22.4	36.5	8.8	20.8	14.6	11.3
88	15.6	51.9		44.5ⓕ	13.9	45.5ⓖ	10.9	21.5ⓖ	10.5	12.1ⓕ

注) ① A，Bはそれぞれ公債依存度，長期政府債務残高／GNP
② ⓐ＝1961，ⓑ＝1962，ⓒ＝1967，ⓓ＝1971，ⓔ＝1972，ⓕ＝1986，ⓖ＝1987
資料）加藤隆俊編『図説日本の財政』東洋経済新報社　1988年度版　384～93ページ

図表1-2 主要国中央政府の歳出・歳入（1960～1987）

	日本		イギリス		アメリカ		西ドイツ		フランス	
	歳出	歳入	歳出	歳入	歳出	歳入	歳出	歳入	歳出	歳入
1960	17,431	19,610	78.3	71.8	978.0	943.9	330.9	330.4	658.7	600.7
	(11.2)	(12.7)	(30.4)	(27.9)	(19.4)	(18.7)	(10.9)	(10.9)	(21.9)	(19.9)
1970	81,877	84,592	175.4	186.3	2,114.3	1,883.9	872.7	882.9	1,605.6	1,607.0
	(11.5)	(11.9)	(34.5)	(36.6)	(21.6)	(19.3)	(12.7)	(12.9)	(19.8)	(19.9)
1980	434,050	298,704	710.9	623.0	5,992.9	5,314.3	2,157.1	1,880.9	6,299.2	6,006.3
	(17.7)	(12.4)	(30.8)	(27.0)	(21.9)	(19.5)	(14.5)	(12.7)	(22.3)	(21.3)
1987	541,010	436,000	1,207.1	1,195.2	10,376.9	8,689.9	2,690.5	2,411.3	10,874.5	10,263.4
	(15.7)	(12.6)	(29.1)	(28.9)	(23.1)	(19.4)	(13.3)	(11.9)	(24.6)*	(21.5)*
1987/1960	31.04	22.23	15.42	16.65	10.61	9.21	8.13	7.30	16.51	17.09

注) ① ( ) 内は対GNP比　② ＊は1986年　③ 単位はそれぞれ億円，百万ポンド，百万ドル，百万マルク，百万フラン．
資料）日銀『国際比較統計』各年版

このような現象はなぜ生じてきたのであろうか。この問に対する説明はいくつか出されてきたが，その中でもっとも注目されるのは，J.M.ブキャナンやR.E.ワーグナーによって提出された，以下のような説明方法である。[7]

それは結論からいえば,現実の民主主義社会でケインズ政策を適用しようとすると財政規模が拡大したり,財政赤字を生みやすいというものである。なぜそうなのかを理解するためには,ケインズ政策とその前提について説明する必要がある。第1に,ケインズとその支持者たちは現実に本来経済がもつ不安定な状態を政府は安定化させ,経済活動をスムーズに進めるべきであり,またそれは可能だとみなした。そこで,古典派の人たちが前提とした,単年度での均衡予算主義を放棄して,たとえ一時的には赤字になっても不況時には大幅に財政支出を増やせば景気が好転して租税収入が増え,やがて赤字は解消すると考えた。確かに,この考えは,次の前提が成り立つ場合にはうまくいく可能性がある。つまり,それは「ハーベイ通りの前提」といわれるもので,① その1つは政策決定は,知的に優れた人が公共の利益を合理的に評価して行動することによって行われること,② もう1つは,政策決定はケインズ同様,一部の情深い知的エリートによって行われること(哲人王仮説)の2つから成る。ところが,現実の社会はすでにみたように,利己心の旺盛な利益者集団の圧力や利己的な利益を求める一般選挙民の票を獲得するために,政治家は彼らに迎合し,必ずしも公共の利益や公正な政策決定ができない。このため,減税や財政支出増大はそれが将来インフレを招いたり,財政赤字につながるとしても誰も気にとめなくなる。逆に,増税や財政支出の削減は現在何らかの損失を蒙る人がいるために反対される可能性が出てくる。こうして,ケインズ派の人たちが考えたように,財政政策はうまく機能するとは限らず,財政の赤字や財政支出の大規模化(大きな政府),さらにはインフレなどが発生しやすい状況を生み出す。したがって,考え方としては正しいケインズ主義も現実の民主主義政治体制の下で実行されると,予想に反した結果を生み出すことがわかるというものである。

古典派的な均衡財政原理が作用していた戦前はイギリスをはじめとした諸国で,財政規模も小さく,赤字も特定の時期(たとえば,戦争時や恐慌期)に限定されていた。ところが,ケインズ政策が採用された戦後では,イギリ

スで典型的にみられるように財政支出規模と財政赤字は持続的に増大し，それが貨幣供給量（マネー・サプライ）の増加を伴いやすい金融制度とともにインフレをも発生させる経済構造を形成してきたとされる。そこで，このような状況から脱出するためには，政治家の行動に一定の限界を設けられる金融財政制度（たとえば，通貨供給量の安定的な増加や自動安定装置の強化など）と均衡予算主義の採用が必要になろう。

c 政策体系とその要件

　経済社会が複雑化し国家機能の増大，仕事の分割や専門化が進展するにつれて政策目的や政策手段も増大し，複雑化する。このため，それら全体の総合性や体系性が必要となる。その場合，目的と手段の間での体系性や総合性が必要となるわけだが，それが形成されるにはさまざまな困難が伴う。たとえば，利害が相反する者の間の調整，複数でしかもトレード・オフ関係にある諸目的間の優先順位の決定，などをどうするかである。これらの点をめぐって，しばしば対立が生じ，結局何らかの形での妥協が必要となる。だが，一応それらが克服されてもなお，形成される政策体系は合理的でなければならない。すなわち，それがたとえ選択される諸目的の間で相互に矛盾せず，目的に手段が適合していても，政策体系自体国民が望み，経済的・非経済的厚生を高め，かつ目的が実現可能であるなどの条件が満足されなければならない。これらの条件は，政策を体系化するうえでの必須要件であり，要約すれば次のごとくである。つまり，① 人間生活の一般的な意味または価値に合ったもの，すなわち人間の自己実現に仕えるものでなければならない（これを価値的合理性の要件とよぶ）。② そのときどきの現実情況に合ったものでなければならない（現実的合理性）。③ 目的の実現を保証するための可能な手段を選択すべきこと（技術的合理性）。そして，④ 政策を作成する基礎的な枠組を形成する所与ないし所期の経済体制に適合する必要がある（体制的合理性）である。

注）

1) J.M.ケインズ著（宮崎義一訳）『ケインズ全集9・説得論集』東洋経済新報社　1981年　344〜45ページ
2) K.ボールディング著（内田忠夫他訳）『経済政策の原理』東洋経済新報社　1960年　3ページ
3) E.H.カー著（井上茂訳）『危機の20年』岩波書店　1952年　218〜219ページ
4) これとよく似た考えはその後多くの人が取り上げ，かなり一般化してきた。たとえば，「ブラント報告」として有名な『南と北・生存のための戦略』日本経済新聞社　1980年はその代表的書物である。
5) E.S.カーシェン他著（渡部経彦監訳）『現代の経済政策（上，下）』東洋経済新報社　1965〜66年
6) この点についての詳細は，たとえば野尻武敏他『転換期の経済政策』中央経済社　1984年　36〜37ページを参照されたい。
7) J.M.ブキャナン・J.バートン・R.E.ワーグナー著（水野正一・亀井敬之訳）『ケインズ財政の破綻』日本経済新聞社　1979年

参考文献

以上にあげた書物の他に，次の文献が参考になる。

J.M.ブキャナン・R.E.ワーグナー著（深沢実・菊地威訳）『赤字財政の政治経済学』文真堂　1979年

加藤寛編『入門公共選択』三嶺書房　1983年

中野実編著『日本型政策決定の変容』東洋経済新報社　1986年

M.フリードマン著（西山千明訳）『選択の自由』日本経済新聞社　1980年

第2章　経済成長と安定化政策

　経済活動の過熱を避けながら完全雇用を維持し，一国の所得水準および潜在的生産能力の持続的な拡大をはかるという，経済の安定化と経済成長の達成は，いずれも経済政策の主要目標の1つである。失業とインフレに対処するために景気の循環的変動を打ち消すという反循環的政策に関しては，政府による総需要の裁量的管理を認めるケインズ理論の適用が考えられる。一方経済成長については，この体系の長期的分析への拡張と同時に，経済の供給側に対する政策の関与も必要とされる。本章では，短期的視点から，乗数理論を基礎においた総需要管理政策について，長期的な成長トレンドのまわりの循環的な変動を安定化させる手段として述べるとともに，長期的視点から，一国の経済の潜在的生産能力の成長について，その要因分解を試みる手法も用いながら考察する。

第1節　経済安定化と経済成長の概念
a　景気変動と経済安定化
(1) 景気循環の考え方と指標

　実質GDP（国内総生産）をはじめとする各種のマクロ経済変量の，相互に関連しあった類似した動きを経済変動という。例として実質GDPの推移を見ると，長期的な傾向の上に短期的な成長率の変化が重なっているが，これは単なる不規則変化ではなく，経済活動の水準の拡大速度が大きい時期と小さい時期が交互に発生する，ある程度規則的な変化である（図表2－1）。このような経済活動の相対的拡大と収縮の繰り返しが景気循環である。(注)

　（注）　一国の総生産の尺度としては，以前から広く用いられていたGNP（国民総生産）が一般用語として定着しているが，今日では，GNPから海外からの要素所得を差し引き，海外への要素所得を加えたGDPが一般に用いられており，国民経済計算でもGNPは参考値として扱われている。

図表2-1 日本の実質GDP成長率（季節調整済四半期系列）

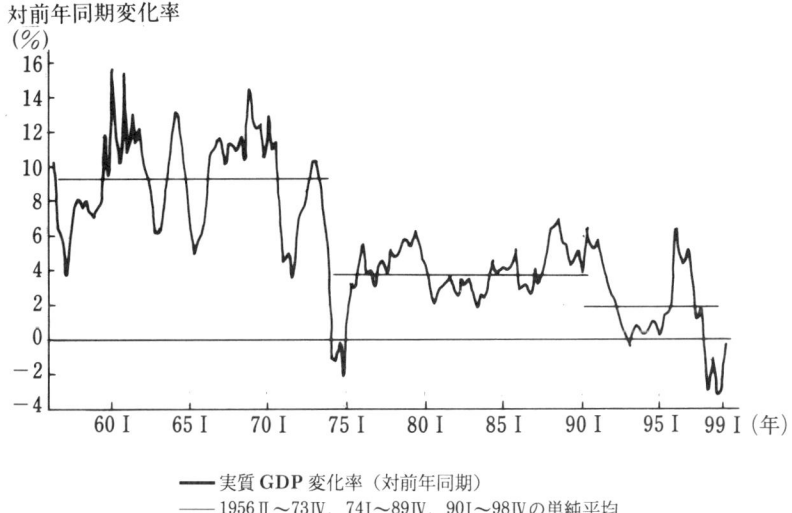

——実質GDP変化率（対前年同期）
——1956Ⅱ〜73Ⅳ，74Ⅰ〜89Ⅳ，90Ⅰ〜98Ⅳの単純平均

数値は平成2暦年基準。日本の実質GDPは長い間正の成長トレンドを有していたが，1974年に初めて年率でマイナス成長を経験し，深刻な不況のため98年以降再びマイナス成長を記録した。長期的には，第1次石油ショック以前の平均成長率は9％以上だったが，1974〜89年には4％弱に低下し，それ以降はさらに低下して2％以下となっている。

図表2-2 景気循環の模式図

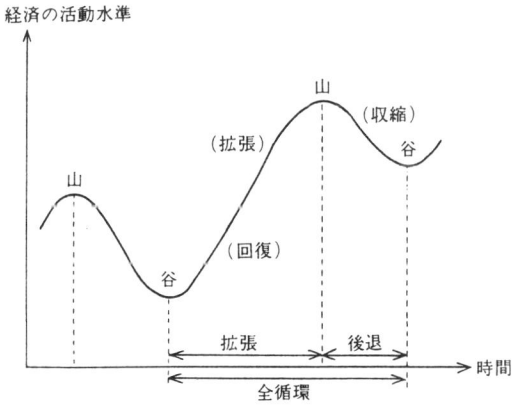

　実際の変動から循環的な動きのみを取り出して模式的に描くと，景気循環は図表2-2のような波型で表現される。経済活動の水準が最高に達する点

は景気循環の山,最低になる点は景気循環の谷とよばれる。この山から谷に至る循環の局面が景気後退期ないし収縮期,谷から前回の山の高さまでの回復の段階とこれを超えて新たな山に至る段階をあわせた局面が拡張期である。谷,拡張,山,後退の4局面が景気の全循環を形成し,拡張局面から山にかけての趨勢的水準を上回る時期が好況,後退局面から谷にかけての時期が不況である。循環の長さは周期,山と谷の差は振幅とよばれることもある。

　ある経済の景気循環の様子を観察,分析するためには,この山と谷の日付(景気の基準日付)を特定する必要がある。経済活動のさまざまな側面を反映して推移する各種の経済変量の変動を総合するべく作成された代表的な指標として,従来より経済企画庁によって作成されてきた,生産や企業収益,消費など景気の変動をよく反映する諸指標(系列)を総合した景気動向指数がある。景気の基準日付はこれを参考にして専門の委員会が総合的に判断,特定をしたものである。

　この景気動向指数には,採用系列中に3ヵ月前に比べて拡張を示した系列が占める割合で表した,景気が拡張と後退のいずれの局面にあるかを示すDI (Diffusion Index) と,各系列の変化率を合成して作成された,景気変動の大きさや量感を把握するためのCI (Composite Index) とがある。またこれらには,景気に先んじて動き景気の山と谷の予測に用いられる先行指数,景気にほぼ一致して推移する一致指数,実際の景気から遅れて推移し日付の確認に用いられる遅行指数がある。経験的には,一致指数のDIの基調が拡大しながら50％をこえた時点の付近に景気の谷が,低下しながら50％を下回った時点の付近に景気の山があるとされる。[注]

　　(注)　DIは総採用系列に占める拡張系列の比率の上昇を以て経済の各分野への景気拡大の浸透とみるもので,採用系列を「拡大,上昇」「不変」「低落」に3分し,それぞれに1,0.5,0という値を与えた場合の平均値として計算される。DIはぶれが激しく動きも不規則なため,後退,回復の始まりは1回限りではなく3ヵ月連続してこの基調が認められた場合とされる。

図表2-3 景気の基準日付

	谷	山	谷	期間		
				拡張	後退	全循環
第1循環		26年6月	26年10月		(4ヵ月)	
第2循環	26年10月	29年1月	29年11月	27ヵ月	10ヵ月	37ヵ月
第3循環	29年11月	32年6月	33年6月	31ヵ月	12ヵ月	43ヵ月
第4循環	33年6月	36年12月	37年10月	42ヵ月	10ヵ月	52ヵ月
第5循環	37年10月	39年10月	40年10月	24ヵ月	12ヵ月	36ヵ月
第6循環	40年10月	45年7月	46年12月	57ヵ月	17ヵ月	74ヵ月
第7循環	46年12月	48年11月	50年3月	23ヵ月	16ヵ月	39ヵ月
第8循環	50年3月	52年1月	52年10月	22ヵ月	9ヵ月	31ヵ月
第9循環	52年10月	55年2月	58年2月	28ヵ月	36ヵ月	64ヵ月
第10循環	58年2月	60年6月	61年11月	28ヵ月	17ヵ月	45ヵ月
第11循環	61年11月	平成3年2月	平成5年10月	51ヵ月	32ヵ月	83ヵ月
第12循環	平成5年10月	(9年3月)	(11年4月)	(41ヵ月)	(25ヵ月)	(66ヵ月)

資料）経済社会総合研究所ホームページによる。年号は昭和。（ ）は暫定。
戦後日本の景気循環は11回存在し，現在は12回目である。全体として上昇トレンドを反映して，最近まで拡張期の方が長い傾向が見られた。戦後最長の景気拡張期は1965年からのいざなぎ景気で4年9ヵ月，最長の全循環は1986年からのバブルの形成と崩壊を含む期間の6年11ヵ月であった。

　戦後日本における実際の景気の基準日付からは，経済に長期的な拡大傾向があるために一般に景気の回復・拡張は後退よりも長く続くということ，および景気の1循環の長さは循環毎に異なり，常に同じというわけではないということが読み取れる（図表2-3）(注)。

（注）　たとえば，いざなぎ景気や平成景気など，後述の設備投資循環の上昇期には短期循環の拡張期間が延長し，循環の全長も伸びる傾向がある。また高度成長期の景気後退は10〜17ヵ月の範囲だが，その後には30ヵ月を超える長い後退期も出現している。

　一方，経済の活動水準の指標として付加価値を生み出す活動自体を総合した実質GDPを用い，その成長率の変動に表れる循環的動きに注目して景気

循環を説明したものは特に成長率循環とよばれる。景気の基準日付でみた景気循環は実質GDP変化率でみたそれとほぼ対応しており，実質GDPないし一人あたり実質GDPの対前年（度）変化率として定義される経済成長率の高低をもって一国の景気の良し悪しがしばしば語られる理由となっている。

(2) 景気循環を説明する要因

景気の変動に何らかの経験的な周期性を見いだし，それを発生させる原因を探るという試みにおいては，古くからさまざまな見方が示されてきた。第二次大戦以前を中心とした欧米の長期時系列データの検証によって，在庫投資の変動が原因と考えられる40ヵ月程度の短い周期の景気の波（キチンの波，在庫循環，小循環などとよばれ，実際の景気循環の1周期すなわち短期循環に対応）や，設備投資変動によるとみられる7～10年程度の比較的長い景気の波（ジュグラーの波，設備投資循環とよばれ，小循環に対して主循環ともいわれる中期的循環で，設備投資対GDP比率の変動などから検討される）が観察された。また，設備投資の中でもとくに建設投資との関連が指摘される，およそ20年周期の波動（クズネッツ循環，建設投資循環といわれる）もあるとされる。後述のように，消費や輸出の変化も総需要の変化として景気に大きな影響を及ぼすが，GDPの主要な構成要素の1つで，他に比べて変動が大きい各種投資の増減に注目するこのような見方は今日も有力である。この他，むしろ長期的な変動として，18世紀から1910年代のデータの中に平均50年の3つの長期波動（コンドラチェフの波）があるとする，主要な技術革新の集中的発生と関連した長い周期の循環も指摘されている。実際の景気循環はこうした性格が異なるいくつかの循環が複合して形成され，拡大要因が強めあって周期や振幅が大きい景気循環をつくり出したり，反対に異なる要因が打ち消しあうなどして，拡張および後退の長さや力強さなど各循環毎の特徴をかたちづくっている。

経済自体の自律的メカニズムによる景気変動としては，資本ストック調整原理による設備投資の循環や，古典的な乗数＝加速度モデルなどがあるが，

一方で，天然資源や技術革新など，経済における外生的要因もまた景気を変動させる要因となりうる。実物的な経済変動を貨幣的な変動から切り離して論じる立場からは，景気変動はこうした供給側の外生的ショックに起因するものであるとする見方が示されている。^(注)

 （注） その場合，実質的な景気水準を下降させる現象としては，食糧や原材料，エネルギーといった天然資源の供給制約などが，逆に上昇させる現象としては技術革新の結果生じる労働の限界生産力増大による雇用や所得の拡大などが考えられる。また，天候異変や政治体制の変化なども経済を大きく変動させるショックとなりうる。

(3) **反循環政策としての経済安定化**

経済政策の目的の1つはこうした景気循環の抑制であるという見方がある。その場合，経済の活動水準の過度な変動を避け，滑らかな成長を実現するための政策が経済安定化政策であるということができるが，それでは，なぜそこでは循環の抑制が図られるのか。

まず，人びとが明らかに不景気よりも好景気を好むにもかかわらず，景気の山の状態を保つのではなぜいけないのか。それは，この状態では経済はその生産能力の上限で操業しているので，たとえ一時的な需要の増加でもインフレーションが深刻化しやすいためである。インフレーションの高進は，所得が固定ないし物価に遅れて変化する人びとの立場を相対的に不利にしたり，貨幣資産の実質価値を引き下げたり，税負担の不公平をもたらすなどの問題を生じさせる。反対に景気の谷の状態ももちろん好ましくない。生産能力とくに労働の大幅な供給超過は失業の大量発生をもたらし，一国全体の生活水準の低下，国民の生活上の保障および労働条件などの向上の阻害をまねく。これはまた労働力の効率的な配分を妨げる。長期的にも，未利用の生産能力が存在し続ける状態は成長の損失をもたらす。

結局，保たれるべき望ましい水準とは，インフレが加速されない程度に経済が活発な実質GDPの水準となる。このGDP水準に対応する失業率は自然失業率などとよばれ，生産物市場の需給バランスではなく，技術の状態や

労働市場の状態，労働への態度など，むしろ構造的な要因に影響される。

かくして，望ましい実質GDP水準のまわりの変動を抑制する反循環的な安定化政策は，不況期においては失業の解消，景気過熱期においてはインフレ抑制を政策目標として，それぞれ失業率と物価上昇率の引き下げを意図することになる。だが，後述のようにこれらは短期的に所与とされる供給側に対する総需要の過不足の調整という性格を有し，2つの政策目標の同時達成はむずかしいため，代わって両者のトレードオフ関係を前提とした，社会が望ましいとする失業率とインフレ率の組み合わせという目標が設定される。

b 経済成長

一方，経済成長も一国の経済規模の数量的な拡大として捉えられ，実質GDPないし一人あたり実質GDPの成長率（経済成長率）で測られる。再び図表2-1をみると，実質GDP成長率はときに大きく変動しつつもある程度の長期的傾向をもっている。これを実質GDPのトレンド（趨勢）といい，現実の実質GDPはこのまわりをめぐる変動をしているとみることができる。成長率循環においては，このトレンドからの乖離が景気循環を意味する。経済安定化政策が短期的視点から長期的生産能力を所与として，トレンドをめぐる総需要の循環的変動に注目するのに対し，経済成長への政策の場合，長期的視点に立って，完全雇用へ向けて短期的変動が調整された後の，生産能力としての実質GDPの成長のトレンドそのものに注目する。そこでは，経済の生産能力の成長を決定する諸要因の考察が行われる。

経済成長が政策目的とされる理由の1つは，これが国民に分配される価値の増大による厚生の改善をもたらすと期待されるためである。経済成長を達成して分配の原資そのものを拡大することで，有限な価値の配分をめぐる問題を軽減することができるため，経済成長はしばしば貧困を取り除くうえで所得や富の再分配よりも効果的な手段であるとみなされてきた。反対に低成長経済にあっては，各種の社会的支出などに対してどこにどれだけの犠牲を求めるかに関する対立が深刻化し，その解決の困難さが高まる。

図表2-4　G7および Asian NIEs の実質 GDP 成長率

	労働力人口あたり実質 GDP 成長率 1960-90年平均	労働力人口あたり実質 GDP（米国＝1）1960年	投資対 GDP 比率 1960-90年平均
日　　　　本	5.0%	0.2	33.8%
米　　　　国	1.4	1	21.0
イ ギ リ ス	2.0	0.6	17.1
西 ド イ ツ	2.5	0.57	24.5
フ ラ ン ス	2.7	0.55	25.2
イ タ リ ア	3.4	0.45	24.4
カ　ナ　ダ	1.9	0.79	25.3
韓　　　　国	6.0	0.11	29.9
台　　　　湾	5.7	0.14	23.7
香　　　　港	5.7	0.17	19.5
シンガポール	5.3	0.20	36.1

出所）C.ジョーンズ『経済成長理論入門』より抜粋。経済成長率の国際比較で注目されるのはその国の投資水準との関係である。近年成長が著しい NIEs においては資本投入比率が高いことも特徴である。

　経済成長の趨勢は時代によって変化する。たとえば前述の図表2-1をみると，日本では成長のペースが70年代前半を境に大きく低下し，90年代にはさらに成長の減速が進んでいる。すなわち戦後の日本経済は年間10%近い高成長，低成長，そしてゼロ成長に近い状態を経験していることになる。一方，図表2-4のように，国によっても経済成長率は異なる。そこで，これらの違いが何に起因しているのかという経済成長の決定要因の解明と，それに基づく成長促進政策が求められる。

第2節　経済安定化政策
a　経済安定化と政府の役割
(1) 古典派の失業観

　経済安定化政策の柱の1つである不況期における失業の抑制について，裁量的政策による介入が一般化したのは歴史的にみて古いことではない。ケイ

ンズ流の有効需要の考え方が一般化する以前の,ケインズが「古典派」とよんだ主流派の経済学においては,労働への需要が供給を下回るにもかかわらずその価格である実質賃金が高水準にとどまる場合,供給超過が賃金下落によって調整されず失業が生じるという考え方が支配的だった。この場合,労働者が実質賃金の引き下げを受け入れれば失業は解消される。この意味でこれは自発的失業である。そして失業の大部分がこのように捉えられた一方で,非自発的失業は摩擦的なものに限られ,大量失業の可能性はないとされた。

この失業観の背後には,生産物市場においては労働市場で決定された均衡雇用量を用いた生産が必ず需要されるというセイの法則に対応した市場観と,一般の財貨同様,市場の需給均衡メカニズムが非自発的失業を発生させない均衡雇用量を実現するという考え方がある。かくして,非自発的失業は市場メカニズムの貫徹によって解消可能であり,そこには政府の裁量的な介入の余地はないことになる。

(2) **ケインズの失業観**

一方,ケインズは古典派の考え方とは対照的に,非自発的失業の発生について生産物市場の短期的な需要不足に注目した。そして,生産物需要が不足する不況期においては供給超過部分の生産が行われず,その生産に要する労働者が雇用されないために生じる非自発的な失業が多くの部分を占めるとした。1920年代末にはじまる大恐慌は,生産物市場の縮小均衡が大量失業を説明する上で重要であることを人びとにはっきりと認識させることになった。

この考え方によれば,不況期の失業への対策は,硬直的な実質賃金の引き下げによる労働市場の均衡回復ではなく,有効需要の拡大を目指したものとなる。そして,これを民間の投資や消費に頼ることがむずかしい場合,政府が民間支出を促したり,民間に代わって自ら支出を拡大するべきであるということになり,むしろ政府の積極的な介入の必要が強調される。以下ではこの考え方に沿った各種政策手段とその問題点について論じる。

b 経済安定化の政策手段

(1) 均衡生産量の決定・45度線図による説明

モデルとしては単純で古いものだが，一国全体の均衡生産量と非自発的失業との関係は，よく知られた45度線分析でうまく説明できる。

外国部門を捨象した場合，総需要 AD は投資需要 I と消費需要 C からなり，

$$AD = C + I$$

と書ける。ここで，投資 I は事前の生産量 Y には依存しないと仮定する。利子率 r を固定するとこれはある一定の大きさ $I = I_0$ となる。また消費関数を

$$C = C_0 + cY \quad (c は限界消費性向，0 < c < 1)$$

とすると，総需要の計画表は，

$$AD = C_0 + cY + I_0$$

という横軸に Y，縦軸に AD をとった平面上に，正の切片をもつ，傾きが1よりも小さい曲線として描かれる（図表2-5の上半分）。

図表2-5 均衡生産量と雇用量の決定

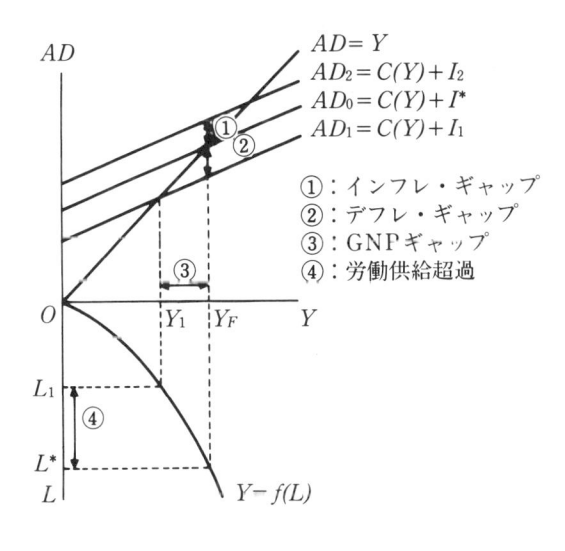

$AD = Y$
$AD_2 = C(Y) + I_2$
$AD_0 = C(Y) + I^*$
$AD_1 = C(Y) + I_1$

①：インフレ・ギャップ
②：デフレ・ギャップ
③：GNPギャップ
④：労働供給超過

$Y = f(L)$

一方,この生産物市場での総供給は生産量(実質GDP)Yである。均衡は事前に計画された各種需要の合計がちょうど生産量に等しい場合すなわち

$$AD = Y$$

のとき成立する。前述の平面にこの条件を表す原点を通る傾き45°の直線を引くと,これと総需要の計画表の交点では生産物市場を均衡させる

$$C_0 + cY + I_0 = Y$$

という関係が成立している。これをYについて解いた

$$Y = \frac{1}{1-c}(C_0 + I_0)$$

が,市場のメカニズムに従って実現される均衡生産量(所得)水準である。

一方,所与の技術的条件のもとでは,この均衡生産量に対応してある大きさの雇用が発生する(図表2-5の下半分)が,一方で労働の供給量L^*はこれとは独立である。したがって,これらをすべて雇用した場合に技術的に可能な生産量Y_F(生産能力,完全雇用GDP)が均衡生産量と一致する保証はない。両者が一致しない均衡の下ではさまざまな問題が発生する。

まず,総需要が減少する不況の場合,より小さい均衡生産量がもたらされるが,$I=I_1$の場合これはY_1となる。Y_1が資源を完全に利用した生産量Y_Fを下回り,デフレギャップとよばれる総需要の不足が発生する場合,全ての労働者を雇用するには生産量が不足し,$L^* - L_1$という大きさの失業が発生する。このときのY_FとY_1の差をGDPギャップといい,Y_Fに対するこの割合(ギャップ率,$(Y_F - Y_1)/Y_F$)と失業率(労働供給全体に対する供給超過の割合,$(L^* - L_1)/L^*$)の間にはオークンの法則とよばれる正の相関関係が存在する。正のGDPギャップが存在する場合,失業者をすべて雇用したならば得られたはずの価値が実現されず,社会全体のパイは最大化されていない。(注)

(注) ギャップ率の計算に際してはY_Fに代えて現実のGDPの長期的趨勢値が用いられる場合もある。

反対に，好況の場合総需要は拡大し，均衡生産量も増大するが，$I=I_2$ の場合のように総需要が Y_F をこえてインフレギャップが生じる場合，生産はこの総需要の超過部分を充足させられず，インフレーションが進行する。

(2) 乗数効果

こうしたデフレギャップやインフレギャップは，I が I^* となって総需要が生産能力と等しくなれば解消される。すなわち，需要変化が乗数効果を通じて均衡所得を変化させることによって，景気的要因による失業やインフレが解消される。例えば投資需要が ΔI 増えた場合，これはまず投資財の生産者の所得を同額増大させ，彼らはその所得増加の一部を消費するのでこれに限界消費性向を乗じた $c\Delta I$ の波及的消費需要がここから生じ，同額の新たな所得が消費財生産者に生じる。そしてこの繰り返しによる波及過程が累積してゆく。こうした波及過程で生じる $\Delta I, c\Delta I, c^2\Delta I, c^3\Delta I, \dots$ という新たな所得の総和の極限値 $\{1/(1-c)\}\Delta I$ は最終的な均衡所得の増加 ΔY を形成する。この係数 $1/(1-c)$ は投資乗数とよばれる。これは，不況期においても消費や投資の増加があれば乗数効果を経て均衡所得が拡大しうることを示す。問題は，誰がそれを行うのか，である。

(注) 需要増加の波及過程の意味を考えなければ，乗数自体は次のような方法でも導出できる。投資が ΔI 増加しその結果均衡所得が ΔY 増加した場合

$$Y+\Delta Y = \frac{1}{1-c}(C_0+I_0+\Delta I)$$

が成り立つので，変化前の均衡水準を辺々ひくと

$$\Delta Y = \frac{1}{1-c}\Delta I$$

が得られる。後述の他の需要項目についても同様である。

(3) 裁量的な総需要管理政策

企業の投資はその予想収益にも左右されるため，不況期においては，将来の収益に関して弱気な企業がただちに自発的に投資を増やすことは期待できない。所得の予想に左右される家計の消費についてもこれは同様である。そこでこの場合，政府による裁量的な総需要の管理が求められる。需要不足期

にこれを拡大させようとする政策は総需要拡大政策とよばれる。

総需要は，政府の支出 G を民間支出とは別の構成項目として明示すると，
$$AD = C + I + G$$
となる。一方，政府が徴収する租税を
$$T = T_0 + tY \qquad (t \text{ は限界税率}, 0 < t < 1, T_0 < 0)$$
とすると，$AD = Y$ という均衡をみたす産出量の水準は，$I = I_0$ のとき
$$Y = C_0 + c(1-t)Y - cT_0 + I_0 + G$$
を Y について解いた
$$Y = \frac{1}{1-c(1-t)} (C_0 - cT_0 + I_0 + G)$$
となる。右辺の分子は各種独立需要であり，これを変化させることで乗数効果を経て Y は増大する。

まず，民間にかわって政府が支出を増大させるという方法が考えられる。この政府支出乗数の大きさは
$$\Delta Y = \frac{1}{1-c(1-t)} \Delta G$$
である。また，家計や企業に対する減税によって可処分所得を高め，民間の投資や消費を促進することも可能である。ΔT という大きさの租税の変化がもたらす乗数効果は，減税額すなわち可処分所得の増加に限界消費性向を乗じた部分 $-c\Delta T$ が最初の需要増加となり，これが出発点となるので
$$\Delta Y = \frac{-c}{1-c(1-t)} \Delta T$$
と書かれる。この他，式には明記していないが，同様の総需要構成項目である輸出の促進と輸入の制限に関する財政上の手段にも同様の作用がある。

このような政府支出増や税収減という政府の財政負担によって総需要を刺激する拡張的財政政策とならんで，拡張的金融政策もまた民間投資を刺激しうる。企業が利子率と資本減耗率からなる資本の使用者費用と資本の限界生

産力を比較して投資を決定するとすれば，投資は利子率の関数となる。投資に際して直面する利子率が低ければ投資が活発化することから，中央銀行による公定歩合引き下げ，公開市場操作（買いオペ）や預金準備率引き下げによる貨幣供給の増加といった金融緩和による低金利政策がこの手段となる。

　反対に景気が過熱して総需要が生産能力を超えている局面でも，やはり政府の裁量的な総需要抑制政策によってこれを解消することができるはずである。これは，拡大のケースと正反対の抑制的財政政策と抑制的金融政策からなり，政府支出抑制，増税，金融引締めなどが手段となる。やはり同様な（マイナスの）乗数効果を経て均衡所得が減少する。

(4)　ビルトイン・スタビライザー

　次に，比例税の導入によって前述の投資乗数も

$$\varDelta Y = \frac{1}{1-c(1-t)} \varDelta I$$

と修正されるが，これは前述の波及過程で所得増加のうち新たな消費需要に回る割合が c から $c(1-t)$ に変わることによる。これは，税率 t が変化することで乗数の値が変化し，税率が低いほど総需要の各項目の増大の所得への効果が大きいことを意味する。この式からは，税率引き下げが乗数の値の上昇をもたらし，独立支出増加による所得増加を加速することがわかる。

　ところでこの場合，乗数効果の過程の一部が租税の形で政府に吸い上げられるが，税率 t が高いほど国民所得の増減にともなう税収の変動は大きく，その分乗数の値は小さくなる。上式においてこれは，民間投資の不規則変動に起因する所得水準の変動が小さくなることを意味する。さらに，所得が大きいほど租税と社会保障負担を総合した t も大きいという，累進課税の制度が存在する場合，景気循環に伴って経済全体の税率が変化する。すなわち，景気循環に対応して税率の調整が行われない限り，好況で経済全体の所得が増大すれば税率 t は上昇し，乗数の値は低下する。反対に，不況で経済全体の所得が減少すれば t は低下し，乗数の値は上昇する。この結果，経済全体

の所得が伸びているときにはその伸びに，反対に所得が低下するときにはその落込みにそれぞれブレーキがかかり，所得の変動は抑制されうる。これらを景気の自動安定化装置あるいはビルトイン・スタビライザーという。累進度が大きく税収が伸縮的な制度であるほど，所得そのものの変動幅を抑制する作用は強まる。これは政府の裁量的な政策を待たずに自動的に機能する。しかし，累進課税自体は本来景気対策を意図したものではないため，需要全体と比べて効果は小さく，また経済安定化という視点からのみ評価するのは適切ではない。さらに，景気回復期における税率の上昇が回復にマイナスに働いたり，あるいはスタグフレーション局面では物価上昇を反映して実需に対して抑制的に作用する面があるなど，その効果にはおのずと限界はある。

(5) IS 曲線, LM 曲線と安定化政策

ところで，利子率 r の変化は投資需要を通じて Y の均衡水準を変化させるため，これを明示的にモデルに含めた場合，Y は1つには定まらず，代わって生産物市場を均衡させる Y と r の組み合わせの集合が得られる。利子率上昇は独立投資を減少させ，Y の均衡水準を低下させるため，これは横軸に Y，縦軸に r をとった場合図表 2 – 6 のように右下がりとなる。これを IS 曲線という。さらに，モデルが Y を1つに決めるためにはもう1つ Y と r

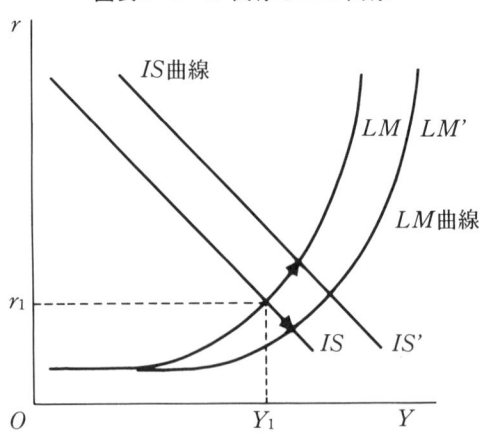

図表2–6 IS 曲線と LM 曲線

の関係を示すものが必要であるが、これはケインズの流動性選好理論から導かれる貨幣市場の均衡条件である LM 曲線で得られる。利子率上昇は貨幣保有の機会費用を引き上げ、投機的動機による貨幣需要を引き下げるため、貨幣供給一定の下で貨幣市場が均衡するためには取引的動機による貨幣需要が増えるよう Y は上昇しなければならず、したがってこれは図表2-6のように右上がりとなる。一国の均衡は両曲線の交点として r と Y を同時に決定する。

前述の財政・金融政策の効果はこれら IS, LM 両曲線の移動による r と Y の変化として説明される。拡張的政策の場合、金融緩和は貨幣供給の増大によって LM 曲線を右に移動させ、より低い r とより高い Y の組み合わせの実現を図り、財政政策は政府支出の増大ないし減税による民間消費の増大によって IS 曲線を右に移動させ、より高い Y との組み合わせの実現を図ることになる。なお、r を可変とした結果、政府支出の増大によって r と Y の組み合わせが LM 曲線上を右上方へ移動するため、Y の増加は r が一定の場合よりも小さくなる。これは、利子率上昇による投資減少の分乗数が小さくなったことを示し、政府支出の効果が民間投資のクラウディングアウトによって部分的に打ち消されることを表している。

また、景気の局面との関係では、比較的経済が活発な局面では投資増加は資金不足をもたらすためもっぱら利子率を引き上げ、所得増加の効果は小さい。一方利子率がきわめて低い場合には、金融緩和を行っても市場はもはや現状以上の利子率低下を予想しないためこれに反応せず、利子率低下による投資需要刺激を通じた所得拡大効果は小さい（流動性トラップ）。

(6) 政策のタイミング

一方、こうした裁量的な総需要管理政策に対しては、政策の有効性や弊害等をめぐって様々な批判がある。それらのうちで景気循環に関連したものの1つとして、政策のタイミングに関する問題がある。

かりに裁量的な政策が実際に経済活動に影響するとして、それが有効に経

済を安定化させるためには、政策が適切な時期に決定、実行され効果をあげるという政策実行のタイミングが重要となる。だが、政策の必要性に関する認識、政策の実施、政策効果の発生の各段階で時間の遅れ（タイムラグ）が発生する。たとえば景気後退に対する政策であれば、それぞれ景気後退を認識するまでの時間、政治的過程における選択と合意に要する時間、実際に政策変更が民間の意思決定を変化させるのに要する時間が相当する。この結果、たとえば不況期に総需要拡大政策を決定しても、これらのラグの間に景気が自律的に拡張に転じたり、拡張への転換の認識が遅れて拡大政策が続けられた場合には、政策はむしろ景気の過熱をもたらしうる。かりに政府が景気の変動を事前に予測し、このラグを計算にいれて政策変更を前もって行うことができれば裁量政策は有効であるかも知れないが、これは実際には不可能であることから、政策によって景気変動はかえって増幅される可能性がある。

　実際にこうした政府の裁量政策によって景気の変動が必要以上に増幅されてきたとする人びとは、政策実施のラグの回避と民間にとっての政府行動の不確実性の解消を図るために、裁量ではなく経済の実績に基づいた一定のルールに基づいて政策が実行されるべきだとする。一方、裁量を重視する立場からは、景気循環毎に経済状況は異なっており、簡単なルールの適用ではこれらに適切に対処することはできないとの指摘がなされている。

第3節　経済成長政策

　前節では、長期的趨勢のまわりの変動を抑制する政策を論じた。では、この趨勢自体は何によって決定されるのか。本節では、視点を長期に転じてこの経済成長を考察する。経済成長の趨勢はその国の生産能力の伸びに見合っており、成長を促進するには生産能力の天井を高めて拡大を持続させることが必要となる。生産活動を行う企業は生産要素を投入して生産物を産出するので、この生産能力は利用可能な生産要素の数量に制約され、一方、それを利用する技術にも左右される。以下では、経済成長を規定する要因として、

a　経済成長の理論

　経済安定化政策における乗数効果などの議論は，人びとの目をそれ以前の見方から総需要と総供給の相互作用へ向けさせることとなった。しかしそれは資本など他の条件を固定した静学分析であり，果たして経済が成長するのか停滞するのか，規則的に変化するのか不規則変化なのか，について答えを得ることができないという限界があった。ケインズ理論が成立した当時は，大量失業という現実に直面して，古典派に代わってこれを解明することが重要とされたが，第二次大戦後になると，人びとの関心は生産可能性の限界すなわち最大限の生産能力がどのように増大するかに移っていった。これに答えるために，経済成長の理論は経済システムの動きを静学を超えて理論構築することを求められたが，これは当初，ハロッド（R. F. Harrod）とドーマー（E. D. Domar）によって別個に提示された初期の経済成長モデルによって検討された。これらは，短期的には有効需要の一要素としてのみ捉えられていた投資が新たな資本の一部となって生産能力を増大させるという側面に注目するものである。以下ではまず，彼らの理論の枠組みを簡単に検討する。

(1)　ハロッド＝ドーマーのモデル：3つの成長率概念と不安定性

　簡単化したモデルで経済成長を考察する場合，一般に次の仮定がなされる。

①　貯蓄は所得の比例関数　　$S=sY$

②　労働は外生的に決まる一定の率 n で成長　　$\Delta L/L=n$

いま，資本の増加とそれによる産出の増加の比率を限界資本産出比率とよび，$\Delta Y/\Delta K=1/v$ と表す。v は資本係数とよばれる。ここから，

$$\Delta K = v \Delta Y$$

である。資本の減耗を捨象すると資本の増加は投資に等しいので，

$$\Delta K = I$$

である。したがって，

$$I = v \varDelta Y$$

が得られる。これは加速度原理に相当する。現実の経済では事後的に $I=S$ が成立するので，$S=sY$ より，

$$v \varDelta Y = sY$$

が成り立つ。変形すれば，

$$\varDelta Y/Y = s/v$$

であり，これは経済の短期的な均衡が維持された成長率である。これを現実成長率 G_A といい，現実の貯蓄率および資本と産出の関係で決まる。

一方，現実の産出の成長にとって望ましい資本の成長がもたらされるような資本係数はとくに必要資本係数 v_r とよばれる。この場合の産出成長率は

$$\varDelta Y/Y = s/v_r$$

と書かれ，これを保証成長率 G_W という。v と v_r が等しいとき $G_W = G_A$ が成立し，資本の成長に見合った産出の成長率が実現される。また，労働力の成長と整合的な成長率は，外生的な L の成長とやはり外生的な技術進歩率 λ の和である自然成長率 $G_N = n + \lambda$ で与えられる。初期において資源が完全利用され，これら3つの成長率が等しければ，ある技術のもとで資本と労働がつねに完全利用される経済成長が実現される。しかし，G_A は多数の異なった意思決定者の予想，決定，誤差の結果であり，G_W と等しいとは考えにくく，また n と λ は外生変数であり，一方 s は家計の選好に依存するため，それぞれは独立に決定される。したがって $s/v_r = s/v = n + \lambda$ がつねに成り立つ保証はない。そこで，この成長の安定性が次の問題となる。
(注)

(注) 彼らの場合，これに加えて，任意の産出量とそのために必要とされる資本，労働の比率はそれぞれ一定であり，したがって v_r も一定とされた。その結果ハロッドの結論は，
① 資本と労働という投入要素が完全に利用され，均衡が維持され続けるような成長経路は可能であるが，これは偶然に成立するに過ぎない。
② たとえこの偶然が実現しても，何らかの理由で少しでもそこから離れると不均衡は累積し，完全雇用を維持した持続的成長は達成できない。
というものとなった。議論は様々だが，一般に，必要資本係数が一定であ

るという仮定がこのような不安定性の原因であるとされる。いま，はじめに偶然 $G_A = G_W = G_N$ が成立していたとき，何らかの理由で貯蓄率が上がったとする。この結果 $G_A = s/v$ と $G_W = s/v_r$ は大きくなるが，産出と労働の比率が一定なので，労働の成長が上限となって G_A は G_N を超えることができない。よって $G_A < G_W$ となり，その結果 $v > v_r$ となる。このとき v_r が上昇すれば両者は再び近づくが，v_r が一定と仮定された場合これは不可能である。現実の成長が資本を完全利用する成長を下回ると生産能力過剰となって意図しない在庫の増加が発生し，投資は抑制される。投資減少は有効需要の減少を意味するので，現実の成長率はさらに低下するが，投資自体は資本を増やし，生産能力は低下しないため，乖離はますます拡大して行く。これはしばしば「ナイフの刃」の問題とよばれる。

(2) 新古典派の経済成長理論：成長が安定的であるには

しかし，第二次大戦後の各国の経済成長をみると，不安定で「ナイフの刃」から転げ落ちているようにはみえない。このような成長経路の安定性が市場メカニズムを通じて自律的に成立する様子を説明するモデルとしては，カルドア（N. Kaldor）による，資本家と労働者の間では貯蓄率 s が異なり，前者は高貯蓄率，後者は低貯蓄率という特徴をもつ，というものがある。そこでは，過大な貯蓄率は資本の過剰蓄積を意味し，その結果労働が相対的に希少になり，労働者への分配がより大きくなり，これが貯蓄を減らすという経路が考えられた。一方，ソロー（R. M. Solow）など主にアメリカのケインジアンは，資本と産出の比率が可変的であるために前述の3つの成長率が一致するというケースを指摘した。いわゆる新古典派の経済成長理論である。以下でその簡単なタイプを用いてこの仕組みを考えてみる。

いま，技術的に可能な産出量 Y，資本 K，労働 L について，取扱いの簡便さもあってよく用いられるコブ＝ダグラス型生産関数を想定する。A を定数として，規模に関して収穫一定の仮定をおくと，これは，

$$Y = AK^\alpha L^{1-\alpha}, \quad 0 < \alpha < 1$$

と書かれる（各生産要素がその限界生産力に応じた報酬を受けると仮定した場合，α は資本分配率，$1-\alpha$ は労働分配率に等しい）。資本の成長と労働の

成長に乖離が生じた場合を想定して，この生産関数について成長の安定性を検討してみる。前式の左辺を資本生産性の伸びに変形すると，近似的に，

$$\Delta Y/Y - \Delta K/K = (1-\alpha)(\Delta L/L - \Delta K/K)$$

となる。資本の成長が労働の成長を上回って $\Delta K/K > \Delta L/L$ である場合，右辺が負になるので左辺においても $\Delta Y/Y < \Delta K/K$ となり，資本よりも産出の成長が小さくなる結果，Y/K は低下する。$\Delta K = I, I = S, S = sY$ より資本の成長は

$$\Delta K/K = I/K = sY/K$$

であるから，Y/K の低下は資本の成長率の低下をもたらし，労働を上回る資本の増加は修正される。これは，資本の成長が労働の成長を上回ると資本が相対的に希少になり，相対的に安価な労働への代替が進行するので資本の伸びが抑えられることを意味する。資本の増加を労働の増加が上回る場合も同様で，結局前述の３つの成長率は一致する。したがって，資本と労働の代替を認める成長は安定的に資源の完全利用をもたらす。そして，労働の伸びに見合った成長とは完全雇用を維持した成長に他ならない。かくして，新古典派の生産関数によれば長期的に完全雇用を維持した成長が達成可能となる。

b　経済成長の要因分解と政策

では，そのような成長率は何によって決定されるのか。これを考えるために，生産関数で表された投入と産出の関係をもとに，産出の成長率を各種投入要素の成長率に要因分解するという分析方法を検討してみる。上述の生産関数について，A を単なる定数ではなく生産における資本と労働に依存しない独立的要因としてその変化を考慮すると，産出の成長率は近似的に

$$\Delta Y/Y = \Delta A/A + \alpha \Delta K/K + (1-\alpha)\Delta L/L$$

と表される。この式は，生産能力の成長率は資本と労働の成長率の加重平均に独立的要因の成長率を加えたものであると読むことができる。独立的要因の成長は産出の成長のうち資本と労働の成長以外の要因によるものであり，生産に用いられる技術水準の向上などが該当する。こうして，生産能力の成

長は資本と労働という要素投入量の成長と技術水準の成長に分解される。

これは成長会計と呼ばれる手法の最も簡単なケースであるが、ここからは、経済成長を図る政策として、資本投入の拡大、労働の質と量の拡大、技術革新の促進が導かれる。以下ではこのそれぞれについて考える。

(1) **資本投入と経済成長**

資本の限界生産力が正であるかぎり、所与の労働に対して用いられる資本の増大によって一人あたりの産出の成長は増大する（図表2-7）が、貯蓄＝投資均衡下では前述のように

$$\Delta K/K = sY/K$$

が成り立つので、資本生産性 Y/K を所与とすると、経済全体の貯蓄率 s の上昇によって資本の成長率が高まることがわかる。これは、貯蓄が投資の源泉であるため経済全体の貯蓄性向の高まりが金利低下など投資のコストの低下をもたらし、民間企業の独立投資拡大に寄与する結果、資本の成長が促進されることに相当する。具体的には、一国の各部門毎の資金過不足を総合したマクロ経済の投資＝貯蓄バランスにおいて民間投資は、次式のように民間部門の資金超過である貯蓄 S、政府部門の資金超過である租税 T −政府支出 G すなわち財政黒字、および海外部門の資金超過である輸入等 M −輸出等 X すなわち経常収支赤字の3者の合計と等しい（経常収支の赤字は外国による投資として国内に還流するという形で投資の源泉となる）。

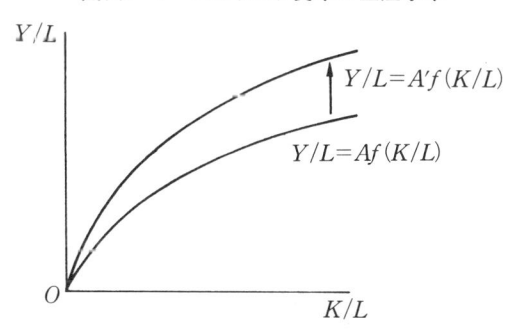

図表2-7 1人あたり資本と生産水準

$$I = S + T - G + M - X$$

したがって、家計個人貯蓄および企業貯蓄に対して拡大を促す一方で、財政引締めによる財政黒字の拡大ないし赤字の縮小を図ることで民間資金の政府部門への吸収を避けて経済全体の貯蓄を増加させるならば、経常収支赤字をもたらす外国の貯蓄の利用に頼ることなく、低コストでの資金が企業に供給されうる。ただし、これらは一方で民間消費および政府支出の減少による有効需要減少という結果をもたらし、需要不足によるデフレギャップを発生させる。したがって、短期的な安定化にも配慮して完全雇用と高成長を同時に達成するためには、金融緩和など財政手段によらない各種総需要拡大政策とのポリシーミックスが考慮されることになる。(注)

(注) この他民間投資に対する税制・金融面での直接および間接的な補助金や優遇措置、規制緩和などによる投資環境の整備も、投資を促進して資本の蓄積を促進する政策である。

ところで、図表2-4のような各国での成長率の相違の一部は、こうした投資の状態の差によって説明される。すなわち、GDPのうち物的資本形成に回る比率が大きい国や、就学率など後述の人的資本投資が活発な国ほど、1人あたりGDPの伸びも大きいという実証研究も報告されている。また、資本の限界生産力逓減の結果、先進国に比べて資本蓄積が進んでいない近年本格的な成長を始めた地域では、資本形成の成長への貢献がより大きく成長率も高いという、キャッチアップを認める研究もあり、議論となっている。

一方、こうした投資の促進は、資本そのものの数量的拡大以外に、後述の技術革新が成長に結び付きやすい環境を作り出すという作用ももつ。すなわち、投資が活発で設備の更新が速いほど、その経済は能率の良い新しい設備で操業することができる。したがって、より進歩した生産技術がはやく資本に体化されることを可能にする新たな設備投資の促進は、資本を質的に改善して資本生産性を高め、成長を促進するという作用をもつ。

この他、近年注目される資本ストックに、道路、港湾・空港、工業用水道、

情報通信など，公的機関ないし公的コントロール下にある企業によって供給される社会資本がある。これらは民間の経済活動の基盤となるインフラストラクチャーであり，民間資本の効率的な稼働を促進して資本生産性を向上させ，経済成長に貢献しているとみることができる。また，ロストウ（W. W. Rostow）のように，経済成長の先行条件期における十分な大きさの社会資本の公的整備が経済の「離陸」と成長にとって重要であるとする見方もある。

(2) 労働投入の量と質

次に，前節で失業を成長の損失であると述べたように，労働の限界生産力が正である以上，労働投入（就業者数×1人あたり労働時間）の動向も生産能力の成長を左右する。とりわけ，高齢化が急速に進む日本のような場合，将来の労働力人口減少が経済成長の大きな制約となることが予想される。労働投入を増やす方法としては労働力人口の増大や景気循環に依存しない構造的な失業の解消などが考えられる。就業者数に大きく影響する人口の成長率が出生・死亡率などコントロール困難な変数に依存することや，労働時間短縮の流れがあることなどのため，これは容易ではないが，雇用および社会保障制度の整備や社会的支援などによって，女性や高齢者の労働参加を促し，労働力人口を増やすなどの方法が検討される。

一方，量的拡大とならんで，労働者の教育水準，熟練度，技術への適応能力などを高めるという，労働の質的な改善も注目される。これは，他の投入が不変であっても1人あたり産出を増加させる効果をもつ。デニソン（E. F. Denison）はこの点について詳細な実証研究を行い，雇用者数や労働時間の効果とならんで，性別，年齢，教育水準などこの人的資本がもつ成長への寄与を明らかにしている。

(3) 技術進歩と政策

技術進歩は，前述の図表2-7においては独立的要因Aの値の上昇による曲線自体の上方向への拡大として示される（拡大後の曲線の形状は想定する技術進歩の種類によって異なる）。AがA'となることで，同一の1人あた

り資本から得られる1人あたり産出は増大する。

前述の産出の成長を表す式を変形して,
$$\varDelta A/A = \varDelta Y/Y - \alpha \varDelta K/K - (1-\alpha)\varDelta L/L$$
と書くと,この独立的要因の成長は産出の成長から各投入要素の成長を差し引いた大きさであることがわかる。これはある比率で組み合わせた総合的な投入1単位あたりの産出の成長率（全要素生産性成長率）であるが,しばしば技術進歩率とよばれる。

このように定義した技術進歩率は,産出の成長のうち資本,労働の成長によって説明できない残余としての技術変化を表している（ソロー残差）。この残差には,いわゆる技術知識増大の結果生じる全般的な技術水準の向上の他,規模の経済による効果,より生産性の高い産業への資源配分のシフトによる効率化などが含まれる。また,投入量に資本や労働の質的改善を反映させない場合,これらの効果もこの残差の部分に表れる。

技術水準の向上の多くの部分は,直接的には民間企業の研究開発（R&D）活動による新製品・新工程の開発,実用化によって実現される。数多くの実証分析が全要素生産性成長率と企業のR&D活動との間に有意な正の相関を見いだしており,経済成長に対するR&D活動の貢献を裏付けている。この過程に対して政府は様々な形で関与するが,その1つに特許制度がある。新しい技術知識はしばしば公共財的性格を有するため,企業のR&D投資は過小となる可能性をもつ。そこで,新技術の発明者に対して特許を与え,一定期間発明による利益の専有を認めることによって発明者への報酬を確保し,新しい技術の開発の誘因としようというのがこの制度の趣旨である。また,直接的補助金の他,R&D支出への税額控除など税制上の優遇措置,研究委託,低利融資なども民間企業のR&D活動を助成する政策としてとれる。

さらに,ライセンス契約や直接投資などに伴う外国からの技術導入や技術移転によっても国内の技術水準は改善される。外国との技術格差がある程度

大きい場合この効果は大きく，格差自体が要因となった技術的キャッチアッ
プによる経済成長がもたらされうる。^(注)

（注） 一方，企業や大学の他，研究活動は各種の研究機関においても行われる。
その研究には産業技術に関連が深い基礎研究や大規模な設備を要する応用
研究，中小企業など民間への技術移転，公害防止技術など民間では行われ
にくい研究，標準化や試験方法に関する研究などが含まれ，産業での
R&Dを補完するという一面ももつ。また，共同研究などを通じた大学や
研究機関から民間への技術の移転も，企業の技術水準を向上させうる。

(4) 産業構造の変化

以上のような見方から日本の高度経済成長を考えると，高い貯蓄率に支え
られた旺盛な投資意欲，良質の労働力の存在，外国からの技術導入とその応
用・改良中心の効率的な技術開発，技術革新成果の資本へのスムーズな体化
などがその原動力とされる。

ところで，戦後の日本の就業者数の推移を見ると，高度成長期には製造業
への労働力の移動を反映して，第1次産業の就業者数比率が一貫して低下す

図表2−8　労働力の産業別構成比

（第1次産業は農・林・水産業，第2次産業は製造業・鉱業・建
設業，第3次産業はその他産業と政府サービス生産および対民間
非営利サービス業を指す）

産業別就業者数構成比

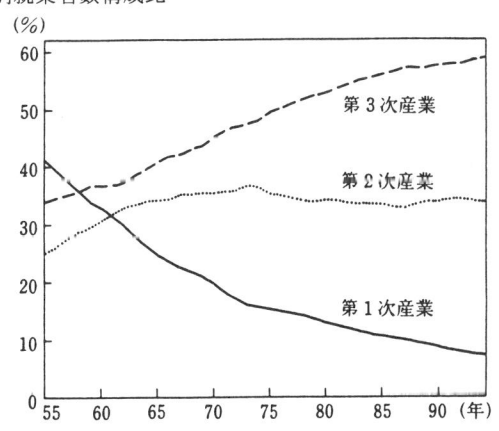

資料）「国民経済計算年報」による

る一方で第2次産業の就業者数比率が大きく伸びている。後者の伸びは第1次石油ショックによって停滞し,以降の経済成長の鈍化に対応する。一方,第3次産業の就業者はこうした第1次,第2次産業の就業者数の変化を吸収する形で,一貫してその比率を高めている（図表2-8）。産業構造の変化に関するこのような経験則はペティ＝クラークの法則という名前で知られるが,経済成長の過程における労働力など生産要素の農業から製造業への流入という現象は,高生産性産業への資源配分のシフトによって生産性が向上し,成長に寄与するという点から注目される。産業構造に関するこうした変化は,生産性の伸びが高い産業に対して積極的な資源の投入が行われたことが高度成長期の経済成長を支えた一因であるということを示しているともいえる。

参考文献

ジェームズ・K.ガルブレイス,W.ダリティ Jr.著（塚原博康他訳）『現代マクロ経済学』TBSブリタニカ　1998年
R.J.ゴードン著（永井進訳）『現代マクロエコノミックス』多賀出版　1989年
C.I.ジョーンズ著（香西泰監訳）『経済成長理論入門』日本経済新聞社　1999年
H.G.ジョーンズ著（松下勝弘訳）『現代経済成長理論』マグロウヒル社　1980年
黒坂佳央・浜田宏一『マクロ経済学と日本経済』日本評論社　1984年
尾上久雄,新野幸次郎編『経済政策論』有斐閣　1991年
新開陽一『マクロ経済学』第2版　東洋経済新報社　1995年
篠原三代平『戦後50年の景気循環』日本経済新聞社　1994年
J.E.スティグリッツ著（藪下史朗訳）『公共経済学』マグロウヒル社　1989年
横溝雅夫,日興リサーチセンター編『「景気循環」で読む日本経済』日本経済新聞社　1991年
若杉隆平『技術革新と研究開発の経済分析』東洋経済新報社　1986年

第3章　失業とインフレーション

　資本主義経済は，景気の拡張と後退という景気循環を繰り返す過程で，時には失業の発生に悩まされたり，時にはインフレーションの発生に悩まされたりする。経済学者にとって，この失業とインフレーションの原因を究明し，その効果的な対策を提言することは，最も重要な社会的貢献の1つである。1930年代にケインズ理論が登場し，マクロ経済学が発展することで，失業とインフレーションの問題は簡単に解決できるかにみえた。

　しかし，問題は解決されるどころか，かつて以上に複雑な様相を呈している。第1に，1970年代の世界経済における不況下のインフレーション（スタグフレーション）の発生と1980年代以降におけるその終息過程は，失業とインフレーションの関係が単純ではないことを示唆する。第2に，1990年代以降のグローバリゼーションや情報・通信技術革命（いわゆるIT革命）の進展は，失業とインフレーションの問題が国内要因だけでは解決しえないことに加え，失業やインフレーションの性格が変化している可能性を示唆する。

　このように，失業とインフレーションは，今なお多くの経済学者が取り組むべき古くて新しい経済問題である。そこで本章では，失業とインフレーションの関係を中心に，その原因と対策について整理・検討することとしたい。

第1節　失業とインフレーションの動向と現状
a　失業の動向と現状

　日本の雇用統計では，失業者のことを完全失業者といい，失業率のことを完全失業率とよんでいる。調査期間は月末1週間，調査対象は無作為に抽出された全国約4万世帯の15歳以上人口の約10万人である。仕事のある者は就業者，仕事のない者で求職活動を行った者は完全失業者とされ，あわせて労働力人口とよばれる。通学・家事・高齢などの理由で，仕事につかず求職活

動もしなかった者は非労働力人口とされる。完全失業率とは，完全失業者数を労働力人口（＝就業者＋完全失業者）で割った値である。

　諸外国でも失業率の計算は同じようにして行われる。すなわち，失業者数を労働力人口で割った値である。ただし，何歳以上を対象とするか，求職者の範囲を職業安定所への登録者だけに限定するか，何時間以上働く者を就業者とするか，労働力人口に軍人を含めるかどうかなど，国によって失業率の計算には違いがある。OECDは，こうした各国の定義の違いを考慮し，国際比較ができるように，ILO（国際労働機構）のガイドラインに従った標準的失業率を発表している。

　日本の完全失業者数の動向をみると，1960年〜74年100万人未満，1975年〜94年100万人台，1995年〜98年200万人台，1999年〜2000年300万人台と，長期的に増大傾向にある。2000年3月には332万人と過去最高を記録した。完全失業率も長期的に上昇傾向にあり，1960年〜75年1％台，1976年〜94年2％台，1995年〜97年3％台，1998〜2000年4％台となっている。2000年2月と3月には，過去最高の4.9％を記録している。

　米国の最近の動向は，日本と対照的である。米国では，1980年代に8％台の高い失業率を記録したあとは，安定もしくは低下している。とくに1990年代後半には失業率の低下が顕著となり，2000年平均は4.0％と低位で安定している。2000年9月と10月には3.9％と，1960年代以来の3％台を記録した。失業者数も1982年と1983年には1000万人台を記録したものの，1990年代後半に減少傾向を示し，2000年9月と10月には554万人と，1976年以降では過去最低を記録している（1976年以降および最近の数値については，図表3－1を参照）。失業率でみるかぎり，日米の数値は1999年と2000年に逆転し，不況の日本経済と好況の米国経済を浮き彫りにしている。

　経済全体の失業率や失業者数の動向は，平均的な動きを示すだけで，失業の深刻度や就業の満足度を十分に伝えない。これに関しては，以下の2点に注意する必要がある。第1は，失業の分布が地域，産業，職業，年齢，性，

人種などにおいて偏りをもつこと。たとえば，日本における2000年の完全失業率は4.7%であるが，年齢別では15〜24歳が9.1%，35〜44歳と45〜54歳が3.3%と大きな格差がある。とくに60〜64歳男子が10.4%，15〜24歳男子が10.2%と，35〜44歳男子の3.0%を大きく上回っている。

　第2は，就業者や非労働力人口の中に潜在的な失業が存在する可能性があること。2000年の総務省の調査結果では，就業者数6,444万人のうち，転職希望者数が642万人（うち求職者257万人），追加就業希望者数が304万人（うち求職者146万人）である。こうした転職・追加就業希望を有する不完全就業者は，現在の就業状況に満足していない人びとである。非労働力人口の中にも，雇用状況や求人状況などから求職をあきらめて，不本意ながらも非労働力人口の一員になってしまった人があるかもしれない。雇用・失業問題を考える場合には，こうした人びとの存在を無視することはできない。

図表 3-1　日本と米国の失業率，失業者数，消費者物価変化率：1976〜2000年

摘要		1976〜1980	1981〜1985	1986〜1990	1991〜1995	1996〜2000	1995	1996	1997	1998	1999	2000
日本	完全失業率(%)	2.1	2.5	2.5	2.6	4.1	3.2	3.4	3.4	4.1	4.7	4.7
	完全失業者数(万人)	114	147	154	169	274	210	225	230	279	317	319
米国	失業率(%)	6.8	8.3	5.9	6.6	4.6	5.6	5.4	5.0	4.5	4.2	4.0
	失業者数(万人)	687	931	719	851	634	741	723	673	620	588	565
日本	消費者物価変化率(%)	6.6	2.8	1.4	1.4	0.3	△0.1	0.1	1.8	0.6	△0.3	△0.7
米国	消費者物価変化率(%)	8.9	5.5	4.0	3.1	2.5	2.8	3.0	2.3	1.6	2.2	3.3

注）期間または年の単純平均。日本の消費者物価は1995年=100とする数値で，全国総合指数。米国の消費者物価は1982〜84年=100とする数値で，全国都市消費者に関する指数。
資料）日本は総務省の『労働力調査』および『消費者物価指数』，米国は Bureau of Labor Statistics, *Labor Force Statistics from the Current Population Survey* および *Consumer Price Index-All Urban Consumers* (*Current Series*) による。

b　インフレーションの動向と現状

　インフレーションは，諸価格を総合した一般物価水準の持続的上昇と定義

される。一般物価水準は，消費者物価指数（CPI）やGDPデフレーターなどによって測られ，その変化率をインフレ率とよんでいる。CPIは，消費者が購入する商品とサービスの価格を測定するのに対し，GDPデフレーターは，GDP（国内総生産）の物価を測定する。

　日本のCPIでは，全国167市町村・約700の調査地区を対象に，毎月の調査期日（12日を含む週の水～金のうちの1日）に特定の調査店舗で調査された580品目（持家の帰属家賃3品目を含む。2001年8月から596品目）の価格が計算に用いられる。GDPデフレーターは直接計算されず，名目GDPを実質GDPで割ることによって間接的に求められる。

　CPIとGDPデフレーターの間には，3つの大きな違いがある。第1はカバーする品目の範囲で，CPIは消費財を対象とするのに対し，GDPデフレーターは消費財と投資財を対象とする。第2は輸入財の取り扱いで，CPIは輸入財も対象とするのに対し，GDPデフレーターは輸入財を対象としない。したがって，GDPデフレーターは輸入インフレの影響を受けず，国内要因で発生する国産インフレ（ホーム・メイド・インフレ）を測定する。第3は計算方式の違いで，CPIは基準年（2001年8月から2000年。それまでは1995年）の数量をベースとして計算するラスパイレス方式を採用するのに対し，GDPデフレーターは比較年の数量をベースとして計算するパーシェ方式を採用する。

　CPIやGDPデフレーターで測ったインフレ率は，安定しているときもあれば非常に不安定なときもある。1960年～2000年の日本では，その対前年比変化率は，最低が2000年のマイナス0.7％，最高が1974年の23.2％となっている。GDPデフレーターも，対前年比変化率は1996年のマイナス0.8％から1974年の20.8％まで開きがある（1998年までの数値）。なお対前年比の上昇率が10％以上となる2桁インフレは，1973年の第1次石油危機時に発生し，CPIは1973年から1975年にかけて3度，GDPデフレーターは1973年と1974年の2度記録している。

図表3-1によって日米のインフレ動向をみると，1976年以降，インフレ率が長期的に低下する（ディスインフレーション）傾向にある。とくに1990年代後半の日本ではCPIの年平均上昇率が0.3％と，物価水準が極めて安定している。同期間の米国でも2.5％の上昇にとどまり，物価水準がかなり安定している。

第2節　失業に対する経済政策

失業は，循環的失業，摩擦的失業，構造的失業の3タイプに分けられる。循環的失業とは，労働に対する需要ひいては生産物に対する総需要の不足によって発生する失業のことであり，需要不足失業ともよばれる。こうした循環的失業の存在しない状態を完全雇用，その時の失業率を自然失業率，均衡失業率，NAIRU（Non-accelerating Inflation Rate of Unemploymentの略で非インフレ加速的失業率と訳される）などとよんでいる。

これに対し，摩擦的失業と構造的失業は需要不足以外の理由によって発生する失業である。このうち摩擦的失業は情報の不完全性のために発生する失業であり，また，構造的失業は労働の需要と供給との不適合（ミスマッチ）によって生じる失業をいう。つまり，労働者が自分に合った仕事を探そうとする過程で生じる失業が摩擦的失業であり，また，人びとのニーズや生産技術の変化（つまり需要・供給面での変化）によって古い仕事がなくなり新しい仕事（たとえばソフトウエアの開発）が増えても，労働者がそれに見合った技術や能力をもたないために生じる失業が構造的失業である。

経済政策の目標としての完全雇用は，直接的には循環的失業の解消を意味するが，実際は，（現行賃金では満足しないために発生する）自発的失業以外の摩擦的失業や構造的失業の減少も含まれていると考えられる。というのは，失業は，経済全体の産出量を減少させるだけでなく，貧困の原因となったり，失業者とその家族にさまざまな心理的・精神的苦痛をもたらしたり，潜在的能力の発揮を妨げたりする可能性があるからである。

a 循環的失業（需要不足失業）に対する政策

循環的失業が総需要不足に起因するかぎり，その解消を目指した経済政策が，総需要拡大政策（あるいは総需要管理政策）となることは，自然であろう。

総需要は，経済全体の消費需要と投資需要の合計である。より具体的には，

総需要＝民間消費＋民間投資＋政府支出＋（輸出－輸入）＝内需＋外需

と定義される。ただし内需は民間消費，民間投資，政府支出（＝政府消費＋政府投資）の合計であり，外需は（輸出－輸入）をさしている。したがって，総需要拡大政策とは，内需拡大政策または外需拡大政策を意味する。

日本の高度成長期（1950年代中盤～1970年代初頭）には，内需では民間投資（とくに民間設備投資），外需では輸出が大きく伸びたことで，実質GNPの急拡大が生じたことはよく知られている（民間設備投資主導型および輸出主導型の成長）。また1977～1978年には政府支出の拡大が不況の深刻化を防いだとか，1980年代に入ってからは行政改革・財政再建推進の影響下で政府支出を中心に内需が不振となり，その皺寄せが輸出の急増となって現れたとか，さらに1987年以降は外需（輸出）抑制の一方で内需拡大が順調に進展していることで日本経済が長期に及ぶ景気拡大を経験しているといったように，総需要の動向が国民経済あるいは実質GNPの動向を左右してきたことは否定できない。

しかし問題は，総需要拡大政策によって循環的失業を減少させることができるかどうかである。これに関しては，総需要拡大政策によって循環的失業を解消しうるとみるケインズ派（ケインジアン）と，そうした政策の有効性に否定的な，マネタリストや合理的期待形成学派などの反ケインズ派・非ケインズ派の立場とがある（通常，政策の有効性は，実質GNPの拡大あるいは雇用の拡大をもたらしうるかどうかで判断されている）。

ケインズ派の中でも初期ケインズ派として知られるA.H.ハンセン，A.P.ラーナー等は，財政政策は有効だが，金融政策は無効であると主張した。し

かし，現代のケインズ派（あるいはアメリカ・ケインジアン）は，財政政策も金融政策も実質GNPの拡大や雇用の拡大をもたらしうる点では有効であるとみている。

完全雇用ないし雇用拡大に貢献しうる経済政策としては，図表3-2に示されるように，財政面では減税や政府支出の増大といった拡張的財政政策が，また金融面では，公定歩合の引き下げ，法定準備率の引き下げ，債券・手形の買いオペレーション（買いオペ）といった拡張的金融政策が考えられる。さらに最近は，労働時間短縮・自由時間増大による消費需要の拡大，企業行動を制限してきた諸規制の緩和による投資需要の増大なども注目されている。

図表3-2 総需要拡大政策の諸手段

政策手段	内需拡大			外需拡大
	民間消費拡大	民間投資拡大	政府支出拡大	輸出拡大・輸入削減
財政政策	所得税減税 消費税減税 社会保障移転増大	法人税減税 投資減税 投資補助金増大	政府消費増大 政府投資増大	輸出減税 輸出補助金
金融政策	マネーサプライ増大	マネーサプライ増大		
その他	労働時間短縮	規制緩和		為替レート切り下げ

注）国民総支出を構成する政府支出は，政府消費と政府投資の合計であって，社会保障移転や補助金等の移転支出を含まない。なぜなら移転支出は家計や企業に給付されてそれぞれの収入となり，そこから消費や投資となるためである。したがって，移転支出の増大は民間消費や民間投資の増大として，ここに掲げられている。

この場合に増やすべき総需要の大きさはデフレ・ギャップとよばれている。政府がデフレ・ギャップに見合った総需要の拡大を行うことにより，実質GNPはその乗数倍だけ増加し，完全雇用GNP（潜在的GNPとか自然実質GNPともよばれる）が達成されることになる。

しかし財政・金融政策を中心とする総需要拡大政策に対しては、反ケインズ派・非ケインズ派からの次のような批判がある。ここでは，政府支出の増大を中心とする総需要拡大政策を例にとって説明しよう。

第1は，クラウディング・アウトの可能性，つまり政府支出増大が民間支

出（つまり民間消費と民間投資）減少を招く可能性があることである。すなわち合理的期待形成学派によると，政府支出増大の財源が国債増発によって賄われる場合，国債増発は将来の増税と理解され，国債発行と増税の違いはいつ税金を支払うかの違いでしかなく，納税者からみると，両者はまったく財源調達手段としては等価とみなされる。したがって，国債発行を伴う政府支出の増大は，増税を伴う政府支出の増大と同じであると理解されて民間消費を減少させるため，景気拡大効果と景気抑制効果とが同時に発生することとなって景気刺激効果を大きく減殺してしまうのである（均衡予算乗数の定理が示すように，乗数効果はせいぜい1でしかない）。

またマネタリストによると，政府支出の財源を国債発行で賄うことが続くと（つまり国債残高が累増すると），金融資産の中での国債の比重が高くなり，国債価格暴落の危険が発生する。そこで人びとは危険分散のために貨幣需要を増大させることでバランスを保とうとする。しかし，マネーサプライが一定であれば，貨幣市場では超過需要が発生し，逆に債券市場では超過供給が発生することとなり，債券価格の低下と利子率の上昇が生じる。利子率の上昇幅は，国債残高が累増すればするほど，貨幣需要が増大すればするほど大きなものとなって，民間投資を圧迫する要因となる（もう1つの考えられるルートは，政府の資金需要と民間の資金需要との競合による利子率上昇である。ただし，これは民間貯蓄が一定ないし過少の場合に生じるのであって，民間貯蓄が過剰な場合には生じない）。

第2は，政府支出の増大が外需の減少を招くこと，つまり輸入の増大や輸出の減少を招く可能性があること。すなわち，総需要の拡大が総供給の拡大をもたらすとしても，国内企業の国際競争力が弱い場合には，国内供給の増大よりも輸入の増大が生じてしまう。また政府支出の増大が，前述のように利子率上昇をもたらすと，金利格差を狙って外国からの資本流入が生じ，円高・ドル安となって輸出の減少を招く可能性がある。

以上は，総需要の拡大が内需（とくに民間需要＝民需）や外需（＝輸出－

輸入)を減少させることとなって,実質的には総需要の拡大とならず,景気拡大を減殺してしまうというものであるが,この他に,後述するような自然失業率仮説がある。その趣旨は,総需要の拡大を行うと名目GNPが増大し,当初は(短期的には)実質GNPの増大を引き起こすが,長期的には実質GNPは変わらず,物価上昇だけが生じてしまうというものである。この立場の政策的合意については,第4節で述べよう。

　第3に,政府支出増や減税といった赤字財政政策は政治的に支持されやすい反面,それとは逆の黒字財政政策は支持されない傾向があるため,財政の赤字が慢性化し,政府部門の肥大化やインフレ体質を招きやすいという問題点が,J. M. ブキャナンとR. E. ワグナーによって指摘されている。彼らは,ケインズ理論を否定はしないが,民主主義下ではそれが処方箋どおりには実行されないことを問題とする。そこで,均衡予算原則を憲法の中に盛り込むことで,財政赤字の慢性化に歯止めをかけるべきことを主張している。

　第4に,現代経済が停滞に陥りやすい理由は総需要不足よりもむしろ労働意欲や貯蓄・投資意欲の減退にあるとみて,その原因となっている税制や社会保障制度の改革を通じて供給面の強化を主張するサプライサイド経済学(SSE)の議論がある。SSEはアメリカのレーガン政権(1981～1989年)の政策にも大きな影響を与え,貯蓄・投資意欲の増進を狙った所得税や法人税などの減税政策の理論的支柱となった。

　さらに以上に加え,ケインズ派も認めてきた問題点として,第1に,財政政策や金融政策に伴うタイムラグの問題がある。すなわち,政策の必要性を認知するまでの認知ラグ,認知してから政策を決定し実施するまでの実施ラグ,政策が実施されてからそれが経済に影響を及ぼすまでの反応ラグ(ないし効果ラグ)がある。とくに財政政策の場合には,議会での議決や承認が必要なために実施ラグが長いこと,また金融政策の場合には反応ラグが長いことが指摘されてきた。自由裁量的な財政・金融政策の場合には,つねにこうしたタイムラグの問題がつきまとい,結果的に不適切な時期に政策の効果が

現れることとなって，経済を安定させるどころか，逆に不安定化させる面ももっているのである。

第2に，ブキャナン等の議論とも関連するが，政府自らが景気循環を引き起こしているという政治的景気循環（Political Business Cycle）の存在が，現代のケインズ派（とくにW.D.ノードハウス）からも指摘されている。すなわち，政府が政権の維持（選挙での勝利）を目的として，選挙期が近づくと，政府支出の増加や減税といった総需要拡大政策を意図的に採用し，選挙終了とともに今度は物価安定に努めるというのである。もしそうだとすると，この点からも政府は経済を不安定化させる面をもっていることになる。

以上にみたように，循環的失業をめぐっては総需要拡大政策の発動を主張するケインズ派と，その有効性や効果を疑問視する反ケインズ派・非ケインズ派の立場がある。積極的な総需要拡大政策の役割を否定する後者の立場は，循環的失業よりも非循環的失業の存在を重要視する立場とも考えられる。そこで次に非循環的失業への対策について考えよう。

b 非循環的失業に対する政策

経済学では，これまで循環的失業の解消をもっぱらの関心事としてきたが，最近は非循環的失業の存在がますます重要視されるようになっている。

循環的失業が存在しない場合の失業率，たとえばNAIRUに関するOECD（経済協力開発機構）の推計によれば，日本とドイツは長期的に上昇傾向にあり，フランスとイギリス1990年代に幾らか低下したものの，依然として高水準にある（図表3-3）。アメリカだけが安定ないし微減傾向にある。2000年版の米国大統領経済諮問委員会報告によれば，1990年代半ばのNAIRUは5.75％前後と見られていたが，1990年代後半には4％〜4.5％にまで低下したと推定される。その原因として，同報告は，①製造業の供給余力の存在,②人材派遣活用やインターネットでの職探しによる労働市場の効率化，③予想を上回る生産性上昇率，④輸入価格の下落などを挙げている（*The Economic Report of the President*, 2000, p.92）。

図表3-3　NAIRUの推計（単位：%）

国　名	1980	1985	1990	1995	1999
アメリカ	6.1	5.6	5.4	5.3	5.2
日　本	1.9	2.7	2.2	2.9	4.0
ドイツ	3.3	4.4	5.3	6.7	6.9
フランス	5.8	6.5	9.3	10.3	9.5
イギリス	4.4	8.1	8.6	6.9	7.0

資料）OECD, *OECD Economic Outlook 68*, Dec. 2000, p. 158.

　非循環的失業の根本原因は総需要の変動以外の要因に求められるので，その対策もマクロ的な総需要拡大政策とは異なるものとなる。

　第1は，効率的な情報提供である。とくに情報の不完全性に起因する摩擦的失業については，求人・求職情報の整備を図ることで，地域間・産業間・職種間での労働力移動に要する期間（失業期間）を短縮することができよう。そのためには，民間の就職情報誌による情報提供と連携を保ちながら，伝統的な公共職業安定所（現在，ハローワークとよばれている）の職業紹介・斡旋機能を充実させる必要がある。

　最近は，インターネット上での就職情報の提供も重要性を帯びている。その内容も，個別企業のウェブ・サイトでの求人情報の提供だけでなく，有力新聞メディアによる産業別・企業別・職種別の求人情報の提供，求人側と求職側のニーズをマッチング（適合）させることを目的とするウェブ・サイトの登場など，多様化している。求職者は，従来利用できた量をはるかに超える求人情報にアクセスして，自分にもっと適合した職種を選択できる状況が生まれている。

　第2は，教育・訓練制度の整備・充実である。とくに労働需給のミスマッチに起因する構造的失業については，産業構造の変化や労働需要の変化に適応しうるための教育・訓練が不可欠である。最近は，IT（情報技術）革命のもと，通信機器製造・販売，通信サービス，コンピュータのハードウェア

・ソフトウェア，情報処理サービスなどのIT職業に対するニーズが高まっている。こうしたITの生産に従事する人だけでなく，ITを利用して仕事をせざるをえない人も増大している。このため，ITに強い人材の確保や育成が重要課題となっている。

IT絡みの人材を確保・育成するためには，たとえば，学校教育の場で生徒たちが情報通信機器やインターネットに触れる機会を増大するとともに，数学・科学・技術教育を充実・強化することが必要であろう。「教える側の人材」をいかに確保するかも重要である。日本の最大のネックは，ITに強い教師・教員・教官が圧倒的に少ないことである。教員免許や教授資格の条件に，ITの操作能力を加えることも検討すべきであろう。

教育現場だけでなく，公的な職業訓練機関の整備・充実や，地域の施設（公民館や集会所など）の整備・充実も望まれる。アメリカでは，ITやインターネットへのアクセス機会が乏しい地域や国民に対して，学校・図書館・公的援助住宅やその他の施設を通じたIT教育が草の根レベルで進められている。クリントン政権は，とくに地域技術センターと総称される施設の整備・拡大に重点を置いて，非営利団体（NPO）による草の根レベルの活動を支援してきた。

以上に関しては，ケインズ派・反ケインズ派を問わず，大きな意見の対立はない。しかし，以下の点については，必ずしも意見の一致はみられない。

第1に，摩擦的失業に含まれる自発的失業（もっと良い職場を目指しての求職）の原因として，失業保険給付の存在がときどきあげられる。すなわち，失業保険（日本では雇用保険とよぶ）からの所得保障が手厚いために，失業者は一定収入以下の仕事に見向きもせず，また条件の良い職場を探すために時間をかけてしまうというのである。これがどの程度重要かは評価が分かれるが，失業保険給付が労働意欲を減退させ，失業を長期化させてしまうことがないよう，給付の適宜見直しを行う一方，職業紹介・斡旋を合わせて行うことで，経済的困難の救済と雇用の拡大に努めるべきであろう。

第 2 に，労働組合の交渉力の強まりや最低賃金制度の導入によって実質賃金（＝貨幣賃金／物価水準）が高い水準となっていることが，労働に対する需要を減退させ，失業を生じさせているという指摘もある。失業が高賃金に起因するという古典派の見解は，かつてケインズの激しい攻撃の的となったとはいえ，今日でもときどき姿・形を変えて主張されている。貨幣賃金の下方硬直性が雇用拡大や労働力移動の妨げになっているとすれば，たとえば失業率の高い年齢層や社会階層には，より低い最低賃金水準を設定するといった工夫も考えていく必要がある。

第 3 に，ヨーロッパ諸国の高失業率を説明する要因として，最近，失業の経験が失業を持続させるというヒステレシス（履歴効果）が注目されている。その理由として，失業の長期化によって能力形成（人的資本形成）が妨げられること，使用者側が失業期間を採用基準（スクリーニング装置）として用いること，労働組合の強い交渉力に起因する高賃金水準が未熟練の失業者の雇用をむずかしくしていること，などがあげられる。この場合，ヒステレシスが存在するかどうか，そして存在するならば，その対策は，公的な教育・訓練機会の提供を中心とすべきか，賃金を物価に連動させるインデクセーションの縮小・廃止や最低賃金水準の引き下げなどの政策を中心とすべきかといった問題が生じるであろう。

第 3 節 インフレーションに対する経済政策

インフレーションが人びとによって完全に予想され，すべての価格，名目（貨幣）賃金，名目利子率が同率（たとえば年率10％）で上昇するとしても，靴皮費用（shoe‒leather costs）やメニュー費用（menu costs）が最低限かかる。前者は，現金保有を減らすために銀行に足を運ぶ必要から生じる費用であり，後者は，商品の値札や自動販売機の価格変更などが必要なために生じる費用であるが，両者の合計は小さいとみられる。

しかし，インフレーションが予想されない場合あるいは不完全に予想され

る場合には，名目金額が一定の債務・債権の実質価値（＝名目金額／物価水準）を低下させ，債権者から債務者への意図せざる再分配を引き起こしたり，諸商品の価格比率（相対価格）を変化させ不適切な情報に基づく生産・投資決定をもたらす可能性がある。こうした所得再分配効果や資源配分効果はかなり大きいとみられ，ここから物価安定政策が要請されることとなる。

図表3-4 総供給曲線と総需要曲線

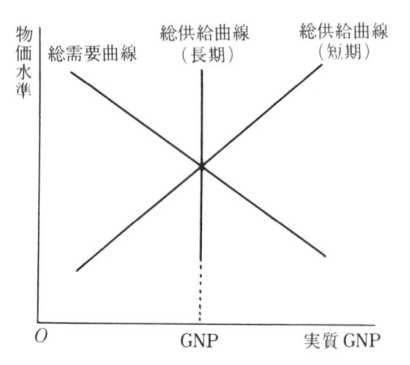

図表3-5 インフレーションの2つのタイプ

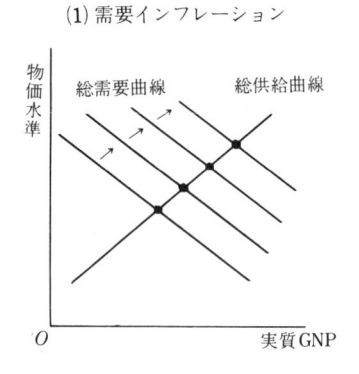

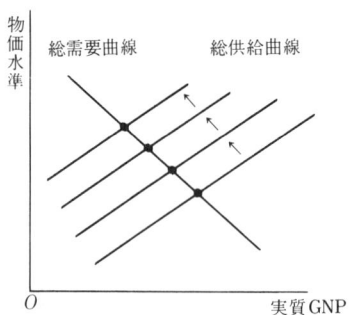

(1) 需要インフレーション　(2) 供給インフレーション

a インフレーションの原因

経済全体の実質産出量（実質GNPで表される）と一般物価水準（以下では物価水準という）とは，総需要曲線と総供給曲線との交点で決まる。図表3-4に示されるように，総需要曲線は右下がり，総供給曲線は右上がりの形状をもつと考えられる。

種々の物価水準のもとでの総需要水準を示す総需要曲線が右下がりとなるのは，物価水準の下落が実質マネーサプライ（＝名目マネーサプライ／物価

水準）を増大させ，利子率の低下と投資需要の増大を引き起こし，より大きな実質GNPをもたらしうるからである。他方，種々の物価水準のもとでの総供給水準を示す総供給曲線が右上がりとなるのは，貨幣賃金一定のもとで物価水準の上昇があると，実質賃金（＝貨幣賃金／物価水準）の低下と雇用量の増大を引き起こし，より大きな実質GNPをもたらしうるからである。

ただし，総供給曲線の形状については，賃金・価格の伸縮性によって市場が常にクリアーされる（すなわち需給均衡する）という立場から，完全雇用水準で垂直になるという古典派の見解もある。今日では，古典派の見解は極端すぎるとみられているが，長期的には賃金・価格の調整が行われるであろうから，短期の総供給曲線は右上がりであっても，長期の総供給曲線は垂直とみなしうるという見方が広く支持されている。

さてインフレーションが一般物価水準の持続的上昇であるからには，その原因は，図表3-5に示されるように，総需要曲線の持続的な右上方シフトか，総供給曲線の持続的な左上方シフトかに大別される。前者が需要インフレーションないしディマンドプル・インフレであり，後者が供給インフレーションないしコストプッシュ・インフレ（あるいはコスト・インフレーション）である。もちろん，両者が同時に発生する混合インフレーションもありうるし，事実，現代のインフレーションはまさにこうした特徴をもつとみる見解も多いが，以下では，需要インフレーションと供給インフレーションに限定して，それぞれの原因と政策について整理しよう。

b 需要インフレーションに対する政策

需要インフレーションは，一般に総需要曲線の右上方シフトによって引き起こされるが，とくに問題となるのは，経済の有する潜在的な産出量水準（潜在的GNP）ないしそれに近い実質GNP水準が実現している状況下においてである。なぜなら，そうした状況下では，何らかの要因によって名目総需要が増大しても産出量の増大には結びつかず，もっぱら物価水準の上昇を引き起こしてしまうからである。

したがって，需要インフレーションに対処するには，ケインズによって指摘されたように，現実の総需要が完全雇用GNPを上回るインフレ・ギャップを解消する必要がある。つまりインフレ・ギャップに見合った分の総需要を削減する総需要抑制政策が基本的な政策として導かれる。具体的には，増税や政府支出削減といった抑制的財政政策や，公定歩合引き上げ，法定準備率の引き上げ，債券・手形の売りオペレーション（売りオペ）といった抑制的金融政策が考えられる。

総需要抑制政策は，総需要拡大政策とともに総需要管理政策を構成し，ケインズ派の基本的な経済政策論とみられてきた。しかし現代のケインズ派は，総需要不足を強調して雇用拡大の必要性を訴えるだけでなく，総需要抑制政策によって得られる物価安定の社会的利益よりもリセッション（景気後退）に伴う社会的損失が大きいとみなす傾向があり，総需要抑制政策の採用については消極的な立場をとっている。

ところで，名目総需要の増大にインフレーションの原因を求める立場の変形として，過大な総需要の背景に過大なマネーサプライが存在することを強調する貨幣数量説やその現代版としてのマネタリストの議論もある。こうした見解は，ケインズ派が支配的地位を占めた1960年代は少数派の異端的見解でしかなかったが，1970年代中盤以降は経済学者だけでなく通貨当局（中央銀行）からも広い支持を得ている。その背後には，M.フリードマン等が強調してきた次のような現状認識があると考えられる。すなわち，

① 超過需要の持続的拡大は，マネーサプライ増といった貨幣的な裏付けなしでは不可能であり，この理由でインフレーションは貨幣的現象であると考えられること，

② マネーサプライの動向が，短期的には実質GNPに影響を及ぼすものの，長期的にはインフレ率の変化を引き起こしていることは統計的に否定できないこと（マネーサプライの変動が実体経済に影響を及ぼすまでのタイムラグは6ヵ月〜2年と長い上に，かなり可変的である），

③ 公定歩合等の金融手段と最終的政策目標（物価安定，完全雇用など）とを結ぶ中間目標として安定的な金利水準を目指すかつての金利重視策は，インフレーションの加速を招いたり，また，名目利子率のコントロールはできても，経済活動に影響を及ぼす税引き後の実質利子率のコントロールはできないといった限界を有すること，

④ スタグフレーション発生の根底には人びとのインフレ予想（期待インフレ率）の高まりがあり，そうしたインフレ予想形成の上でマネーサプライの動向がもっとも重要な役割を果たしていること（後述の自然失業率仮説）など。

フリードマンは，経済活動に対するマネーサプライの重要性を認めつつも，タイムラグに関する不確実性から，それを自由裁量的にコントロールすることは危険であると主張する。そこでマネーサプライの増加率を一定に保つべきだというx％ルール（ないしk％ルール）を主張している。

c 供給インフレーションに対する政策

供給インフレーションは，総供給曲線の左上方シフトによって生じる。これは，同一の物価水準において企業が産出量（実質GNP）を減少させること，あるいは同一産出量水準において以前よりも高い物価水準を求めることを意味する。こうした総供給曲線のシフトをもたらす要因を理解するために，マークアップ原理をもとにして考えてみよう。

マークアップ原理とは，諸価格が，産出量1単位当りの労働コスト（ユニット・レーバー・コストという）を基準に，利潤マージンやその他費用を考慮したマークアップ率を上乗せして決まるという価格決定方式をいう。いま単純化のために，経済には1種類の財しか存在しないとし，その価格水準（＝物価水準）をP，産出量をY，労働量をL，貨幣賃金（名目賃金）率をW，マークアップ率をm，労働生産性を$y(=Y/L)$，ユニット・レーバー・コストを$w(=WL/Y)$とすると，次の式が成立する。

$$P=(1+m)WL/Y=(1+m)W\div(Y/L)=(1+m)W/y=(1+m)w$$

この式で，その他の条件を一定としてPとYとの関係を図示したものが，総供給曲線である（労働の限界生産力逓減を仮定すると，Yが大きくなればY/Lは低下するのでPが大きくなって右上がりの総供給曲線が導かれる）。したがって，一定のYのもとでPが上昇するのは，その他の条件を一定として，mやWが上昇する場合か，yが低下する場合である。つまり，① マークアップ率が上昇する場合，② 貨幣賃金率が上昇する場合，③ 労働生産性が低下する場合である。①はさらに(1) 利潤マージンが上昇する場合，(2) 原材料価格や燃料価格が上昇する場合などに分けられる。また②や③は，④ ユニット・レバー・コストが上昇する場合とみてもよい。

このように，供給インフレーションの要因はいろいろ考えられる。すでにみたように，ケインズ派は，過大な超過需要に起因する需要インフレーションを強調する一方，この供給インフレーションに関しては①や②を重視してきた。すなわち，生産物市場や労働市場が不完全競争下にあり，企業と労働組合が市場支配力や独占力を行使するために利潤マージンや貨幣賃金率が上昇し，結果として供給インフレーションが生じるというのである。

そこでケインズ派は，利潤マージンや貨幣賃金率の上昇に歯止めをかける政策として，強制的な賃金・価格の凍結令から自発的な賃金・価格のガイドライン設定に至る所得政策を提唱してきた。最近は，賃金・価格の上昇率の高い企業・個人に対して付加的な高税率を課す所得政策（TIP, Tax-based incomse policy）も提唱されている。なおケインズ派の立場からは，厳しい独占禁止政策が望まれることに注意すべきである。

他方，反ケインズ派・非ケインズ派は，所得政策の効果については否定的である。たとえばマネタリストは，インフレーションはマネーサプライ増に起因するのであって，賃金・価格の上昇は持続的な物価上昇を引き起こしえないとみる。また市場のメカニズムの働きを高く評価する反ケインズ派の経済学者は，企業が市場支配力や独占力をもつことについては否定的である。たとえそれらの存在を認めても，賃金・価格の人為的コントロールよりは賃

金・価格の伸縮性を保障するような規制緩和・撤廃のほうを重視する。

このように，ケインズ派と反ケインズ派・非ケインズ派との間には，供給インフレーションの根本原因や所得政策の評価，独占禁止政策のありかたをめぐり，基本的な見解の相違がみられる。

第4節　完全雇用か物価安定か——失業・インフレのトレードオフをめぐって——

a　フィリップス曲線

これまでは，失業とインフレーションの原因や対策を別々に論じてきたが，今日では，両者の相互依存性を考慮した上で効果的な経済政策を考えることが必要となっている。その出発点を提供するのが，フィリップス曲線である。

フィリップス曲線は，賃金上昇率と失業率のトレードオフ関係（一方が良くなると他方が悪くなるという関係）を示したもので,その名称は A.W. フィリップスの発見に由来する。すなわち，フィリップスは，1861～1957年におけるイギリスの賃金率の変化を研究し，失業率が低い時には貨幣賃金（名目賃金）上昇率が高く，逆に失業率が高い時には貨幣賃金上昇率が低いという関係を見いだした。

フィリップス曲線の考えはケインズ派によって受け入れられただけではなく，のちに貨幣賃金上昇率がインフレ率に置き換えられ，インフレ率と失業率とのトレードオフ関係を示すものへと変形された。この背後には，既述したマークアップ原理の考えがある。というのは，価格水準（＝物価水準）をP，産出量をY，労働量をL，貨幣賃金率をW，マークアップ率をm，労働生産性を$y(=Y/L)$として，先の式を再掲すると，

$$P=(1+m)WL/Y=(1+m)W\div(Y/L)=(1+m)W/y$$

となり，この式から，mやyが一定であれば，WとPとは比例的な変化を示すことになるからである（yが一定の率で年々変化する場合には，その労働生産性の上昇率の分だけ，Wの上昇率がPの上昇率を上回ることになる）。

こうして1960年代には、失業とインフレーションとのトレードオフ関係を前提とした経済政策が議論の中心となり、自由裁量的な財政・金融政策によって最適な失業・インフレーションの組み合わせを選択すべきだというケインズ派の見解が支配的となった。今日では、こうしたトレードオフ関係を示す曲線をフィリップス曲線とよぶことが多い（以下でもこれをフィリップス曲線とよぶ）。

b　自然失業率仮説：理論

しかし1960年代後半以降、失業率とインフレ率の悪化がみられ、1970年代に入って本格的なスタグフレーション状況に突入するとともに、失業とインフレーションとの間でのトレードオフ関係を前提としたケインズ派の政策論の地位が揺るぎ始める。その立て役者となったのがフリードマンであり、彼の自然失業率仮説はスタグフレーション的状況をうまく説明するものとして、徐々にマクロ経済学の中で支配的な地位を獲得していった。

フリードマンは、労働市場の均衡を論ずる場合、重要なのは実質賃金であって、フィリップスが取り上げたような貨幣賃金ではないと主張する。そして、実質賃金に関する人びとの錯覚に注目することで、失業率とインフレーションとのトレードオフ関係は、短期的には存在しても長期的には存在しないという仮説を提示する。その仮説は、自然失業率とよばれる特定の失業率水準において長期のフィリップス曲線が垂直になるという結論をもつところから、自然失業率仮説とよばれている。以下では、図を用いてそれを説明しよう。

図表3-6において、いまA点の状態にあり、失業率は3％、インフレ率は年率0％であったとしよう。これは、人びとの予想するインフレ率（期待インフレ率）が0％のときの短期フィリップス曲線上にある。ここで短期とよぶのは、人びとの期待インフレ率が変化しないほど短い期間という意味である。このとき、マネーサプライを増大させるような拡張的金融政策（総需要拡大政策）が採用されたとしよう（労働生産性は一定と仮定する。）

総需要拡大政策は総需要曲線を右上方にシフトさせるので、一般物価水準

図表3-6　自然失業率仮説

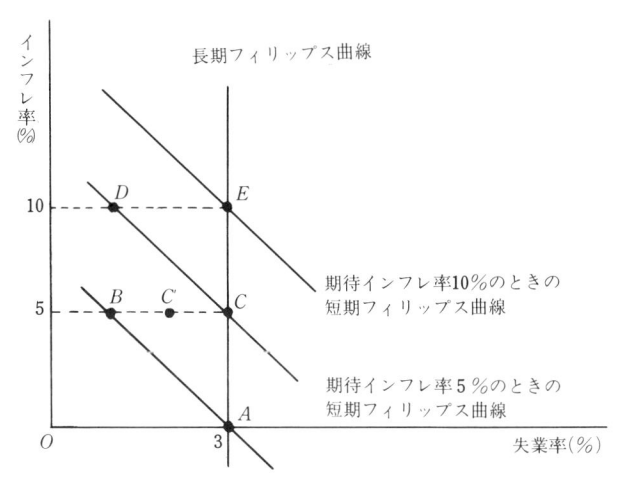

（グラフ：縦軸 インフレ率(%)、横軸 失業率(%)）
- 長期フィリップス曲線（失業率3%の垂直線）
- 期待インフレ率10%のときの短期フィリップス曲線
- 期待インフレ率5%のときの短期フィリップス曲線
- 期待インフレ率0%のときの短期フィリップス曲線
- 点A（失業率3%、インフレ率0%）
- 点B、点C（インフレ率5%）、点C（失業率3%、インフレ率5%）
- 点D、点E（失業率3%、インフレ率10%）

の上昇を引き起こす。しかし企業は，自社製品の価格上昇には気づくものの，一般物価水準の動きにはすぐには気づかない。そのため自社製品の価格が相対的に上昇したと錯覚し，生産を増加させようとする。もちろん生産増加を図るには雇用量を増大させる必要があるが，貨幣賃金一定のもとでの自社製品価格の上昇は，実質賃金が低下しているという認識を企業にもたせる。そこでいくらかの貨幣賃金引き上げを行って雇用の拡大が図られる。

他方，労働者のほうも当初は一般物価水準の動きを認識しない（期待インフレ率が0％のまま）ために，貨幣賃金引き上げを実質賃金の上昇と理解して労働供給を増加させようとする。こうして一般物価水準上昇のもとで，企業と労働者双方での錯覚によって生産量と雇用量が増加し，失業率が低下する。図ではA点からB点への移行として示される。

しかし，企業も労働者も，徐々に一般物価水準の上昇に気づき始める。いま現実のインフレ率が5％の水準にあるとし，人びとの期待インフレ率が現実のインフレ率に一致するほど長い期間（＝長期）を想定すると，企業は相

対価格の変化が実は錯覚であったこと，また労働者も実質賃金の上昇が実は錯覚であったことを知って，生産量や労働需要量や労働供給量を元の水準に戻そうとする。その結果，失業率は再び3％に戻る。

しかし，期待インフレ率がいまや5％となり，労働者は実質賃金維持のため，これを労働契約に盛り込もうとする。企業のほうでも，諸価格が年率5％で上昇すると予想するので，年率5％の貨幣賃金の上昇を容認する。この結果，失業率は元の3％に戻るものの，インフレ率は5％で持続することとなる。これはB点からC点への移動として示される。

C点を出発点として拡張的金融政策（総需要拡大政策）が採用された場合にも，同じようなプロセスを経て，短期的にはD点へ移動するものの，期待インフレ率の上方修正により，長期的にはE点で終わる。

以上要するに，拡張的金融政策（総需要拡大政策）は人びとの錯覚を通して短期的には失業率の低下をもたらすものの，長期的には，正しい予想形成が行われるために失業率は自然失業率水準にとどまる一方，インフレ率は高位安定あるいは上昇を示すということである。つまり長期的には，失業率とインフレーションとの間には安定したトレードオフ関係が存在せず，長期フィリップス曲線は自然失業率水準において垂直となる。

c 自然失業率仮説：政策的含意

自然失業率仮説によると，拡張的金融政策は一時的（短期的）に実質GNPの増大と失業率の低下を引き起こすものの，長期的には実質GNPを増大させず，失業率も低下させない上に，高いインフレ率だけを残すものである。したがって，失業率を低下させず高インフレという代償を残す拡張的金融政策は採用されるべきでないということになる。これは従来からのフリードマンの主張とも合致する（拡張的金融政策を伴わない拡張的財政政策の場合，インフレーションは生じないが，高金利を通じて民間投資のクラウディング・アウトを引き起こし，実質GNPは長期的には不変となろう）。

合理的期待形成学派はさらに進んで，人びとはさまざまな情報を利用して

合理的な予想を形成し，系統的な誤りを犯すことはなく，平均的に正しい予想形成をしているとみる。その結果，拡張的金融政策は短期的にも長期的にも無効であり，実質GNPが変動しうるのは，人びとの予想を超えるような不規則要因あるいは驚きが生じたときのみであるとする。

　合理的期待形成学派の基本的立場はかつての古典派と同じであり（ここから新しい古典派ともよばれる），その導く結論は非現実的で極端すぎるというのが大方の評価である。しかし，フリードマンの自然失業率仮説のほうは失業率とインフレ率の悪化をうまく説明するものとして，いまやケインズ派ですら，その基本的論理は受け入れざるをえない状況に置かれている。その結果，安易な総需要拡大政策，とりわけ安易な拡張的金融政策はとるべきでないという点では，経済学者の間でコンセンサスができているようにみえる。

　しかしそれでもケインズ派は，自由裁量的な財政・金融政策の必要性を認める。なぜなら第1に，長期フィリップス曲線は右下がりとなる可能性があるからである。つまり予想と現実とが一致する長期において，現実のインフレ率が5％であっても，貨幣賃金上昇率がたとえば3％程度であれば，労働者は実質賃金の低下とは理解せず，総需要拡大政策によって一旦拡大した労働供給を少し減少させるだけにとどめるかもしれない（図表3-6でいうと，B点からC′点への移動）。もしそうであれば，総需要拡大政策によって長期的に失業率を引き下げることが可能となる。

　第2に，失業コストが問題とされる。すなわち，人びとの期待インフレ率を低下（下方修正）させるために抑制的金融政策を中心とする総需要抑制政策を採用してリセッション（景気後退）を引き起こすと，短期的には失業率の上昇が生じるものの，長期的にはインフレ率の低下（ディスインフレーション）と自然失業率水準とが達成される。この場合，ケインズ派は，ディスインフレーションのもたらす社会的利益よりも短期的な失業の増大のもたらす社会的損失（産出量の減少，失業者世帯における心理的・精神的苦痛など）のほうが大きいと考える。この理由でケインズ派は，以前のレーガン政権や

サッチャー政権下で採用された急激なディスインフレーション政策に対しては批判的姿勢をとっている。

なお自然失業率仮説を支持するマネタリストは，循環的失業の解消を狙った総需要拡大政策には否定的であるが，自然失業率を引き下げること，つまり自然失業率を構成する摩擦的失業と構造的失業を減少させる必要性は認めている（第2節のbを参照）。

第5節　失業とインフレーションをめぐる最近の議論
a　日米におけるフィリップス曲線

自然失業率仮説は，最近のマクロ経済学における最も重要な仮説の1つとしてどの教科書でも詳しく紹介されている。その意味で，自然失業率仮説は，マクロ経済学における基本的な知的財産となっている。また，金融当局にとっても，金融政策の運営上留意すべき点を指摘したものとして重視されている。

しかし，自然失業率仮説の全体が受け入れられているわけではない。とくに長期のフィリップス曲線が垂直になるということは，以下でみるように，過去の歴史と必ずしも整合的ではない。これに対し，拡張的金融政策が期待インフレ率に及ぼす影響，つまり拡張的金融政策によって生じる短期フィリップス曲線の上方シフトの可能性については，理論家の間でも金融当局の間でも一般的な合意がある。

ところで，現実のフィリップス曲線の動きをみると，失業とインフレーションは時代とともに変化してきている。アメリカのフィリップス曲線をみると，1960年代の右下がりの関係が1970年代には右上がりとなり，1980年代前半には再び右下がりの関係となっている（図表3-7）。ただし同じ右下がりの関係でありながら，1980年代前半の曲線は1960年代の曲線のかなり右上方に位置している。1980年代後半および1990年代には，トレードオフ関係が失われ，水平に近い関係となっている。とりわけ1990年代後半には，物価安定（低インフレ率）のもとで失業率が低下するというかつて経験したことのない状況

が生じている。

　最近のフィリップス曲線の動きは，1991年3月を底として未曾有の長期的な景気拡大を続けているアメリカ経済の好調さを反映している。2001年1月段階で景気拡張期間が118ヵ月となり，建国以来最長記録を更新し続けている（過去の最長はベトナム戦争期を含む1960年代の106ヵ月）。とりわけ1990年代後半には経済成長率や生産性上昇率の伸びも著しく，アメリカ経済の体質が変容し，「ニュー・エコノミー」になったという主張が力を増している。この背景には，グローバル化によって世界大での競争が進展したことに加え，インターネットの爆発的普及や電子商取引の拡大を中心とするIT（情報技術）革命やデジタル革命の進展があるといわれている。

　アメリカ経済がほんとうに構造変化を遂げたのかどうかについては米国内でも論争がある。インターネット・バブルだとか一時的現象だといった醒めた見方がある一方で，インフレなき持続的成長の基盤ができたといった賞賛の声もある。いずれにしても，ケインズ派対反ケインズ派の論争が色あせたものに感じられるほど，アメリカ経済の好調さが続いている。しかし，この長期の好景気がストップし，景気後退局面にはいるとともに，論争が再燃する可能性もある。

　1974年以降の日本のフィリップス曲線をみると，1970年代半ばから1980年代までは右下がりであったのに対し，1990年代には水平に近い関係に変わっている（図表3-8）。この点は，アメリカと類似する。ただし，アメリカは左方に向かう関係がみられるのに対し，日本は右方に向かう関係となっている。つまり両国ともに物価が安定基調にある中で，アメリカでは失業率の低下が生じたのに対し，日本では失業率の上昇が生じた。好況が持続するアメリカと不況が長期化している日本との違いが，こうした対照的な動きとなって現れている。

　日本のフィリップス曲線の動きは，最近の日本経済が弱体化していることを示唆する。これはバブル崩壊に伴う経済の過剰な調整を反映するのか，そ

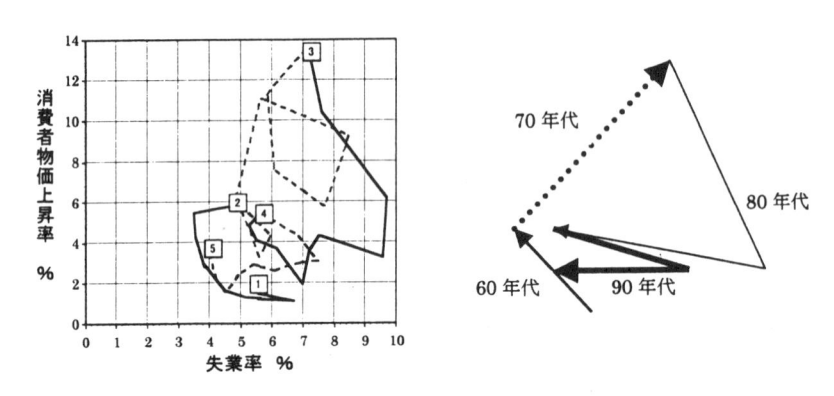

図表 3-7　アメリカのフィリップス曲線：1960～2000年

注）四角で囲んだ1～5の数値は，それぞれ1960年，1970年，1980年，1990年，2000年の値を表している。

図表 3-8　日本のフィリップス曲線：1974～2000年

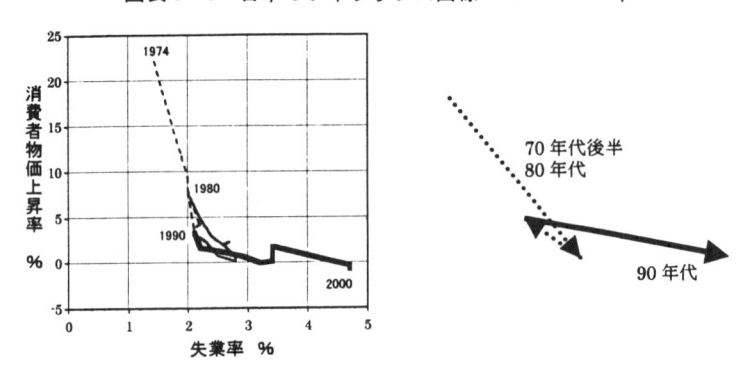

注）日米の数値は，図表3-1および3-2の資料に基づく。

れとも世界の動きに適合しなくなった日本経済の構造的欠陥を意味するのか。前者の場合は公共事業を中心とするケインズ型の拡張的財政・金融政策と結びつきやすく，後者の場合は景気拡張よりも経済の構造転換を中心とする産業政策と結びつくことになる。

b 物価安定政策をめぐる最近の議論

　今日，世界の中央銀行は，かつてのインフレーションへの反省から物価安定を重視する金融政策運営を行っている。金融政策の最重要目標が物価安定にあるとしても，時には物価以外の目標も追求される。たとえば1990年代の日本のように深刻な不況下にある場合には，失業の減少や景気の回復も金融政策の目標として要請されることがある。以下では，金融政策の目標に関わる最近の論争的テーマとして，以下では，調整インフレ論，インフレ・ターゲティング論およびゼロ金利政策の3つに触れておきたい。

　調整インフレ論とは，景気回復を目的として意図的にインフレーションを引き起こすべきだという議論である。この議論は，不況が長期化・深刻化した1990年代の日本経済を念頭において，MIT（マサチューセッツ工科大学）のP.クルーグマンや経済企画庁（当時。現在は内閣府）などによって提言されたものである。

　1990年代の日本では，金利が最低水準にあるため拡張的金融政策を行っても金利が低下する状況になく，また，財政赤字も巨額の水準となっているため拡張的財政政策によって財政赤字をこれ以上増加させる余地がなかった。つまり，金融政策も財政政策も手詰まりで，不況からの脱出を図る有効な政策を政府は打ち出せないでいた。しかも，金融機関の巨額の不良債権問題が長引いて金融不安状態が続いていた。調整インフレ論は，こうした状況下で提案された。

　調整インフレ論によると，たとえば意図的に4％のインフレ率を引き起こせば，実質金利が低下して企業や金融機関の債務負担が減少し，政府の実質長期債務も減少する。別の面からみると，インフレ率を引き上げれば期待インフレ率が上昇してデフレ懸念や先行きに対する不安感が払拭され，経済活動が刺激される可能性がある。こうした理由でインフレーションが望ましいと主張される。

　調整インフレ論と類似した主張に，インフレ・ターゲティング論がある。

これは，インフレ目標値を設定してその達成を目指そうとするものである。インフレ・ターゲティングを導入する意義としては，物価安定に対する中央銀行への信頼が高まることや，金融政策の透明性が高まることなどが挙げられる。

　一定のインフレ率を追求する点では，調整インフレ論とインフレ・ターゲティング論は共通する。しかし，調整インフレ論がデフレ状況のもとで提言されているのに対し，インフレ・ターゲティング論は長い間インフレに悩まされてきた経済のもとで提言され，一部の国で導入されている。言い換えると，調整インフレ論は景気拡大を重視した議論であるのに対し，インフレ・ターゲティング論は物価安定を重視した議論である。

　これらの議論と関係の深いものに，日本銀行が1999年2月から2000年8月にわたって採用したゼロ金利政策がある。ゼロ金利政策とは，短期市場金利をゼロ％（取引手数料を除く）に近づけて資金供給を増大させる拡張的金融政策の一種である。日本銀行は，デフレ懸念を払拭することを目的として導入したが，ゼロ金利政策が奏功して景気回復傾向がみえてきたとして，2000年8月にゼロ金利政策を解除した。

　以上の3つの議論ないし政策に対する日本銀行（以下では日銀という）の主張は，金融政策の目標や中央銀行の役割を考える上で非常に興味深い。まず調整インフレ論に対して，日銀は以下の理由で強硬に反対する。

　意図的なインフレによって期待インフレ率が上昇すると，その分だけ名目金利が上昇する。それどころか，インフレによって不確実性が高まることで長期金利がさらに上昇する。その結果，企業・金融機関・政府の債務が実質的に増加するだけでなく，設備投資もマイナスの影響を受けてしまう。このように，調整インフレ論による意図的なインフレーションの発生は効果よりも副作用の方が大きいというのが，日銀の反対理由である。

　インフレ・ターゲティング論について，日銀は，中央銀行への信認や政策の透明性といった点は評価するものの，実行することが困難であるとしてや

はり反対する。その理由は幾つかある。

第1に、インフレ・ターゲティングは、日本のように物価が安定している国よりもインフレに悩む経済において効果をもつ。

第2に、技術革新や流通革命によって物価をめぐる状況が大きく変化し、特定の物価指数を使って適切な数値目標を設定することが難しくなっている。

第3に、最適なインフレ率が何％であるかを知ることは難しい。

ゼロ金利政策については、日銀は次の2点を高く評価する。第1は、景気回復に貢献したこと。第2は、インフレ・ターゲティング論が狙いとしたように、中長期的な政策運営の方向性を示し、市場の期待形成を安定させるという意義を持つこと。

以上のように、日銀は、景気に配慮したゼロ金利政策を一時期導入したものの、調整インフレやインフレ・ターゲティングについては、非常に慎重な姿勢をとり続けている。こうした日銀の姿勢は、一方では物価安定をひたすら追求する日銀の評価につながり、他方では不明確あるいは消極的な金融政策であるとして批判を受けることにもつながっている。

参考文献

浅田統一郎『マクロ経済学基礎講義』中央経済社　1999年

A．B．エーベル・B．S．ベルナンケ（福地崇生・伊多波良雄・大野幸一・岸基史・高橋秀悦・徳永澄憲・成相修訳）『マクロ経済学』CAP出版　2000年

R．J．ゴードン（永井進訳）『現代マクロエコノミックス』多賀出版　1997－1999年

蘇畑卓郎・谷口洋志『経済学の基礎』創成社　1992年

中谷巌『入門マクロ経済学』（第4版）日本評論社　2000年

廣松毅・R．ドーンブッシュ・S．フィッシャー『マクロ経済学』CAP出版　1998－1999年

福岡政夫『ゼミナール経済学入門』（改訂3版）日本経済新聞社　2000年

M．フリードマン（保坂直達訳）『インフレーションと失業』マグロウヒル好学社　1978年

H．G．マンキュー（足立英之・地主敏樹・中谷武訳）『マクロ経済学』東洋経済新報社　1996年（原書は2000年に第4版刊行）

第4章　分配の公正と分配政策

　われわれ人間は，つねになんらかの欲望を抱いている。そしてその欲望を充足するために，なんらかの手段を必要としている。もしこの手段が無限に存在するのであるなら，なんら問題は生じないだろう。無限にある手段を用いてすべての欲望をただちに充たせば，それでことは終わる。しかし現実には，ほとんどの手段は無限には存在しない。言い換えればわれわれが生きるこの世界は稀少性によって支配されている。

　ここからいかなる社会であれ，解決しなければならない2つの基本的な経済問題が発生する。すなわち稀少な資源を用いて何をどれだけ，どのように生産するかという資源配分問題と，生産された成果を誰にどれだけ分け与えるかという所得分配問題である。資源の配分の仕方が異なれば，一定の資源から生み出される経済的成果の大きさはかわってくる。したがって資源配分問題は経済の効率性にかかわる。他方，所得の分配の仕方が異なれば，人びとが手にする所得の平等度はかわってくる。したがって所得分配問題は，どのような分配状況が社会的に公正であるかという問題を惹起する。

　本章では，両者のうち所得分配問題に焦点をあてることにしよう。第1節では，われわれの社会において基本をなす市場システムについて分配のメカニズムを明らかにするとともに，ありうべき不平等の大きさを把握するための方法について述べる。第2節では，分配の公正基準について考え，第3節以降では，分配の公正を目指す分配政策の諸手段について述べることにする。

第1節　所得分配の機構と尺度
a　市場システムの分配機構

　まずはじめに市場システムにおいて経済的成果が所得として分配されるメ

カニズムをみよう。分配問題を考えるとき，われわれが最終的に関心をもつのはいうまでもなく，所得が社会の諸個人にどのように分配されるか，すなわち「人的分配」である。そして私有財産制度を基礎にする市場システムにおいては，諸個人は自己の所有する，労働，土地，資本という生産要素を市場に提供し，それに対する報酬としてそれぞれ賃金，地代，利子という形で所得を得る。したがって，ある個人の所得を決定する基本的要素は，① 彼が所有する生産要素の量と，② その生産要素の1単位当りの報酬すなわち要素報酬率である。

　個人がある時点にどれだけの生産要素を，言い換えれば資産を所有するかは，初期における資産所有量と，その後獲得した所得の（正ないし負の）貯蓄部分とによって決まるが，後者は前者に依存しているのであって，重要なのは前者である。資産は一般に物的資産と人的資産に分けることができるが，初期の資産所有量は，それが物的資産であれば前の世代からの相続，贈与によって決まる。また人的資産であれば，生まれながらの才能については遺伝的要因によって，生後の教育によって身につけた技能についてはその個人に投下された教育投資によって決まる。ただし，その教育投資の程度は親の資産状況を強く反映しているだろう。いずれにしても各人の生産要素の所有量，ひいては社会における生産要素の所有量の分配は，過去の歴史の所産なのであって，ある時点におけるその分配は市場システムにとっては所与である。

　次に，要素報酬率は，言い換えれば市場がその生産要素に与える価格である。各要素にどれだけの報酬が与えられるかという観点から分配を眺めたものを「機能的分配」というが，この機能的分配のメカニズムは，要するに要素価格の形成メカニズムにほかならず，要素市場における需要と供給の均衡を通じて決定される。

　市場システムにおける所得の人的分配が以上のような諸要因の結果として決定されるのであるとすると，仮に所得分配が不平等であるなら，原因は以下のものということになる。

第1には、歴史的な経緯の中で生じた資産分配の不平等である。この不平等には、生来の才能の相違による人的資産の不平等もあるが、大きな不平等をもたらすものとして重要なのは物的資産の不平等とそこから派生する教育投資の差による人的資産の不平等である。したがってこの原因から生ずる所得分配の不平等には、物的資産の不平等を固定化する遺産相続制度が大きく作用している。莫大な資産を相続した者とそうでない者との所得の相違は明らかである。

第2に、要素報酬率の不平等がある。これにはまず所有されている生産要素の生産性、稀少性の相違によって生ずるものがある。すなわち生産性が高ければ高いほど、またより希少であればあるほど、その生産要素の価格つまり報酬率は高くなる。

だが仮に同一の生産要素であっても、市場が後述のように不完全競争状態にあるなら、なお報酬率には差異が生ずる。たとえば独占企業が存在する場合、その企業は、価格支配力を行使して本来より高い報酬率を獲得することになりやすい。

b 不平等の尺度と現状

現実の分配状況の不平等の程度を明解に把握するためには、不平等度についての適切な尺度が必要である。この不平等の尺度にはいくつかの種類があるが、ここでは一般によく用いられるローレンツ曲線とジニ係数について述べることにする。

図表4-1は、1965年と1988年の全世帯(農家世帯および単身者世帯を除く)についてわが国の「五分位階級別所得分布」をみたものである。五分位階級とは、総人員(または総世帯)を低所得のものから高所得のものへと順に並べて5等分したもので、したがって各分位階級の人員比率は20%になる。表には、各階級について平均所得と所得比率(その分位階級の合計所得が総所得に占める比率)が掲げられている。

いま図表4-2のように、各階級の人員比率を低所得階級から累積的に合計

図表4-1　五分位階級別所得分布
　　　　（1995年，全世帯）

分　位	平均所得	所得比率
	万円	%
Ⅰ	303	8.1
Ⅱ	487	3.1
Ⅲ	653	17.5
Ⅳ	858	23.0
Ⅴ	1,429	38.3
総平均所得	746	100.0

資料）総務庁『家計調査』より作成

図表4-2　ローレンツ曲線

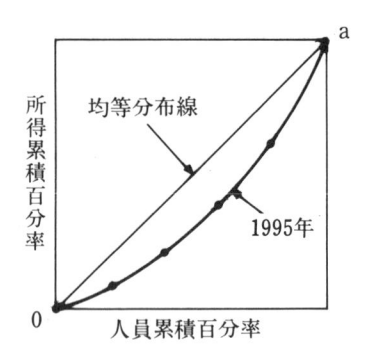

した人員累積百分率を横軸にとり，各階級の所得比率を低所得階級から累積的に合計した所得累積百分率を縦軸にとり，両者の対応する点を図に書き入れることにする（たとえば1995年の第Ⅰ分位までの人員累積百分率は20％，所得累積百分率は8.1％，第Ⅱ分位までの人員累積百分率は40％，所得累積百分率は21.2％）。こうした点を連ねたものがローレンツ曲線である。

0％の人員比率では所得比率は当然0％であり，100％の人員比率では所得比率は100％であるから，曲線は必ず原点Oとa点を通る。そしてもし分配が完全に平等なら，この曲線は対角線（均等分布線）に一致するはずである。しかしもし不平等があると，ある％の人数はその％だけの所得を受け取っていないから，曲線は均等分布線の下を通ることになる。そして不平等が

大きければそれだけ弛みが大きくなる。したがって曲線と均等分布線で囲まれた面積の大小によって視覚的に分配の不平等を知ることができる。

ローレンツ曲線に基づいて、これをさらに係数として表現したものがジニ係数である。すなわちジニ係数は、この面積と対角線下の三角形の面積の比率として算出され、0と1の間の値をとる。いうまでもなく係数の値が大きいほど不平等度は大きい。

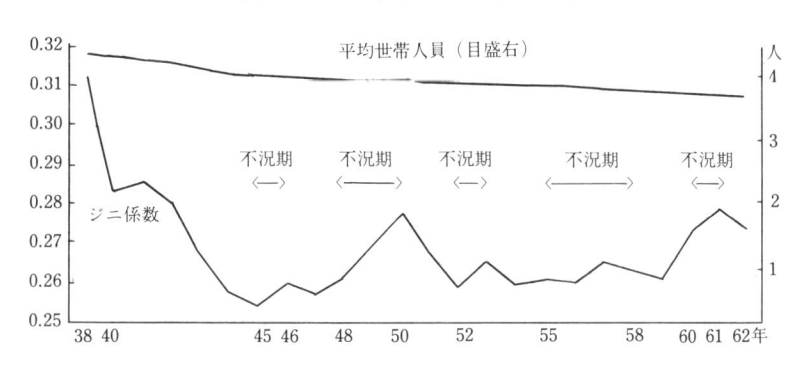

図表4-3　全世帯のジニ係数の動向

備考）1．総務庁「家計調査」
　　　2．ジニ係数は、年間収入五分位階級から産出。
　　　3．不況期は、経済企画庁「景気動向指数」による。
資料）経済企画庁『国民生活白書（昭和63年度版）』

図表4-3は日本のジニ係数の長期的な推移をみたものであるが、これによると高度成長期に急速に低下し、その後は不況期に上昇し好況期に低下するという動きを示している。

第2節　分配の公正基準

a　貢献原則と必要原則

ある分配状況がなんらかの是正を要するものであるか、そうでないかを判定するには、何が公正な分配状況であるかを決める基準が必要である。この分配の公正をめぐっては、古くから2つの考え方が対立してきた。すなわち貢献原則と必要原則である。

貢献原則は，諸個人が社会に貢献した程度に応じて所得を得るべきだという考え方である。「働かざる者食うべからず」という格言を思い出してみるまでもなく，たしかに貢献原則は，われわれの倫理観に訴えるものを多分にもっている。そしてこの原則が採用されると，ある個人の社会への貢献とその個人の利益とが結び付くから，人は社会に貢献しようとする誘因をもつ。したがってこの原則は，公正の観念として一定の説得力をもつと同時に，経済の効率性の実現にも資することになる。

ところで市場の機能的分配メカニズムは原則的に，生産要素の貢献に応じた分配を行うのであるから，貢献原則は，市場の分配メカニズムをそのまま倫理的に内面化したものであるともいえる。だが貢献の原則を受け入れたからといって，ここからただちに市場による分配が公正だという結論を導くことはできない。

第1に，貢献原則にわれわれが共感するのは，その背後に個人の才能と努力はむくわれるべきだという考え方があるからだろう。だとするなら，才能や努力とは無関係に生じた生産要素の所有量の差は，是正されなければならない。これはいうなれば，分配をめぐるゲームの出発点は平等でなければならないということである。

第2に，現実の市場が貢献に応じた分配をしている保証はない。先にみたように，市場に不完全性が存在するなら，同一の生産要素であり貢献度が同じであっても，報酬率に差異が生ずるのである。したがってこの市場の不完全性を是正しなければならない。つまりゲームの採点は平等でなければならない。

市場を通じて貢献の原則が貫徹されるには，上記2点が克服される必要がある。総じていえば「機会の平等」が前提になって初めて，市場は貢献原則に合致した結果をもたらすのである。

だが，貢献原則からすれば，今述べた前提条件が満たされさえすれば，結果としてどのような分配状態が生じようと関知するところではない。したが

って極端な不平等であっても是認されることになってしまう。とくに問題なのは身体障害者や老人などの社会的弱者で，社会に貢献しない者は分配にあずかる権利がない以上，彼らはまったく生存を認められないことになる。このような事態は，社会における人びとの連帯意識からして，明らかにわれわれの公正の観念に反するものである。

そこでもうひとつの原則，必要原則が要請されることになる。これは，人はその必要に応じて分配をうけるべきだという考え方である。つまり機会の平等ばかりでなく，出てきた結果自体についても何等かの考慮をすべきだとするもので，方向としては「結果の平等」を求めることになる。

しかし，もしこの原則が全面的に採用されたなら，今度はある個人の社会への貢献とその個人の利益とは無関係になる。すると社会に貢献しようとする誘因が失われて，経済の効率性が著しく損なわれることは避けられないだろう。そのため，結果の平等が実現されたとしても，それは経済的成果の縮小が伴った貧困下の平等である可能性が高い。そうなるとそもそも目指した必要の充足さえ実現できないかもしれない。

結局，われわれが分配の公正基準を求めるときには，貢献原則の採用が実現する経済の効率性と，必要原則が求める分配の結果的な平等とを共に考慮し，両者をなんらかの形でバランスさせる必要があるといえよう。

b 厚生経済学と分配の公正

経済学において分配の公正をめぐる議論を展開してきた分野に厚生経済学がある。厚生経済学は新旧の二派に分かれるが，そのうち旧厚生経済学は，A.C.ピグーによって確立されたもので，ベンサム流の功利主義の伝統を引いている。

ここで功利主義とは，「最大多数の最大幸福」をスローガンとするもので，要するに諸個人の効用の総和の最大化を目指そうとする考え方である。

これはある意味で貢献原則と必要原則とを総合したものと考えることができる。なぜなら効用の総和を大きくするには分配すべき経済的成果が大きく

なければならないが，そのためには経済が効率的でなければならないから，そこにはまず貢献原則的要素が含まれる。そして，ある一定額の所得から得られる効用は必要度の高い個人の方が大きいと考えられるから，総和をより大きくするには，必要度の高い個人に優先的に分配されるべきだという必要原則的な要素も入ってくるのである。

ピグーは，以上のような功利主義的な考え方に基づき，とくに必要原則的な要素について次のような議論を展開した（図表4-4参照）。

所得総額はすでに決まっており，それを社会の2人の構成員A，Bにどう分配するかという問題を考えることにする。所得総額をABであらわし，個人Aの所得はAから，個人Bの所得はBから測ることにする。いうまでもなくAB間の各点は，それぞれ2人の所得分配状態を示している。さらに縦軸に両者にとっての所得の限界効用をとり，個人Aの限界効用曲線をaa'，個人Bのそれをbb'のように描く。

今，当初の所得分配がCであるとする。そのときの両者の限界効用を比較するとBの方が大きい。これはBの所得を1単位増やしAの所得を1単位減らしたとき，Bの得る効用の方がAの失う効用より大きいことを意味する。そこでそのようにすることによって効用の総和を増大させることができる。結局，効用の総和が最大になるのは両曲線の交わるD点であり，ここでは両者の限界効用が等しくなっている。以上の議論から，効用の総和を最大にするためには構成員の限界効用が等しくなるように分配をすべきだという結論が得られる。

しかもそのさいピグーは，各人の限界効用曲線が相似的であるという仮定を追加することによって，平等主義的な分配を正当化しようとした。今，図がそうであるように状況を極端化して各人の限界効用曲線が完全に同じであるとすると，完全平等な分配が導かれる。また完全に同じでないとしても，相似的でありさえすれば交点が図の中央近くになるので，ほぼ平等な分配が導かれる。

ただし本来，功利主義と平等主義との間に，特別な結び付きはないことに注意すべきである。功利主義の立場からどの分配状態が選ばれるかは，あくまで各人の限界効用曲線の形状に依存するのであって，もしたとえば B の限界効用曲線が cc' のようであったとすれば，最適な分配は E 点であり，当初の分配が C 点であったとすれば，貧者から富者への再分配が導かれる。

しかし，今そのことをおくとしても，このような旧厚生経済学の議論の仕方には，重大な問題点がある。すなわち図において各人の効用が縦軸で測られていたことからも分かるように，そこでは個人の効用の大きさは量的に測定でき（効用の可測性），しかも個人間でその効用の大きさは比較できるということ（個人間の効用比較可能性）が前提されている。けれども，これらについて客観的に正しい回答をだすことはできない。あえてそれを行おうとすれば恣意的な価値判断を持ち込むことになるのである。

このような旧厚生経済学の問題点は，L.ロビンズによって強く批判され，ここからN.カルドア，J.R.ヒックス等の手によって新厚生経済学が誕生した。この新厚生経済学は，個人間効用比較を要する問題には立ち入らないことが特徴である。そして個人間効用比較が必要になるのは，ある個人の効用が高くなり，他の個人の効用が低下するような変化を評価するときであるから，新厚生経済学の立場から正当化しうるのは，少なくとも（潜在的には）誰の効用も低下させずに誰かの効用を高めるような変化ということになる。そのような変化は一般に「パレート改善」とよばれる。またパレート改善をくりかえして，もはやある個人の効用を高めるには他の個人の効用を低下させざるをえないような状態に至ったとき，それは「パレート最適」とよばれる。

だが，パレート最適状態は，変化の出発点における各人の分配状態に応じて無数に存在しうるだろう。そしてそれらの異なるパレート最適状態のうちどれがもっとも社会的に望ましいかについて判断するには個人間効用比較が不可避である。したがって新厚生経済学は，これについての判断は留保せざ

るをえない。要するに，新厚生経済学は，分配問題そのものについての判断は回避し，パレート改善および最適という形で定式化された資源配分の効率性のみに議論を集中させることになったのである。

その後，A.バークソンやP.A.サムエルソン等によって「社会的厚生関数」という概念が提出されたことにより，分配問題は形式的には理論の中に再び導き入れられた。この社会的厚生関数は，社会的厚生（効用）を諸個人の効用水準の関数として表現したもので，分配についての価値判断を明示化するものである。この社会的厚生関数が与えられれば，異なるパレート最適状態の中からもっとも社会的に望ましい状態を特定することができる。しかしその関数の具体的な形自体は理論の外から与えられるのであって，分配問題について最終的な結論が出ないことには変わりがない。

c ロールズのマキシミン原則

ところで，分配の公正に関連して近年注目を集めている考え方にジョン・ロールズの公正の理論がある。彼は，社会的効用の最大化を目指す功利主義的思想が個人を社会に従属させているとして批判し，功利主義的な議論の仕方とはまったく異なる「社会契約説」の立場からアプローチした。ここで社会契約とは，社会の諸個人が全員一致の合意として社会的なルールについて契約を結ぶことであるが，彼はそのような社会契約を通じてどのようなルールが導かれるかを問うことによって公正の観念を根拠づけようとしたのである。

そのさいロールズは，「原初状態」とよばれる状態を想定するという論理的仮構をほどこす。この原初状態は，社会が活動を開始する前のまさに原初の状態であって，そこでは人びとは社会でこれから起こることについて十分に知っており，かつ合理的に自己の利益を追求しようとするが，自分が将来どのような立場に立つかについてはまったく知らない，つまり「無知のヴェール」に包まれていると想定される。したがってそこにおいて個人は，社会のすべての人びとの立場を潜在的には自分の身に起こりうることとして認識

することになり、こうして人びとは個別の利害を離れて社会的に望ましいある公正の観念について全員一致で合意することになるのである。

そして彼は、そのような論理的仮構によって、もし人びとが原初状態に置かれたとしたら、合意するだろうルールとして、次のような公正の原則を示した。

1）各人は基礎的な自由に関する平等な権利をもち、この自由は他人の同様な自由と両立する限りでもっとも広範なものでなければならない。

2）社会的ならびに経済的な不平等は、それらが、(a) すべての人の利益になると合理的に予想でき、かつ、(b) すべての人の機会の均等が保証されているときにのみ許される。ロールズによれば、これらの原則の間には優先順位があり、第1原則がまず優先し、次に第2原則のbがaに優先するという。

この公正の原則のうち所得分配にかかわるのは第2原則である。このうち特に重要なのは(a)で「格差原理」とよばれるが、ロールズはこの原理をさらに限定して、不平等は社会の中でもっとも不利な立場に置かれた者の利益になるときにのみ許されるとした。これは結局、社会の最低所得者の所得を最大化するという「マキシミン原則」に帰着する。

このマキシミン原則の意味を知るために、図表4-5をみてみよう。今、社会に2人の個人 A, B がいるとし、両者の所得を縦横の軸にとる。曲線 $oabcd$ は、両者のありうる所得の組み合わせを示すものである。a 点は完全平等を意味し、曲線上をこの点から左に移動すると A の方が（2人のうちもっとも）貧しくなり、右に移動すると B の方が（もっとも）貧しくなる。格差原理にかなう点は b である。b は完全平等から離反しているが、a から b までへの移動は、もっとも貧しい B の所得が増大しているからである。そして b においてはその B の所得が最大化されている。

マキシミン原則は、功利主義に比べて明らかに平等主義的である。なぜなら功利主義は、社会の総効用が高まるなら貧者をより貧しくすることをいと

図表4-4

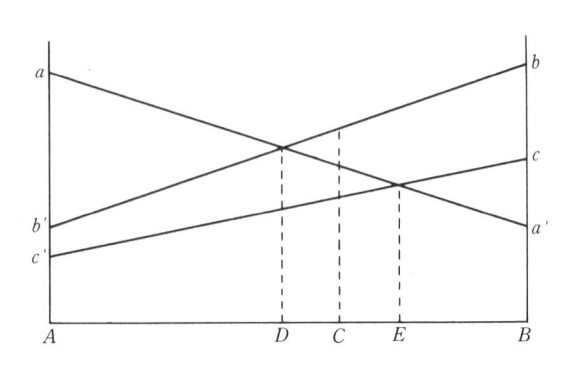

図表4-5

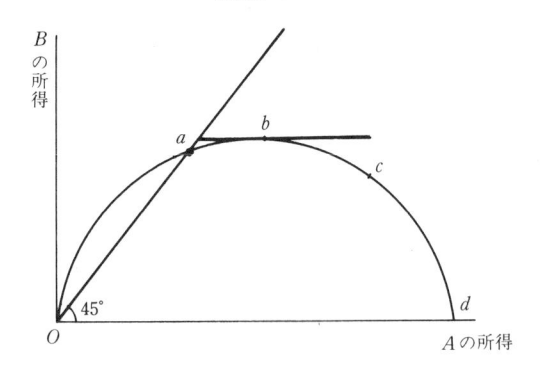

わないので，a 点から一層離反した，たとえば c 点が選ばれるかもしれないからである。しかしマキシミン原則も，すべての者とりわけもっとも不利な立場の者の利益になるならある程度の不平等も許されるとしている点では単なる平等主義の主張とも異なって，効率性についての考慮をそのうちに含んでいる。その意味でこれもまた功利主義と同様，貢献原則と必要原則との一種の総合であるといえる。ただ，ロールズの議論は，マキシミン原則以外の原則ともあわせて，誰もが保持すべき個人の基本的な権利の擁護に力点が置かれているところに特徴がある。健康で文化的な最低限度の生活を営む権利を誰もに与えるべきであるという考え方をシビル・ミニマム論というが，ロ

ールズの議論は，このシビル・ミニマム論の社会契約説的な根拠づけであると解釈することもできよう。

ロールズに対しては，マキシミン原則導出の仕方の妥当性などに関して批判も多い。しかし分配の公正という問題に社会契約説という新たなアプローチをもって切り込んでいった点は，評価されてよいと思われる。

第3節　所得分配政策

以上みてきたように，所得分配の公正基準を確定することはむずかしい。しかし，にもかかわらず政府が何等かの形で分配状態に関与すべきことには合意が存在しているといえるだろうし，また合意のあるなしにかかわらず政府は現に分配政策を行っている。そこで，以下では，話を進めて政府の分配政策の手段について考えることにしよう。

先にもみたように所得分配は，生産要素すなわち物的人的資産の所有量と要素報酬率すなわち市場の価格形成メカニズムによって決まる。したがって分配政策は，大きく次のものに分けることができる。

1　所得分配の決定因に介入するもの。これは，さらに次の2つに分けられる。

　a　資産分配を変更するもの

　b　価格形成メカニズムに介入するもの

2　市場過程の結果として成立する分配状態を一応与えられたものとして，事後的に所得の再分配を行うもの。

以下，順次みていくことにしよう。

a 分配決定因への介入

(1) 資産分配の変更

資産の初期分配を変更し平等化することは，機会の平等を実現するという点で貢献原則の貫徹の必要条件であり，また結果として所得の平等化を導くとすれば必要原則にも合致する。

資産のうち物的資産については，遺産相続制度がその歴史的決定を固定化するという意味で大きな役割を果たしている以上，遺産相続の制限が分配変更のための方法となる。具体的な手段としては，まず相続税があり，さらに生前贈与によって相続税を回避することを封じるという意味で贈与税がある。

次に，人的資産の大きさは，既述のように遺伝的な要因と生後の教育投資によって決定される。うち遺伝的要因は政策的にはいかんともしがたいが，教育投資による部分は変更可能である。そして教育投資額は親の物的資産に依存するから，遺産相続の制限によって一応は，この面での分配の変更もなされうる。しかしより直接的に人びとの教育機会を均等化するような政策がある。公費負担による無料教育，教育施設の建設運営に対する公費補助，奨学金の貸与などがそれである。なお，教育は後述のように外部経済を伴うから，これらの政策は同時に資源配分の効率化にも資することになる。

(2) **価格形成メカニズムへの介入**

価格形成メカニズムへの介入による政策としては，まず特定の財・サービスの価格を政策的に操作する価格統制があり，これはさらに価格支持政策と価格抑制政策に分けられる。

まず，価格支持政策は，ある財・サービスの報酬率である価格を高く維持して，その供給者の所得を保証するものである。この種の政策としては，最低賃金制や農産物の価格支持などがある。前者は，賃金の最低限を法的に定め，それ以下の賃金を禁止するものである。日本では1959年に最低賃金法が施行され，幾度かの改正をへて今日に至っている。後者は，農産物とりわけ米の価格を高めに支持し，農業者の所得を維持するものである。

価格抑制策は，低所得層の支出に占める割合が大きい生活必需品の価格を低く押さえるものである。消費者米価，交通，電力，ガス，水道料，公共料金，地代，家賃規制などがある。

これらの価格統制は，補助金を支出する場合と法的規制のみの場合とがあ

る。農産物の価格支持や公共料金の抑制のためには，多くの場合，一般財源からの補助措置がとられている。他方，最低賃金制や地代・家賃の統制などは，法的規制だけがなされることが多い。

これらの価格統制は，国民の心理からして賛同を受け入れられやすい，つまり政治的に実行が容易であるというところから採用されることが多いが，効率性の阻害を生むという問題があることに注意すべきである。市場価格は本来，政府の介入がなければ最適な資源配分のためのシグナルの役割を果たしているが，価格統制はそのシグナル機能を阻害するのである。

ただし，不完全競争などの故に同一生産要素であっても価格が違う，つまり報酬率が違うという理由による分配の不平等を解消することは，要するに市場をより完全にすることであるから，効率性を高めこそすれ阻害することはない。独占禁止政策によって独占の弊害を除去することなどがそのような性格をもつ。

b 所得再分配

事後的な所得再分配のための手段には，2つの柱として租税制度と社会保障制度がある。大まかには，両者は財政の収入面と支出面に対応している。つまり租税制度が収入面において再分配を行うのに対して，社会保障制度は支出面において再分配を行う。

(1) 租税制度

租税制度は先にみた相続税，贈与税のように資産分配を変えるというレベルでも政策的に用いられているが，中心になるのは事後的な再分配である。基本的には，高所得者から重く低所得者から軽く租税を徴収することで，所得再分配機能を果たす。

いうまでもなく租税にはさまざまな種類があるが，通常，所得再分配政策の手段としてもっとも効果的なのは個人所得税であるとされる。個人所得税は，個人所得それ自体を課税ベースにした直接税であり，高所得ほど税率が高くなる累進的な税率構造，低所得者への免税，さらには種々の控除制度に

よって，各人の個別事情を考慮した形で税額を決定することができる。ただしそのさい，課税ベースである所得の捕捉が不完全であると所期の目的が達せられないことに注意すべきである。実際，源泉徴収制度によって所得をほぼ完全に捕捉されるサラリーマンと，申告納税制度であるため種々の抜け道を利用できる自営業者，農業者などとを比較すると，所得捕捉率には大きな差があるということが指摘されている。

また間接税も，それが高所得者の多く購入する奢侈品に課税される個別消費税ならばある程度の再分配機能を果たすことができる。しかし，間接税は基本的に各人の個別事情を考慮するものではなく，奢侈品以外に課税される個別消費税やすべての商品に課税される一般消費税は，低所得者ほど所得に占める消費額が大きいため負担が逆進的になり，不平等をむしろ拡大する傾向がある。ただし間接税には，捕捉を逃れた所得に対しても支出される段階で課税できるという側面がある。

ところで，租税もまた，すべての者に一定の税額が課される定額税を除いて，資源配分の効率性を大なり小なり阻害する。

個人所得税の場合，それはまず税引き後の賃金率を低下させるため，労働者の余暇と所得の間の選択を歪めて労働意欲を抑制する可能性がある。また個人所得税は，労働などによって所得が稼得された段階でまず課され，ついでそのうち貯蓄に回された部分から利子所得が発生した段階でも課されるため，貯蓄部分については二重課税になっている。そのため現在消費と将来消費の間の選択を歪めて，貯蓄を阻害する可能性もある。

個別消費税や一般消費税などの消費課税の場合も，労働意欲に対しては個人所得税と同様に抑制的影響をもつ可能性があり，さらに個別消費税は商品間の選択をも歪める。だが他方で，消費課税は貯蓄部分に改めて課税されることがないため，貯蓄を阻害することはない。

(2) **社会保障**

社会保障の機能は，通常次の2つであるとされる。1つは，人びとがなん

らかの理由で貧困に陥り，自力で生計を維持できない場合，最低生活水準を保証するという機能であり，もうひとつは，老齢・疾病・失業・災害など貧困の原因となるリスクを社会的に分散化して，人びとが貧困に陥ることを未然に防止するリスク・プーリング機能である。前者は高所得者から低所得者への垂直的再分配を行うものであり，後者は健康人から病人，生産年齢者から老齢者への水平的再分配を行うものである。

社会保障制度は，① 公的扶助，② 社会保険，③ 社会福祉，④ 公衆衛生・医療の4つに分類され，前二者を柱にその他がこれらを補完するという形になっている。

① 公的扶助

低所得者に最低限度の生活を保証する目的で所得移転を行うものである。他の政策によってもなお最低限度の生活を営むことができない場合に初めて適用され，最終的な生活保障の手段であるといえる。主に，現金給付によってなされる。

② 社会保険

社会保障のリスク・プーリングの役割を果たすもので，保険方式によって現金給付を行う。医療保険，年金保険，雇用保険，災害保証保険の4つの保険がある。

③ 社会福祉

社会的弱者に施設などを通じて最低限の保護・援助を与えるもので，したがって現物給付である。老人福祉，児童福祉，母子福祉，身体障害者福祉，精神薄弱者福祉からなる。主な社会福祉施設としては，保育園，特別養護老人ホームなどがある。

④ 公衆衛生・医療

結核・伝染病などを予防し，人びとの健康を維持増進することを目的にした公的サービスの供与であり，これも現物給付の形で行われる。

なお，以上の4つに恩給，戦争犠牲者援護を加えたものを広義の社会保障

制度といい，さらに住宅対策，雇用（失業）対策を社会保障関連制度として含めたものを社会保障および関連制度という。

第4節　社会保障制度

社会保障制度は，今日の再分配政策においてとりわけ重要な役割をもつようになっており，1993年度の社会保険および関連制度の実支出は約67兆円で，国民所得の18.7を占める（図表4-6参照）。そこで以下では，そのうち公的扶助と社会保険について改めて考えてみよう。

図表4-6　社会保障関係総費用の推移（実支出）

（単位：百万円）

区　　　分			平成元年度 (1989)	2 (1990)	3 (1991)	4 (1992)	5 (1993)
実支出	広義の社会保障	狭義の社会保障					
		公的扶助	1,395,873	1,351,510	1,345,393	1,353,310	1,388,183
		社会福祉	2,242,570	2,428,482	2,587,988	2,899,370	3,082,439
		社会保険	39,766,811	42,136,524	44,877,769	48,315,469	51,271,000
		公衆衛生及び医療	2,703,576	2,819,249	2,960,681	4,036,812	5,417,854
		老人保健	5,655,098	6,036,690	6,532,778	7,706,649	7,590,688
		小計	47,963,995	51,094,379	54,108,918	59,210,148	63,881,353
		恩給	1,895,192	1,871,064	1,857,190	1,849,745	1,827,735
		戦争犠牲者援護	398,852	361,995	351,650	348,897	347,236
		累計	50,258,039	53,327,438	56,317,758	61,408,790	66,056,324
	社会保障関連制度	住宅等	246,553	458,994	487,134	669,517	1,107,540
		雇用（失業）対策	88,526	84,967	79,490	73,775	69,097
		小計	335,079	543,961	566,624	743,292	1,176,637
社会保障及び関連制度合計			50,593,118	53,871,399	56,884,382	62,152,082	67,232,961
対国民所得比（％）			15.8	15.7	15.8	17.3	18.7

資料）総理府『社会保障統計年報』より作成

a　公的扶助

公的扶助は，既述のように国民に最低限度の生活を保証する最後の手段として重要な役割を担っており，わが国では生活保護制度がこれである。保証すべき最低所得水準（生活保護基準）を定め，これを下回る世帯に対して，実情に応じて生活扶助，教育扶助，住宅扶助，医療扶助，出産扶助，生業扶

助，葬祭扶助がなされる。そのさい，要保護者は，受給申請をし資産調査など受給要件に関する審査を受けることが必要である。生活保護基準は，一般の消費水準にしたがって毎年改定される。1987年度の被保護世帯数は約71万世帯，被保護人員は127万人となっている。

この公的扶助については，かねてからさまざまな問題点が指摘されている。その主なものをあげれば次の通りである。

1）受給要件の厳しさ，審査に伴う屈辱感やわずらわしさなどのために，最低所得水準以下にありながら受給申請をしない人びとが多く，その結果として被保護世帯の捕捉率が低い。

2）公的扶助制度においては，被保護世帯の稼得所得が増加すると，その分だけ扶助が減額されるため，勤労の如何にかかわらず生活水準は一定である。したがって労働意欲を阻害する。

3）所得税の課税最低限には達しないが，生活保護基準の所得は上回る所得水準にある者は，課税されないが扶助も受けられないことになり「制度の谷間」に放置される。

こうした問題点を解決し，体系だった再分配制度を作るための方法として「負の所得税」がM.フリードマン，J.トービン等によって提案されている。これは，公的扶助制度と所得税制とを組み合わせ，課税最低限を下回る者に対しては，その差額の一定割合だけマイナスの課税をする，つまり給付を行うというものである。

この負の所得税は，(1) 資産調査などをしないために受給者の屈辱感が少なく，低所得者すべてに給付される，(2) 扶助を受ける者も，課税前所得が多くなれば可処分所得が増えるので，労働意欲の阻害が少なくてすむ，(3) 課税されないが給付もないという制度の谷間が解消する，といった利点をもつ。ただし他方では，1）公的扶助に比べて財政支出が増える，2）所得税一般がそうであるが，課税前の所得の捕捉がむずかしい，などの問題点もある。

わが国の場合，先の先進諸国と異なって被保護世帯の多くが高齢者世帯と

傷病世帯であり，労働可能な世帯は多くないと考えられるため，労働意欲の観点から負の所得税を導入する必要性はそれほど高くない。だが要保護者の捕捉率は20％前後にすぎないともいわれる低さであり，制度の谷間の問題ともあわせて，なお導入検討の余地はあろう。

b 社会保険

社会保険がもつリスク・プーリング機能は，民間保険によってもある程度果たすことができる。しかし民間保険では，リスクの小さい者には低い保険料が，リスクの大きい者には高い保険料が設定されるから，疾病者，高齢者などリスクが大きく，かつ負担能力の低い者は保険から排除されてしまう。その点，社会保険は強制加入であり，民間保険より確実にその目的を果たすことができる。

わが国の場合，社会保険は，1973年に医療保険給付率，年金給付額の大幅な引き上げ，年金額の物価スライド制導入など制度の飛躍的拡充がはかられて以降，給付額の急速な上昇が見られ，現在は，社会保障関係総費用の7割を占めるに至っている。中でも規模の大きいのは医療保険と年金保険である。

そこで両者についてその制度の概要をみることにすると，ともにいくつかの制度が分立している。すなわち医療保険は，一般被用者（民間サラリーマン）を対象とする健康保険，日雇労働者健康保険，船員保険，公務員等を対象とする各種の共済組合，以上各保険の被用者とその扶養家族以外を対象とする国民健康保険であり，年金保険は，原則として全国民を対象とする国民年金，一般被用者を対象とする厚生年金保険，各種共済組合である。これら保険は，保険料（被用者を対象とする保険の場合は，本人と使用者が原則的に半分ずつ負担する），国庫負担，積立金の運用益を財源として給付を行う。

さて，現行の社会保険制度の抱える問題点としては，主に次のようなものがあげられる。

第1には，制度間格差である。社会保険は，今みたように医療保険，年金保険とも，さまざまな制度が分立しているが，これらは歴史的に徐々に設立

整備されてきたため，保険料水準，給付水準，給付条件，国庫負担の程度などにおいて諸制度の間に格差が生じている。これはいうまでもなく公平性が阻害されているという点において問題である。

ただし年金保険については，1986年度より制度の一元化に向けての改革が始まっている。国民年金は元来，それまでの年金制度から漏れてしまう人びとを対象にして設立されたものであるが，86年からは一般被用者などすべての国民がこの国民年金に加入することになった。これにより国民年金は新たに基礎年金として，その他の厚生年金保険や共済組合は，その上乗せ部分として位置付けられた。

第2に，医療保険に関しては，その存在が医療の非効率化をもたらしているという問題がある。一般に医療保険制度のもとでは，被保険者は医療費を直接負担することがない（少ない）ため，コスト意識が希薄になり安易に受診してしまう傾向があるといえるが，わが国でもこうした事態が生じていると考えられる。これへの対処としては，医療費の被保険者本人の一部負担があり，すでに一部その方向での制度改正もなされている。今後も医療保険本来の目的との兼ね合いを考えながら引き続き検討される必要があろう。

第3にもっとも重要なこととして，年金財政を初めとして社会保険財政の悪化が予想されるという問題がある。その第1の理由は，いうまでもなく人口の高齢化である。65歳以上の老齢人口は，1995年現在，1,823万人で総人口の10.9％であるが，2010年には2,775万人と総人口の5％に，2025年には25.8％となると予想されている（厚生省人口問題研究所『日本の将来推計人口（平成4年9月）』）。高齢化という現象は，先進諸国のどこでも多かれ少なかれみられるものだが，このような日本の高齢化は，そのスピードの速さにおいても，また最終的に予想される老齢人口の比率の大きさからいっても，とりわけ深刻である。これによって年金給付額が増大することはもちろんのこと，老人医療費の増加を通じて医療保険給付額の増加も生ずるものと思われる。

さらに，年金財政においては年金制度の成熟化がこれに拍車をかける。一般に年金の受給資格を得るには，一定期間保険料を納付することが必要である（厚生年金では20年，国民年金では25年）。したがって，年金制度の発足当初は年金受給者がなく，年数の経過に伴って徐々に受給者が増えていく。これを年金制度の成熟化というが，今後これが進むことによっても年金給付額は増大するのである。

したがって今後，社会保険財政を破綻させないためには，年金支給開始年齢の引き上げなど給付面での見直しとともに，社会保険料や租税といった形での負担の増大が避けられない見通しである。しかし，あまりに重い負担は，労働意欲の阻害をもたらすだろう。また年金保険については個人貯蓄率にマイナスに作用する可能性も指摘されている。社会保険制度の将来については，その重大さからして一層の熟慮が必要であるといえよう。

参考文献
熊谷尚夫『経済政策原理－混合経済の理論』岩波書店 1964年
熊谷尚夫『厚生経済学』創文社　1978年
野口悠紀雄『公共経済学』日本評論社 1982年
野口悠紀雄『公共政策』岩波書店　1984年
村上雅子『社会保障の経済学』東洋経済新報社 1984年

第5章　政策の主体と決定システム

第1節　政治分析のフレームワーク
a　政府の失敗と公共選択論

　市場が望ましい結果を生み出すことになんらかの意味で失敗するとき，我我はそれを是正するという課題を政府に期待する。政府は，諸個人の自発的行動を基礎とする市場とは異なって「強制力」をもっており，それを行使することによって市場の失敗も解決することができるのである。たとえば政府が公共財を供給しうるのは，課税権という強制力を用いて，フリーライダー問題を克服できるからである。

　しかし注意しなければならないのは，政府が問題を解決できるというのはあくまでも潜在的可能性でしかないということである。可能性が現実のものになるためには，政府がその能力を目的に向けて正しく行使しなければならない。だが，いうまでもなく実際の政府はそのような存在からは程遠い。政府が，なすべき政策を常に知りうるという保証はどこにもないし，仮にそれを知ることが出来たとしても，政策担当者がそれを忠実に実行するという保証もない。つまり市場が失敗するのなら，政府もまた同じように失敗するのである。そしてもしこの「政府の失敗」が深刻なら，政府の関与によってかえって状況は悪化するかもしれない。

　したがって真に問題解決の道を探るためには，われわれは市場の失敗と並んで，政府の失敗も考慮しなければならず，そのためには政策の主体そのものを考察の対象にしなければならない。しかも，そもそも市場システムがまったくの政治的無秩序の中に成立しうるものではなく，政府によるしかるべき財産権制度の確立と保護を前提とするのであるなら，政府のあり方いかんは，単に市場と政府という2つのシステムの優劣の問題ではなく，市場シス

テムの成否にとっても本質的な問題であるということもできる。

ところで，政府の現実をどう把握するかという問題は，伝統的には政治学が対象としてきた領域である。しかし近年，政策主体の問題が重要であるという認識がいよいよ強まるにつれ，経済学者もこの問題に独自のアプローチをするようになっている。「公共選択論」と総称されるものがそれである。

この公共選択論は，ひとことでいえば経済学の分析方法を用いた政治分析である。したがって経済学の方法に対応して次のような特徴をもつ。

第1に，分析の基本単位は個人であり，すべての政治現象は個人にまで還元して説明される。逆にいえば国家，階級，民族など個人を越えたものが有機的実体とみなされることはない。

第2に，その個人は利己的かつ合理的に行動すると仮定され，利他的ないし非合理的な行動は原則的に分析から排除される。

第3に，その上でしばしば政治過程は市場過程とのアナロジーにおいて語られる。

こうした政治分析の手法は明らかに，政治をしばしば個人の集合体以上の意味をもった集団による非合理的な現象とみなす従来の政治学とはかなり異なっており，少なからぬ違和感をもって受けとられるかもしれない。しかし経済学がそもそも稀少性下での人間の選択行動の科学であるとするなら，その研究領域はそうした選択行動が存在するところならどこにでも見い出すことができるはずであり，いわゆる経済現象に限定されるべき必然性はない。その意味で政治現象への研究の拡張はむしろ経済学の自然な発展であり，その体系の完結の試みであるとみることも出来よう。そして事実，この分野は現在までにかなりの成果を生み出しており，仮に限界があるとしても，その限界の程度をア・プリオリにいうことはできないと思われる。

b 政策決定過程の参加者

政府活動の決定あるいはより一般的に政策決定は，さまざまな方法によってなされうる。古くからの慣習によることもあるし，一個人のまったくの独

裁の場合もある。しかし今日のいわゆる先進諸国では，民主主義的な制度がほぼ確立している。そしてこの民主主義制度において日々の政策決定は，さまざまな人びとがさまざまな形で関与しながらなされている。そこでまずこうした政策決定過程への参加者とその関わり方を概観することから始めよう（図表5-1参照）。

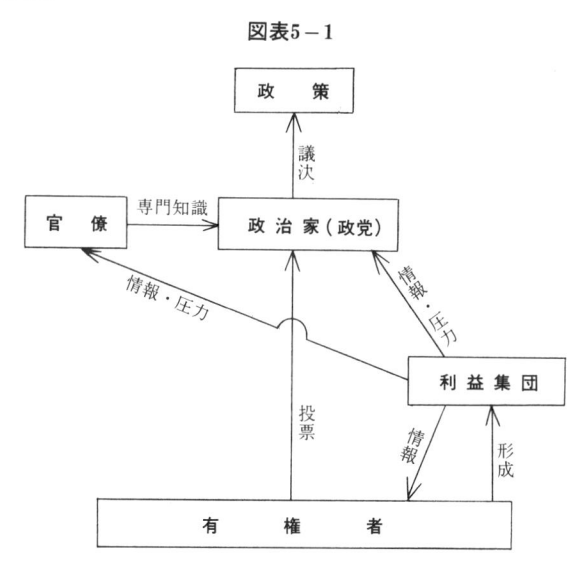

図表5-1

```
              政　策
               ↑
               議
               決
  官　僚 ─専門知識→ 政治家（政党）
    ↑                  ↑   ↖情報・圧力
    │情報・圧力         │         ↘
    │                   │          利益集団
    │              投票 │           ↑
    │                   │   情報    │形成
    │                   │           │
              有　権　者
```

　民主主義下では政策に最終的な正当性を与えるのは主権者たる国民である。国民は投票行動を通じてその意思（選好）を表明する。したがって国民は有権者として政策決定過程に関与する。もしこの投票者の意思表明が直接に政策を導くなら，それは直接民主主義である。現実にも時に特定の問題が有権者による直接投票によって決せられることがある。だがほとんどの場合は，政治家及び彼らが形成する連合体である政党が介在する間接民主主義あるいは代議制民主主義である。そして政治家は，有権者によって選挙で選出される以上，有権者から強い影響を受けるが，なにがしか有権者から自立した行動をとりうるという意味でやはり独立の参加者である。

　以上が制度的に規定された基本的構図であるとすると，現代においてはこ

れに加えて少なくとも2種類の重要な参加者が存在する。まず第1には官僚があげられる。官僚の本来の役割は，決定された政策を単に執行することであり，いわば補佐的なものである。しかし複雑化した現代にあって政策は，高度に専門性を要求される。したがって国民や政治家（政党）には，政策を詳細にわたって立案したり，立案された政策を十分に理解することができないかもしれない。すると専門的な知識を有するテクノクラートとしての官僚が，政策決定をリードしていく可能性がある。こうして官僚は単なる補助的な役割だけでなく，独立の参加者としての地位を獲得する。

また国民は，有権者個人として政策決定に関与するばかりではない。しばしば共通の利害をもった諸個人は集団を形成し，投票行動以外の経路，たとえば政治献金，ロビイング，宣伝活動を通じて，政策に影響を与えようとする。すなわち諸個人は利益集団としても行動する。現代社会には，企業団体，労働組合，農業団体，同業者団体，消費者団体などさまざまな利益集団が存在し，自己の利害ないし主張を貫徹しようと有権者，政治家，官僚に絶えず働きかけている。この利益集団も現代においてきわめて重要な参加者である。

こうして現代の先進国の政策決定過程においては，有権者，政治家，官僚，利益集団といったさまざまな主体が参加し，それらの複雑な相互作用の結果として現実の政策が決定され遂行されていくことになる。

第2節　投票ルールの諸問題

民主主義制度とは基本的には，主権者である国民の意思によって政策を決定しようとする制度である。このことをいま少し形式的ないい方に直せば，社会の諸個人の私的な意思決定を集計して，社会的な意思決定を導き出そうとするのが民主主義である。そして集計は投票によってなされる。したがって投じられた票からどのように結果を出すかを規定する投票ルールが，その集計の仕方を左右する。そこで，政治家，官僚，利益集団を含めたより現実的な問題を考える前に，まずこの投票ルールに焦点を当て，そこにおける諸

問題を考えることにしよう。

a 投票のパラドックス

投票ルールをめぐる諸問題の中でまず初めにあげなければいけないのは，「投票のパラドックス」と呼ばれる問題である。

いま社会にA，B，C，3人の個人がいるとし，x，y，zという3つの選択肢の中から1つを選択するという状況を考えよう。各人の選好順序は，図表6-2のようであるとする。すなわちAは，xをもっとも選好し，ついでy，最後にzという順であり，同様にBはyzx，Cはzxyという順で選好している。

図表5-2

	第1位	第2位	第3位
A	x	y	z
B	y	z	x
C	z	x	y

ここで3つの選択肢のうちの任意の2つを組にして，どちらを選好する者が多いかをみてみる。まずxとyについてみると，AとCはxの方をyより選好しBだけがyを選好するので，xの方が多い。次にyとzについてみると，AとBがyを選好しCだけがzを選好するのでyの方が多い。zよりy，yよりxであるから一見，多数派が選好する選択肢はxであるように思われる。しかしさらにzとxについてみると，BとCがzを選好しxを選好するのはAだけであるので，zの方が多い。つまり社会的な選好順序は$xyzx$というように循環的になってしまい，一意の結果を得ることが出来ないのである。

このことは，各組の投票を重ねることによってどれか一つを選ぼうとすると，どの組の投票を先にするかによって結果が異なってしまうということを意味する。たとえば初めにxとyについての投票を行い，次にそこで勝利したxと残りのzを投票にかけるとzが最終的な投票結果になる。しかし初めにyとzについての投票を行うと，そこで勝利したyと残りのxについての投票により，xが投票結果になってしまう。こうしてある投票によってある結果が出てきたとしても，それは投票の順序に依存する恣意的なものでし

かないのである。あるいは投票に終わりがないとすれば、永久に決着がつかない不安定な状況が生じてしまうことになる。

以上の投票のパラドックスは、単純多数決ルールの下での事態を述べたものである。しかし同様なことは単純多数決ルールのみにとどまらずすべての意思決定ルールに当てはまることがK. J. アローによって証明されている。それがアローの「一般可能性定理」である。アローは、決定結果が合理的であるなら満たしていなければならない2つの公理と、ある政治制度が民主主義的であるといえるためにはやはり満たしていなければならない5つの条件を次のようにあげる。

公理1　連結律
　　　　すべてのx, yに対して、xがyより選好されるか無差別である、またはyがxより選好されるか無差別である。
公理2　推移律
　　　　すべてのx, y, zに対して、xがyより選好されるか無差別であり、かつyがzより選好されるか無差別であるなら、xはzより選好されるか無差別である。
条件1　広範性
　　　　個人の選好に関して論理的に可能なあらゆる順序づけが容認される。
条件2　パレート原理
　　　　全員が一方の選択肢よりも他方のそれを選好すれば、社会もそのように評価すべきである。
条件3　独立性
　　　　任意の2つの選択肢に関する社会的評価は、両者に関する個々人の選好順序だけに依存すべきである。
条件4　市民主権
　　　　個人の選好順位と無関係に社会的結果が決まることはない。
条件5　非独裁性
　　　　特定の誰かの選好が常に社会的選好となってはならない。

アローは、以上の公理と条件をすべて満たす意思決定ルールは一般的に存

在しないことを証明した。詳しい証明は他に譲るが、要するに社会的選好順序が公理を満たすという意味で合理的であろうとすると非独裁性の条件に反してしまう、あるいは非独裁性の条件を維持しようとすると公理を満たさない非合理性が生じてしまうのである。これは国民の意思に基づいて政策を決定しようとする民主主義の基本に対する重大な挑戦である。

ところで投票のパラドックスは、いかなる場合にも生ずるわけではない。いま先の諸個人の選好順序を変更して、Cの順序づけを zyx としてみよう。すると先ほどのような循環は解消されて、y が最上位に確定する。一般的にはすべての個人の選好順序が図表5-3のように単峰型であるとき（最上位の選好が1つ存在し、そこから離れるにつれ順序が下がるとき）、循環は解消することが知られている。これはどのような順序づけも容認されなければならないという広範性の条件には反するが、たとえば公共財供給量の決定問題のように選択肢を一次元的な尺度に沿って並べることが出来るなら、諸個人の選好順序は、どこかを頂点として、そこから離れるにつれて順位が下がっていくのが普通であろうから、単峰型を仮定することはそれほど非現実的ではない。したがって諸個人の選好順序がそのような形をしていることが多いなら、その分、アローの提起した問題の深刻性は緩和される。しかし、実際に投票にかけられる選択肢はしばしば多次元的であり、そのときには再びパラドックスが生じる。

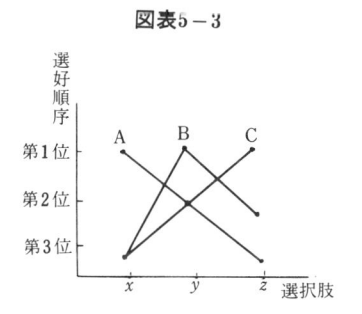

b 多数決ルールの性質

考えうる、そして実際に用いられている投票ルールにはさまざまなものが存在するが、いま提案の可決に必要な賛成票の数という点からこれを分類すれば、単純多数決ルール、多数決であるが2分の1より多い賛成票を必要とする（たとえば3分の2）ルール、全員一致ルールなどがあげられよう。こ

のうち全員一致ルールは、可決によって状態の悪化する誰か1人でも反対すれば否決されることになるからパレート最適を保証するという特性を備えている。実のところ、市場においては自発的交換のみが行われるから、市場システムという意思決定メカニズムにおいて採用されている意思決定ルールは全員一致ルールであるということもできる。しかし、政治過程において全員一致で合意が得られるような提案を見い出すには、そのための交渉、説得に要するコストが非常に高くなるだろう。また再分配を伴う提案は、それによって損失を被るものは必ず反対票を投ずるから全員一致ルールでは原理的に可決され得ない。こうしたことから実際に用いられる投票ルールは、しばしばなんらかの形での多数決ルールである。そこで今度は、この多数決ルールとりわけその代表としての単純多数決ルールについて、さらに踏み込んで考えることにしよう。なお、以下では、諸個人の選好は単峰型であると仮定する。したがって、先の循環は生じず結果は確定する。その結果は、どのような性質をもつだろうか。

今、公共財の供給量を単純多数決で決定する状況を考える。また有権者がA、B、C、D、Eと5人存在し、各人の選好順序が図表5-4のように並んでいるものとする。いまCがもっとも選好するm未満のなんらかの量（たとえばb量）と、m量との選択を投票にふすと、A、Bはb量の方を選好するがC、D、Eはmの方を選好するので、mが可決される。そしてmを上回るなんらかの量（たとえばd量）とmとを投票にふしても、ABC対

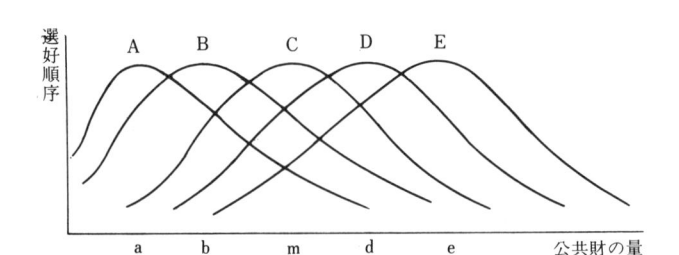

図表5-4

CDでmが可決される。つまりCが選好するm量は他のどんな供給量に対しても勝つのである。

ところでCは，実は有権者たちの中のちょうど真ん中つまり「中位」の立場にある。このCの選好が選ばれるのは，感覚的にいえば，A，BとD，Eの利害が対立する中で，中位投票者であるCがキャスティング・ボートを握るからであるが，このように選択肢が1次元的に並び，選好順序が単峰型であるとき，多数決の結果は必ず中位投票者のもっとも選好するものになるのである。これを「中位投票者の定理」という。

さて，こうして多数決ルールによって決定された公共財の供給量は，最適供給条件を満たしうるだろうか。すでにみたように公共財の最適供給条件は，各人の限界評価の和が公共財生産の限界費用に等しくなることである（$\sum_{i=1}^{N} MB = MC$）。また，一般に有権者iは$\sum_{i=1}^{N} MB$のうち自己の享受する分MBiとMCのうち自己の負担分MCiとを比較して，$MBi = MCi$になる供給量をもっとも選好する。中位投票者の定理が妥当すれば，$MBm = MCm$を満たす供給量が投票結果になる（ここでmは中位投票者）。

いま公共財供給の負担は全員に均等に課されるとすると$MCm^2 = MC/N$である（ただしNは有権者数）。また，有権者の選好の度数分布が正規分布をしていて，中位投票者の限界評価が全有権者の限界評価の平均に等しい，すなわち$MBm = \sum_{i=1}^{N} MB/N$であるとする。すると投票結果は$\sum_{i=1}^{N} MB/N = MC/N$つまり$\sum_{i=1}^{N} MB = MC$となり最適供給条件を満たしている。このように多数決ルールは一定の条件下では最適な資源配分を実現しうるのである。

しかし，実際にこうした条件が満たされることは難しいと考えられ，非効率な結果をもたらしてしまう可能性が高いだろう。しかも，仮に最適供給が実現されたとしても多数決ルールは次のような問題点をもつことに注意しよう。すなわち，この決定の結果，m量の公共財供給に反対した者の中には，供給の負担が便益を上回ることによって状況が悪化するものが出て来るのである。結果がパレート最適であるというのはあくまで潜在的にということで

あって，損失者に対して補償をしてあまりある便益を全体として生じているということに過ぎない。

このように多数決ルールは，案件が再分配政策に関するものであればもとより，公共財の供給のように資源配分に関するものであっても，常に分配問題をも同時に惹起するのである。そのため多数決ルール下の政治は分配をめぐる闘争の場となり，多数者は少数者の犠牲の上に利益を得ることになる。これは，「多数者による専制」としてよく知られる問題である。

第3節　代議制民主主義
a　不確実性と代議制

これまでの議論では，有権者1人には1票の権利が与えられ，政治的影響力は平等に分配されていると想定していた。たしかに完全情報が支配する世界にあっては，有権者はその本来の選好を正しく表明することができ，1票の権利は正当に行使されるだろう。

しかし現実にはそのような完全情報は望むべくもない。一般に個人は，もし彼が合理的であるなら，追加的な情報獲得に伴う便益が費用を上回る限りで，それを獲得しようとするだろうから，それを越える情報量はあえて求めようとしないだろう。そして政治的意思決定に必要な情報は，自己の生活と直接関わりのないものまでを含む広範なものであり，政府のなすべき政策問題について正しい情報を得るには，時間を含む多大な資源を費やさなければならないから，政治における情報の不完全性は，非常に大きいと想像される。それは市場において諸個人に必要な情報がともかくも自分に身近なことに限定されるのと対照的であり，実際，市場システムと政治システムとを比較したときの大きな相違の1つは，ここにあるかもしれない。

そしてひとたび不確実性の世界に踏み込むと状況は大いに変わってくる。有権者には，本来の選好とは異なった判断をしてしまう可能性が生じてくるのであり，そして，その可能性に乗ずる形で，政治過程への有権者以外の参

加者である，政治家，官僚，利益集団が独自の役割を果たすものとして登場する。こうして建前としての平等な権利にもかかわらず，実際の諸個人の政治的影響力は不平等になってしまうかもしれない。

そこで以下の諸節では，より現実に近い不確実性下での政治について考えることにする。まず本節の残りの部分では，有権者と政策決定との間に政治家が介在する代議制民主主義についてみよう。

そもそも現代において代議制が支配的である理由の少なくとも1つは，不確実性に求めることが出来る。直接民主主義の下では，提出された多くの個別案件すべてについて情報を収集し，意思決定を行う作業は，有権者自らがそれを行わなければならないが，そのとき個々の有権者にとってコストは膨大なものになるだろう。だがここに政治家という専門家が登場し，彼らを選挙によって選出して政治的意思決定に伴う作業の多くを委託することが出来れば，費用は大いに削減される。政治家は，政治に特化した存在として情報を収集し，整理し，それを有権者に効率的に提供する。このように代議制は不確実性の世界にあって情報獲得費用を初めとする政治的意思決定費用節約の機能を果たしているとみることが出来るのである。これは多くの経済活動において仲介業者が存在することと類同的である。

しかしひとたび政治家が介在すると，政治過程は新たな様相を呈し始めるだろう。そこで次には，この代議制の世界でどういうことが起きるかを，代議制の経済学的分析の先駆者であるA. ダウンズの空間競争モデルによってみることにしよう。

b 空間競争モデル

ダウンズ・モデルに登場する主体は，政権担当という共通の目的をもった政治家の連合体である政党と有権者で，両者は，合理的に自己の効用を最大化する存在であると仮定される。そして政治家ないし政党の効用は，政権に就くことによって得られる所得，名声，権力であるとされているので，その行動目的をより特定化すれば，得票の最大化ということになる。

このような仮定の下で設定される問題状況は次のようなものである。政策の選択肢が一次元に並んでいるとする。たとえば，左端が全面的な政府統制で右端が完全自由市場，その中間が混合体制といった具合である。有権者が単峰型の選好をもっているとすると，各点をもっとも選好する有権者の数の度数分布を描くことが出来る。これはその社会の諸個人の選好構造を示すものである。ところで各政党は，この直線上のさまざまな点を政策として掲げることによって選挙を戦うわけだが，政党が得票の最大化を目指すとき，各政党はどこに政策を設定するだろうか。

まず政党がA党，B党と2党あり，初めに両党の位置は図表5-5のようであるとする。さしあたり有権者の棄権はないものとすると，A党は自党の位置の左，B党は自党の位置の右にいる有権者の支持は必ず得ることが出来る。したがって両党はより多くの支持を得ようとして中央の位置に寄っていくだろう。そしてついには中位投票者の点に収斂する。このことは中位投票者の定理が代議制にも持ち越されることを意味するが，より現実に沿っていえば，こうした状況では2政党の掲げる政策は非常に類似したものになるのである。以上の議論は，共和党と民主党という類似した2大政党が存在するアメリカなどにみられる2党制状況をうまく説明する。

しかし，ここで棄権の可能性を認めてみよう。個人は，投票することの便益がコストを上回る限りで投票する。それゆえたとえばA党の左に位置する有権者は，A党が右に移動してB党との差異が小さくなると，両党を無差別と感じやすくなり，それだけ棄権する確率が高くなる。したがってA党が右によることによって得票を増やしうるかは，右側に獲得する得票の増大分と，左側の棄権による損失分との関係で決まる。このとき重要になるのは度数分布の形である。

図表5-5がそうであったように分布の形状が正規分布である場合には，2党の収斂という先の命題は依然有効である。なぜならA党が右に寄るとき失う票より獲得する票の方が大きいからである。しかし分布が図表5-6のよ

うに2つの山を作っている場合には、収斂は生じない。両党とも頂点からはなれることによって失う票が新たに獲得する票を上回ってしまうので、2つの山の頂点から動こうとしない。

図表5−5

したがって棄権の可能性が存在する現実にあって、2党の収斂が生じるのは有権者分布が中央の穏健な立場に集まっているという状況下であるということになる。そうでないなら収斂は生じない。そしてこれは政治的不安定性を意味する。なぜならどちらの政党が勝ったとしても、その政党が実施しようとする政策は

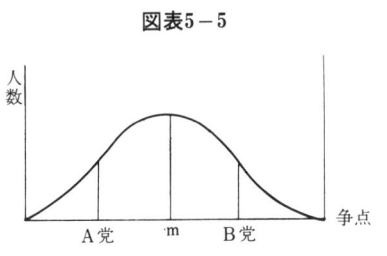

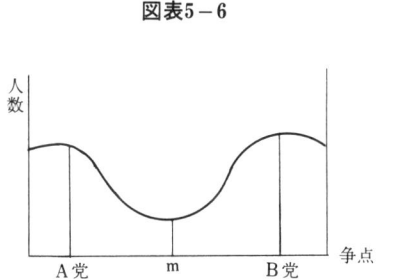

図表5−6

他党の立場と大きく異なるものであり、敵対的な政治状況が生まれるだろうからである。場合によっては、革命という民主主義制度を否定する形式によって、一方の頂点から他方の頂点に一挙に移動するという事態が生ずるかもしれない。

また以上のことから、多党制が生ずるのは分布がたくさんの山をもつときであるということも容易に分かる。

さらにダウンズは、モデルによって新党の誕生も説明している。

まず分布の形状が変わるときには新党が生まれる可能性がある。たとえば、選挙権の拡大によって、新たに山が出来たときには、その山を利用する政党が生まれるのである。かつてのイギリスで、選挙権の拡大の結果、労働党が誕生した事態はこうした状況の一例であると理解できる。あるいは社会的大変動が有権者の選好を大きく変化させたときにも、同様なことが生ずるかもしれない。

また分布の形状が変わらなくとも、中央に寄ろうとする政党を引き留める

ため，その政党の異端派が分布の端に新党を作る可能性もある。

第4節　官僚制
a　ニスカネン・モデル

すでに述べたように，現代では政策問題が複雑化する，つまり不確実性が増大するのに対応して，官僚が単に政策の補佐にとどまらず積極的に政策をリードしていくという状況がみられる。こうした状況を念頭において，官僚の行動をモデル化したのが，W. A. ニスカネンである。

彼のモデルに登場する官僚も合理的に自己の効用に最大化する存在であると仮定され，官僚組織は，そうした官僚たちが構成する一種の企業とみなされる。しかも公共サービスの供給に関しての独占企業である。ただし私企業とは異なり，官僚組織に利潤追求は認められない。そこで官僚の場合，権限の拡大，昇進，などに私的効用の源泉を見い出すが，これらの効用はすべて獲得予算の増加関数であるとされる。したがって結局，官僚は予算の最大化を目指すことになる。

またこのモデルでは，官僚は公共サービス供給に関する情報を独占しているとされる。これは官僚の情報上の優位性という状況を極端化した仮定である。なお予算の成立に当たっては，官僚が予算要求額を提示し，国民の選好を反映する議会が承認を与えるという手続きが踏まれるものとする。これらの仮定の下，予算がどのように決定されるかを考えてみよう。

図表5-7において CD は，議会（ないしその背後にいる有権者）の限界便益曲線であり，その下の面積は総便益を表す。AB は公共サービスの限界費用曲線であり，その下の面積は総費用すなわち予算額を表す。議会は社会的余剰を最大化したいと考えている。もし議会が限界費用曲線の形状を知っているなら，公共サービスの量は限界便益曲線と限界費用曲線の交点 E に対応する Q_* に定まる。しかし仮定により官僚が情報を独占しているので，議会は限界費用曲線の形状を知りえず，E 点を特定できない。そこで議会は入手

しうる情報である総便益と予算額とを比較して，前者が後者を上回るなら承認するという受動的行動をとらざるを得ない。そこで官僚は，総便益 COQ_1D と予算額（総費用）AOQ_1B とが等しくなる Q_1 の量の公共サービス供給を提示し，議会が認める最大の予算を獲得する。

図表5-7

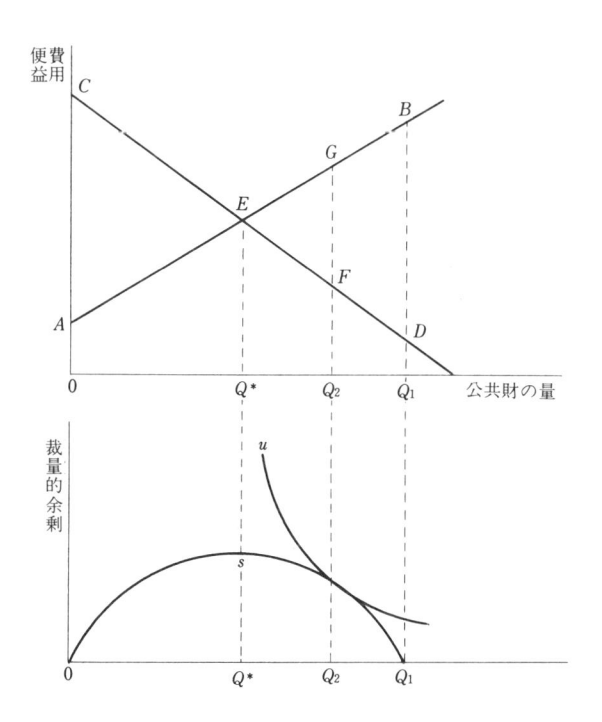

いうまでもなくこのとき公共サービスの供給量は最適供給量を上回っており，予算は過大である。しかも予算が増大し，政府活動が大規模化，複雑化すれば，それだけ政策に関する不確実性も高まるであろうから，ここから政府規模が自己増殖過程をたどる可能性も示唆される。こうしてニスカネンのモデルは，現代において一般的に観察される政府規模の拡大現象を説明する

ものであり，かつその批判にもなっているのである。

b　裁量型官僚モデル

ところで，ニスカネン・モデルにおいて官僚は，過大な予算を獲得するとはいえ，真の限界費用曲線に沿って予算要求をしている。しかし官僚は生産にかかる費用を正直に申告するとは限らない。公共サービスの供給とは関係のない私的利益をもたらす部分を予算に組み入れてしまうかもしれない。このことを踏まえて，ニスカネン・モデルを修正してみよう。

官僚は，公共サービス拡大による予算拡大に伴う効用増大のほかに，予算の水増しによっても効用を高めるとする。このとき可能な予算の水増し分（裁量的余剰）は社会的余剰に等しい。なぜなら政治家は，最大総便益に等しい予算額までを認めるが，つまり総便益≧予算額だが，予算額＝総費用＋裁量的余剰であるから総便益≧総費用＋裁量的余剰であり，総便益－総費用≧裁量的余剰である。そして総便益－総費用は社会的余剰にほかならない。つまり裁量的余剰は公共サービス供給の社会的余剰を搾取することによって獲得されるのである。この裁量的余剰を図表 5-7 の OSQ_1 で示す。

O から Q_* までの公共サービス増大は，裁量的余剰をも増加させるから，官僚にとってここまでの増加は無条件で望ましい。しかしこの点を越えると裁量的余剰は減少する。すなわちこれ以降は，予算増大と裁量的余剰とのトレード・オフに直面するわけである。そこで裁量的余剰と公共サービス量との官僚にとっての無差別曲線 U を考える。裁量的余剰の実現可能性は，OSQ_1 によって制約されているから，効用を最大化するのはこの OSQ_1 と無差別曲線の接点である。そこで官僚はこの点に対応する Q_2 の供給量を提示し，予算額は，このときの総便益 COQ_2F に等しい額を提示する。だがこのとき，真の総費用は AOQ_2G で総便益を下回っている。だから総便益に等しい予算を提示すると，それは真の総費用よりも多い水増し予算となる。

こうして裁量的官僚モデルでは，公共サービスが過大供給であるだけでなく，最小費用によって供給されないという意味での非効率も生じている。

ただし,以上の議論の大前提になっている官僚による情報の独占という仮定は,それがどこまで現実を反映しているかという疑問は残る。官僚が予算の最大化を目指すのであるとしても,議会はそれをチェックする誘因をもつはずであり,常に官僚のいいなりになるとは限らない。官僚の暴走を防ぐ方策を考えるためにも,官僚の情報独占の程度を規定する要因を探る必要があるだろう。

第5節 利益集団
a 利益集団の形成

不確実性下では,有権者,政治家,そして官僚までも,その判断,行動は与えられる情報に応じて変化する。そうした状況下では,もし特定の利益集団が自らを有利にする情報を選択的に提供したり,さらには誤った情報を提供することに成功すれば,政策決定を左右することが出来る。

利益集団問題の経済学的な分析に先鞭を就けたのは,M. オルソンである。オルソンは,彼以前の集団論が看過していたある問題に焦点を合わせる。すなわちそれまでの集団理論では,人びとの間に共通の利害があれば,それで集団が形成されるに十分な条件が整うと暗に想定されていた。しかし,彼はそれは集団形成の必要条件ではあっても十分条件ではないと考える。なぜなら,集団的行動から得られた利益は,その行動に積極的に参加しようとしまいと関係なく,その利害関係者全員に及ぶ。たとえばある事業者団体の活動によって,その産業に保護措置が講じられるようになったとすると,保護措置からの利益はその産業に従事するすべての個人に及ぶのであって,団体に属していようといまいと享受できる。つまり集団的行動の利益は,非排除性の性格をもつのであって,その意味で一種の公共財である。そして非排除性をもつ公共財が一般にそうであるように,フリーライダー問題が生じて,集団行動という公共財も無条件には供給されないのである。

したがって集団が形成されるためには,なんらかの形でこのフリーライダ

一問題が克服される必要がある。もちろん現実には人びとが利他的に振舞うことによってこの問題が克服されている集団はしばしばみられることではあるが，オルソンは，利己的合理的個人の仮定を維持した上で，集団が形成されやすくなる条件として次の2つをあげた。

　1）集団の規模が小さいこと。形成される集団が小さければ，フリーライダーを出さないよう監視するコストが小さくてすむ。

　2）選択的誘因が伴うこと。集団が公共財的性格をもった利益だけでなく，同時に私的財をも供給するとき，諸個人は集団に参加しなければその私的財を手に入れることが出来ないので参加誘因が与えられる。逆に参加しなければ不利益が生ずる場合も同じように参加することになる。

　以上の論理から，利益集団に関して次のことが引き出される。

　まず第1には，小集団の優位である。つまり利害関係者の数が少ない方が集団が形成されやすく，したがって政治的影響力は大きいということである。たとえば，特定の産業の生産者は相対的に規模が小さいので組織されやすい。それに対して消費者や納税者の集団は要するに全国民であるから，組織化が難しい。しかも生産者としての利害は死活問題であるが，消費者としての利害は，さまざまな財に分散しているので特定の財についての関心は薄い。このため生産者の利害を反映した政策が行われやすくなるのである。

　第2には，労働組合，農業団体，職能団体などの利益集団が，大規模であるにもかかわらず組織され，有力な政治勢力たりえているのは，それらが選択的誘因をもつからである。たとえば労働組合は，組合員でなければ雇用されないようにすることによって加入を促す。また農業団体は，政府からの技術援助や教育，協同組合事業からの利益などを加入者のみに与えることによって，組織を維持している。

b　利益集団競争モデル

　利益集団の形成における有利性によって特定の利害が優遇される傾向にあるとしても，現実には複数の互いに利害を異にする集団が自らの利害の貫徹

を目指して競い合うことがしばしばである。そうした利益集団間の競争によって，どのような結果が生み出されるだろうか。この問題を G. S. ベッカー[1]の議論によりながら考えてみよう。

さしあたり，ある政策によって再分配が生じる状況を想定し，それによって損失を被る（課税される）集団を T，利益を得る（補助金を受ける）集団を S とする。ただし，T からの租税徴収，S への補助金給付それぞれに伴って効率性が阻害され，死重コストが生ずるものとする。したがって S の補助金は T の租税を下回る。両集団は，補助金の増加および租税の減少を目指して，政治的圧力を行使する。その圧力生産活動には，時間，エネルギー，資金などの資源を振り向けられるが，資源はそれぞれにとって圧力の限界費用が圧力の限界便益に等しくなるところまで投入される。こうして両者の圧力活動の結果として，一定の再分配をもたらす政策のレベルにおいて均衡が得られる。

こうしたモデルから引き出される1つの含意は，再分配の副産物として資源配分の効率性を高めることになる政策は，低める政策よりも採用されやすいということである。すなわちもし租税の限界的死重コストが増大すると，減税の税収への効果は小さくなるので，T の圧力を高める。また補助金の限界的死重コストが増大すると，一定の補助金に必要な税収が増大するので，S の圧力を低める。したがっていま争われている政策が，たとえば公共財の供給であって資源配分を効率化するものであるとすると，補助金の死重損失はマイナスであり，それだけ S は圧力を高めるだろうから，S は影響力において有利になるのである。こうして純粋に再分配的考慮によって作動する政府であっても，結果的に資源配分機能を果たす可能性が出て来ることになる。

ただし，こうした傾向が現実になるためには，T の圧力生産における効率性が集団規模の相違などによって，S の同様の効率性を大きく上回らないことが必要である。また仮に実施される政策自体は効率性に資するものであったとしても，その政策が決定されるに至るまでには，両集団ともに政治的圧

力のために多大な資源を費やすかもしれず，そのレント・シーキングのコスト（143p参照）は無視できない大きさになるかもしれない。

注

1) G.S. Becker, "A Theory of Competition among Pressure Groups for Political Influence, "*Quartery Journal of Economics*, vol.93, 1983.

参考文献

K.J.アロー著（長名寛明訳）『社会的選択と個人的評価』日本経済新聞社　1977年

M.オルソン著（衣田博他訳）『集合行為論－公共財と集団理論－』ミネルヴァ書房　1983年

加藤　寛編『入門公共選択』三嶺書房　1983年

小林良彰『公共選択』東京大学出版会　1988年

岸本哲也『公共経済学』有斐閣　1986年

A.ダウンズ著（古田精司監訳）『民主主義の経済理論』成文堂　1980年

山田太門『公共経済学』日本経済新聞社　1987年

第6章　産業政策

　自由放任的な市場経済のもとでは，資源配分の非効率，所得分配の不公正，失業やインフレーションなどの問題が発生する可能性がある。そこで政府はこれらの面での改善を目指して種々の策を講じようとする。本章では，そのうち産業政策のもとに包摂される産業や企業に対する政府介入を取り上げよう。

第1節　産業政策とは何か

　産業政策とは，産業内および産業間の資源配分に介入することにより，効率的な資源配分，公正な所得分配，経済安定や経済成長などを達成しようとする政策のことをいう。産業政策という用語は，広義には産業組織政策と産業構造政策の両方を含むが，狭義には後者の産業構造政策を指して用いることが多い。本章では広義に用いよう。

　産業政策の一方の柱である産業組織政策は，おもに産業内の資源配分に介入する政策であり，競争促進を中心とする独占禁止政策（ないし競争促進政策）と，競争制限・料金規制を中心とする直接規制政策から構成される。他方，産業政策のもう一方の柱である産業構造政策は主として産業間の資源配分に介入する政策である。これには，成長・発展が期待される産業の保護・育成や衰退産業（斜陽産業）の構造改善といった特定産業にかかわる政策だけでなく，地域政策や中小企業政策といった諸産業にまたがる政策も含まれる。

　本章では，おもに独占禁止政策と産業構造政策を取り上げることとしたい。それに進む前に，まず産業政策を考える場合に注意すべきポイントを幾つかあげておこう。

第1に,産業組織政策では,産業や市場の分類が重要な鍵を握っている。産業とは,同一または同種の生産物を供給する企業の全体をいい,また市場とは産業の供給する生産物がそれに対する需要と出会う場をいう。通常,産業や市場は生産物相互の関連度を示す交叉弾力性（A 財の価格が1％変化すると,B 財の需要量が何％変化するかを表す）に依存して分類され区別される。一般には,交叉弾力性の大きな生産物同士が同一の産業や市場を構成するが,産業が生産物の物的特性や生産方法といった供給面から分類される場合は,需要面から定義されるべき市場の分類と必ずしも一致しなくなることに注意すべきである。

　第2に,産業組織政策は産業内の資源配分を問題としつつも,異業種間の合併問題のように,産業間の資源配分にも関わりをもつことがある。逆に,産業構造政策は産業間の資源配分を中心としつつも,同一産業内での設備投資の調整のように,産業内での資源配分にも関わりをもっている。これらのことは,産業組織政策と産業構造政策との整合性を考える必要があることを示唆している。

　これに関連して第3に,競争の促進か制限かという点において,独占禁止政策が前者を追求し,直接規制政策が後者を追求する点で好対照をなしている。これに対し,産業構造政策は産業内での競争状態に対しては中立的なこともあるが,一般には,競争制限的な性格が強い。ここからも独占禁止政策と産業構造政策との整合性の確保が重要課題となる。

　最後に,経済政策における産業政策の位置である。産業政策は,マクロ的な総需要管理政策とは違い,分析手法としてミクロ経済学を用いたり（産業組織の分析において）,分析単位として産業という集計概念を用いたりしている点でミクロ的ないし準マクロ的であり,また生産体制や生産組織の改善を狙っている点で供給面を重視した政策（サプライ・サイド政策）であるといえよう。

第2節 産業組織政策（独占禁止政策）

a 独占禁止政策の理論的基礎1：産業組織論におけるSCPアプローチ

　産業組織政策を構成する独占禁止政策の理論的基礎を提供してきたのは，E.S.メイソンによって基礎が築かれ，J.S.ベインによって体系化された産業組織論である。産業組織論は，市場構造，市場行動，市場成果の3つを取り上げ，それら相互の関係を明らかにするとともに，産業や企業に対してとるべき経済政策を提示しようとするものである。ここで市場構造とは，売手と買手の数，企業の規模分布，製品差別化の程度，参入障壁の高さといった市場の特性や構成や形態をいう。また市場行動とは，市場における企業のさまざまな行動をいい，具体的には価格政策，宣伝・広告，研究開発等々の企業戦略や戦術を含んでいる。最後に，市場成果とは，資源配分効率や生産効率，技術進歩，完全雇用，公正な所得分配などの達成の度合いをいう。これまでの産業組織論では，この市場成果に関しては資源配分効率や生産効率や技術進歩の達成度合いがとくに重視されてきた。

　メイソンやベインによって築かれた伝統的な産業組織論は，市場構造・市場行動・市場成果の3つに分けて分析を行うさいに，市場構造が市場行動を規定し，次に市場行動が市場成果を規定するものと想定している。つまり，

　　　　　構造（Structure）→行動（Conduct）→成果（Performance）

という因果関係を想定しているのである。ここからSCPアプローチないしSCPパラダイムとよばれている。

　SCPアプローチにおける議論の出発点は，完全競争と独占との比較である。完全競争は，① 売手と買手は小規模で多数存在し，それぞれがプライス・テーカーとして（市場価格を所与として）行動する，② 製品は同質で製品差別化がない，③ 各経済主体は完全情報を有する，④ 参入・退出が自由である，といった条件で特徴付けられる。他方，売手が1社で，買手が小規模かつ多数存在する売手独占の場合には，ライバルがいないので製品差別

化の必要はなく，参入障壁も高い。結果として独占企業は市場価格を左右しうるという意味で市場支配力（独占力ともいう）をもつことになる。

図表6-1に示されるように，以上の特徴付けは完全競争と独占の市場構造を特徴付けるものである。こうした市場構造のもとで，次に企業の行動が考察される。通常の議論のように，利潤最大化行動を前提とすると，完全競争の場合には各企業は（所与の）価格と限界費用が一致するところまで生産を行い，他方，独占の場合には限界収入と限界費用が一致するところまで生産が行われる。その結果，図表6-2の（A）に示されるように，完全競争下での価格は Pc，数量は Qc となるのに対し，独占下での価格は Pm，数量は Qm となる。

図表6-1　完全競争と独占との比較

	完全競争	独占
市場構造	・売手と買手は小規模で多数存在する ・製品は同質で製品差別化がない ・参入・退出が自由である（参入障壁が低い）	・売手は1社，買手は小規模で多数存在する ・参入障壁が高い
市場行動	・価格を所与として価格と限界費用が一致するところまで生産する（超過利潤が存在すると参入により超過利潤はゼロとなって価格は平均費用とも一致する）	・限界収入と限界費用が一致するところまで生産し，それに対応した価格を設定する（超過利潤が存在しても参入障壁が高いので超過利潤はなくならない）
市場成果	・効率的（パレート最適）な資源配分が達成される ・平均費用が最低となる最小最適規模で生産が行われる	・非効率な（パレート最適でない）資源配分が生じる ・最小最適規模での生産が行われない

注）代表的な論点を整理したもので，とくに市場成果のところは網羅的でない。

最後に，それぞれの市場成果をみると，完全競争の場合には，

　　　価格＝限界費用　………………………(1)

が成立するので効率的（パレート最適）な資源配分が達成される。他方，独占下では，

　　　価格＞限界費用（＝限界収入）　………(2)

となるために非効率な（パレート最適でない）資源配分が生じてしまう（前

章を参照)。

図表6-2の(A)では,平均費用と限界費用は同一かつ一定と仮定しているが,もし,それぞれが図表6-2の(B)のようにU字型をしている場合には,生産効率にも違いが現われる。完全競争の場合には,価格が平均費用を上回って超過利潤が発生すると新規参入が活発化し,市場供給量の増加と価格の低下が生じて利潤は最終的にゼロ(価格=平均費用)となる。したがって,先の(1)と一緒にすると,

　　　価格=限界費用=平均費用　…………(3)

が成立する。図から明らかなように,限界費用=平均費用が成立するのは平均費用が最低のときのみであるから,完全競争の場合,各企業は平均費用が最低となる生産水準(これを最小最適規模という),つまり生産効率を達成していることになる。

図表6-2　完全競争下および独占下の資源配分

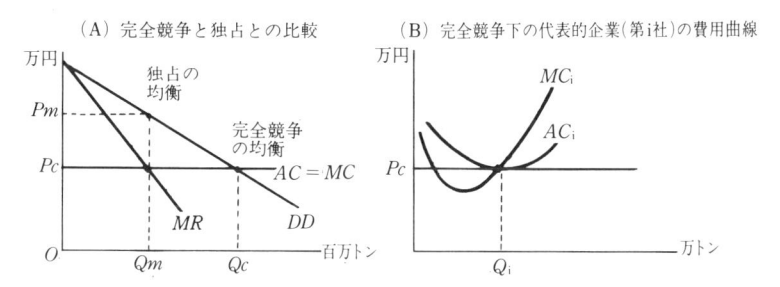

(A) 完全競争と独占との比較　　(B) 完全競争下の代表的企業(第i社)の費用曲線

図注) AC=平均費用曲線,MC=限界費用曲線,DD=市場需要曲線,MR=独占企業の限界収入曲線。(A)におけるAC,MC,DDは,完全競争の場合には産業全体でみたもので,独占の場合には独占企業自身のものを示す。(A)では平均費用=限界費用=一定,(B)ではU字型の平均費用曲線および限界費用曲線を仮定している。

他方,独占の場合には,超過利潤(=独占利潤)が存在しても参入障壁のために消失せず,価格が平均費用を上回る状態が続く。先の(2)より,価格は限界費用をも上回るが,平均費用と限界費用とが一致する(これは平均費用の最低点を限界収入曲線が通過することを意味する)という保証はないので,

最小最適規模ないし生産効率が達成されない可能性が高いと結論できよう。

以上から，市場構造が市場行動を経て市場成果を規定するという主張が出てくるとともに，完全競争のほうが独占より望ましい市場成果をもたらすので，独占が存在する場合には完全競争に近付けるべきだという提言が導かれる。しかし完全競争や独占は極端なケースであって，現実は両者の要素を併せ持つ。そこで次に両者の中間的ケースを取り上げてSCPアプローチの考えを再度確認することとしよう。

いま，N社の企業から構成される産業において，市場価格をP，需要の価格弾力性（＝市場需要量の％変化／価格の％変化）をe，第i社のマーケット・シェア（＝第i社の供給量／市場供給量）をS_i，市場集中の代表的な指標であるハーフィンダール指数（＝$S_1^2+\cdots+S_n^2$）をHI，第i社の生産量変更に対して他企業が反応する生産量変化をaとし，各企業の限界費用は同一かつ一定でMCであるとすると，利潤最大化条件の限界収入＝限界費用から次の関係式が導かれる。

$$\frac{P-MC}{P}=\frac{HI}{e}(1+a) \qquad \cdots\cdots(4)$$

（これは次のように導ける。第i社の総収入を$R_i(=P\cdot Q_i)$，供給量をQ_i，限界収入をMR_i，市場供給量＝需要量を$Q(=Q_1+\cdots+Q_n)$，第i社以外の企業の供給量を$Q_j(=Q-Q_i)$，それぞれの変化量をΔ，$e=-(\Delta Q/Q)/(\Delta P/P)>0$，$S_i=Q_i/Q$，$a=\Delta Q_j/\Delta Q_i$とすると，

$$\Delta R_i=(P+\Delta P)(Q_i+\Delta Q_i)-P\cdot Q_i=P\cdot\Delta Q_i+\Delta P\cdot Q_i+\Delta P\cdot\Delta Q_i$$
$$\fallingdotseq P\cdot\Delta Q_i+\Delta P\cdot Q_i$$
$$\therefore MR_i=\frac{\Delta R_i}{\Delta Q_i}=P+\frac{\Delta P}{\Delta Q_i}\cdot Q_i=P+\frac{\Delta P}{\Delta Q}\left(\frac{\Delta Q_i}{\Delta Q_i}+\frac{\Delta Q_j}{\Delta Q_i}\right)Q_i$$
$$=P+\frac{\Delta P}{\Delta Q}(1+a)Q_i$$
$$=P+\frac{\Delta P}{\Delta Q}\cdot\frac{Q}{P}\cdot\frac{Q_i}{Q}(1+a)P=P-\frac{S_i}{e}(1+a)P$$
$$=P-\frac{S_i^2}{e}(1+a)\frac{Q}{Q_i}\cdot P=MC$$

最後の2つの項にQ_iを掛けて全企業について集計すると，

$$P(Q_1+\cdots+Q_n)-(S_1^2+\cdots+S_n^2)(1+a)\frac{PQ}{e}=PQ-PQ\cdot\frac{HI}{e}(1+a)$$

$$= MC(Q_1 + \cdots + Q_n) = MC \cdot Q$$
$$\therefore \quad P - P \cdot \frac{HI}{e}(1+a) = MC$$

この式を整理すると，(4)が導かれる。)

　$(P-MC)/P$ はラーナーの独占度として知られる。完全競争の場合には $P=MC$ あるいは $S_i=1/\infty$ から $HI=0$ となるので，ラーナーの独占度はゼロとなる。他方，独占の場合には $HI=1$ かつ $a=0$（ライバルがいない）となるので，ラーナーの独占度は $1/e$ となる。

　ここで重要なことは，ラーナーの独占度が資源配分の非効率の度合いを表していることである。というのは，$P-MC$ のときは効率的な資源配分が達成されるが，右下がりの需要曲線と $MC=$ 一定のもとで，ラーナーの独占度，つまり P が MC を上回る度合いが大であればあるほど，供給量がパレート最適水準を下回る度合いが大きくなるからである。

　(4)が示すように，ラーナーの独占度は，HI が大であればあるほど，a が大であればあるほど，e が小であればあるほど，大きくなる。HI が大ということは，少数の企業にマーケット・シェアが集中していることを意味するので，ここから市場構造と市場成果との関連が明らかとなる。また a が大ということは1社の行動が他社にも同じような行動をとらせることを意味する。つまり企業間の協調的行動を示唆しており，この意味で市場行動の重要性を示すが，協調的行動は企業数が少なければ少ないほど実行しやすいと考えられるので，ここから市場構造→市場行動→市場成果という因果関係が指摘できるのである。

b 独占禁止政策の理論的基礎2：SCPアプローチの修正

　以上に述べたSCPアプローチは，次の2点で修正される必要がある。第1に，SCPアプローチでは現実は完全競争と独占との中間にあるものとして，具体的には寡占市場として特徴付けられると見ている。このことは，完全競争や独占の場合には不要であった市場行動に関する詳細な分析が必要不可欠となることを示唆している。

寡占市場では，少数の売手しか存在せず（買手は多数存在），そのために各企業は他企業の反応を考慮に入れながら行動せざるをえない（企業間の相互依存性）。各企業の行動や反応の仕方はいろいろと考えられるので，これまでに数多くの寡占モデルが提示されてきた（たとえば，フル・コストないしマークアップ原理，屈折需要曲線，参入阻止価格，売上高最大化仮説，プライス・リーダーシップ等々）。また非価格競争の重要性も指摘され，とくに宣伝・広告の果たす役割が考察されてきた。こうした議論を踏まえて，市場構造→市場行動→市場成果という従来の単純な図式が一部修正され，市場行動が市場構造に影響を与える（たとえば宣伝・広告は製品差別化や参入障壁の一因となると同時に，各社の相対的売上比率に影響を及ぼす）といった側面も考慮されるようになっている。

　第2に，完全競争を非現実的とみなすとすると，それに替わる新たな競争の概念が必要となる。その有力候補としてときどき登場するのが，有効競争の概念である。

　有効競争という用語は1940年にJ.M.クラークによって使われて以来，多様な解釈がなされてきた。それを整理すれば，有効競争が存在するかどうかの判断基準は基本的には市場構造基準，市場行動基準，市場成果基準の3つに分けることができる。具体的には，市場構造基準では，企業数，参入の容易さ，製品差別化の程度などが，次の市場行動基準では，共謀の有無，不公正取引の有無，有害な価格差別の有無などが，最後の市場成果基準では，生産効率，販売費，利潤水準，需要に対する生産量・品質の反応，技術導入機会の有無などが有効競争の判断基準として用いられる。

　それぞれの優劣が証明されない以上，現実的には3つを総合した判断が行われることとなる。しかしその場合でも，どの基準をもっとも重視するかによって独占禁止政策の内容が違ってくることに注意する必要がある。とくに市場構造基準を重視したときには市場集中の低下や製品差別化の排除が求められるところから厳しい内容とならざるをえない。他方，市場成果基準を重

視したときは特定企業のマーケット・シェアが高くても市場成果に問題がないかぎり容認されるという立場になるので，かなり緩やかな内容となりうる。

c SCP アプローチの発展と批判

伝統的な SCP アプローチは，市場構造→市場行動→市場成果という因果関係を基礎に置きながら競争促進策の在り方を探る。ベイン以降活発化した実証的研究の積み重ねもあって SCP アプローチに基づく産業組織論は経済学において確固たる地位を築きあげている。さらに最近は，ミクロ経済学における不完全競争の理論やゲームの理論を援用しながら寡占下での相互依存的な企業行動の厳密な分析を行う新産業組織論（New Industrial Organization）が登場し，SCP アプローチの理論面での精緻化も進められている。

しかし，こうした努力にもかかわらず，独占のどこが悪いのか，あるいは競争促進はそもそも必要なのかどうかという根本的な問題ですら解明されていない点が多い。たしかに独占による資源配分非効率の大きさは国民総生産の0.1％にも満たないという A.C. ハーバーガーの議論に触発されて，独占が社会に課す費用（独占の社会的費用）について検討し，それを計測しようという試みがなされてはいる。

たとえば，H. ライベンシュタインは，独占下では競争の圧力が作用しないために組織の緩みが生じて最小コストでの生産が行われないという X 非効率の存在を指摘した。また R.A. ポズナーは，独占的地位から生じる独占利潤の追求をめぐって生産に貢献しない不生産的なレント・シーキング活動（政治家・官僚への働きかけ，宣伝・広告など）が行われる結果，独占利潤に匹敵する資源の浪費が生じる可能性を指摘した。そしてこれらの議論を踏まえて，図表6-3に示されるように，独占の社会的費用の計測がいろいろと試みられてきたのであるが，いずれも多くの人を納得させるに至っていない。

それどころか，企業合併のような大企業化・独占化によって規模の経済性が働き，資源配分非効率を上回る生産コスト削減が発生しうることが O.E.

図表6-3　独占の社会的費用の計測

著者および発表年		研究対象の国および期間		独占の社会的費用(%)
Harberger	1954	アメリカ	1924〜1928	0.1
Schwartzman	1960	〃	1954	0.1
Kamerschen	1966	〃	1956〜1961	5.4 〜 7.6
Bell	1968	〃	1954	0.02 〜 0.04
Shepherd	1970	〃	1960〜1969	2.0 〜 3.0
Worcester	1973	〃	1956〜1969	0.2 〜 0.7
Siegfried & Tiemann	1974	〃	1963	0.07
Cowling & Mueller	1978	〃	1963〜1966	4.0 〜13.1
Masson & Shaanan	1984	〃	1950〜1966	2.9
Wahlroos	1984	〃	1962〜1975	0.04 〜 0.9
Gisser	1986	〃	1977	0.1 〜 1.8
Jones & Laudadio	1978	カナダ	1965〜1967	3.7
Cowling & Mueller	1978	イギリス	1968〜1969	3.9 〜 7.2
Wahlroos	1984	フィンランド	1970〜1979	0.2 〜 0.6
Jenny & Weber	1983	フランス	1967〜1970	0.13 〜 8.85
Pezzoli	1985	イタリア	1982〜1983	0.4 〜 9.4
Oh	1986	韓国	1983	1.16 〜 6.75
Funahashi	1982	日本	1980	0.02 〜 3.0
新庄浩二・土井教之	1987	〃	1976〜1980	0.022〜 2.818

注）社会的費用の大きさはGNP，国民所得，法人総生産などに対する比率。
資料）P.R. Ferguson, *Industrial Economics : Issues and Perspectives*, 1988
および新庄浩二・土井教之『寡占によるウェルフェア・ロスの計測——日本の場合——』日本経済政策学会年報XXXV，1987年3月。

ウィリアムソンによって指摘されたし，実際，1970年の八幡・富士の大型合併による新日本製鉄誕生のさいに，そうした論理が使われたりした。こうした点も含め，従来からSCPアプローチや政府介入に批判的な姿勢を取り続け，最近のアメリカの独占禁止政策にも大きな影響を及ぼしているのが，G. J. スティグラー，H. デムセッツ，Y. ブローゼン等のシカゴ学派である。

シカゴ学派は，市場メカニズムの機能を高く評価することにより，高利潤率の存在や広告の役割などに関して伝統的なSCPアプローチとは正反対の結論を導いている。たとえば，集中度の高い（大企業のマーケット・シェアが高い）市場において高利潤率がみられるのは，市場支配力（マーケット・パワー）の行使の結果というより，大企業における効率の上昇によると理解する。また広告は，製品差別化を通じて価格上昇や市場支配力増大の原因と

なるというより，その情報提供機能を通じて消費者の探索費用(Search Cost)を低下させ，企業間の競争を促進するとみる。こうしてSCPアプローチでは悪の証とされたものが善にかわることで，異なった政策的含意が導かれるのである。

さらに，シカゴ学派に近い立場にたちつつも，独特のアプローチにより参入・退出の自由や潜在的競争の果たす役割に注目し，重要な示唆を与えている議論がある。

その1つに，W.J.ボーモル等によるコンテスタブル市場の理論がある。ボーモル等によると，完全にコンテスタブルな市場では，コスト面・技術面などにおいて新規参入企業が既存企業に対していかなる不利益ももたず，参入・退出が無コストで行われる。つまり投資を行っても不採算となれば他の用途に転用ないし転売できるためサンク・コスト（埋没費用）が低く，いつでも自由な参入・退出が可能である。その結果，たとえ市場構造が独占ないし寡占であっても，均衡状態では，

　　　価格＝限界費用＝平均費用

という完全競争とまったく同じ結果（市場成果）が生じるとされる。

ボーモル等の議論は，① マーケット・シェアといった市場の集中度よりも，市場がどの程度コンテスタブルかどうかが重要であること，② コンテスタブルな市場では参入・退出の自由を保障することが重要であることを指摘するものであり，実際に，アメリカにおける航空産業や電気通信産業などの規制緩和に大きな影響を及ぼした。

もう1つは，オーストリア学派の立場に立つS.C.リトルチャイルドの議論である。彼は動態的な競争プロセスこそ本来の競争であって，競争を均衡状態として理解することは正しくないと主張し，独占の社会的費用に関する従来の議論を批判している。その論点は，次の2点に要約される。

(1) 独占と競争との比較は不適切であり，正しくは独占と生産量ゼロの状態とを比較すべきである。もし，ある企業が新製品を開発することで独占的

地位を獲得しても,その場合には独占企業だけでなく消費者も利益を得る(生産者余剰と消費者余剰という形で)。これに対し,もし独占の存在が許されないならばこうした利益は発生しないであろう。以上の理由で独占は社会に利益をもたらす望ましい存在である。

(2) 独占が形成され独占利潤が発生しても,それは一時的でしかなく,参入・退出が自由であるかぎり,新規参入が進み,競争状態に向かう。したがって,ある特定時点において独占が存在しても問題はない。それよりも,独占が公的に認められることにより競争の利益が得られない場合,つまり私的独占より公的独占こそが問題である。

d 日本の独占禁止政策

独占禁止政策を支えるのは,企業活動の基本ルールを定めた独占禁止法である。日本の独占禁止法は,第1条において,その目的が究極的には①一般消費者の利益の確保と②国民経済の民主的で健全な発達の促進とにあること,また直接的には③公正かつ自由な競争を促進することにあることを明記している。独占禁止法の運営は,公正取引委員会が担当している。公正取引委員会は違反行為の審査を行い,裁判に似た審判手続を経て,違反行為者に対して審決という形で違反状態の排除措置を命令しうる権限を有している。

日本の独占禁止法は正式名称を「私的独占の禁止及び公正取引の確保に関する法律」といい,1947年3月に制定(同年7月施行)された。この最初の独占禁止法(原始独占禁止法という)は,カルテルの原則禁止,企業分割規定,企業の株式保有・役員兼任・合併の制限などを盛り込んだ厳格な内容を有していた。しかし1949年と1953年の法改正では,企業分割規定が撤廃されると同時にその他の規制も大幅に緩和されるなど,大きな質的転換が図られた。その結果,独占禁止政策も1950年代を通じて停滞することとなった。

1960年代には,法改正はなかったが,1964年の三菱三重工(新三菱重工,三菱造船,三菱日本重工の3社),1965年の日産とプリンス,1970年の八幡と富士の大型合併に例証されるように,一面では独占禁止政策の後退がみられ

た。しかし他面では，独占禁止法を補完するものとして「不当景品類及び不当表示防止法（景品表示法）」が1962年に制定されたことに加え，審決件数も1960年代に入ってから増加するなど，運用面での強化もみられた。

その後，第1次石油危機（1973年）前後の石油ヤミカルテル事件（石油元売各社による石油製品値上げ協定）などに対する消費者の批判を背景に，はじめての法の強化改正が1977年に行われている。具体的には，価格カルテルに対する課徴金制度や企業分割措置の導入，寡占産業における同調的値上げの報告徴収，大企業・銀行等による株式保有の制限措置の導入など，企業にとっては厳しい内容が盛り込まれることとなった。

こうした独占禁止法の強化にもかかわらず，1980年代には独占禁止政策が後退することとなる。公正取引委員会が実施した勧告等の措置件数と審決件数は1970年代よりも減少し，年間10件前後となり，措置件数については年間1桁台の年が何回もあった。この背景には，産業のリストラクチャリング（再構築）を推進する各省庁の産業構造政策との対立があった。競争制限的な産業構造政策の前では，独占禁止政策も後退を余儀なくされた。

しかし1990年代にはいると，米国からの強い要求もあって，独占禁止法は再び強化改正される。まず1991年4月には，カルテルを通じて得た売上に対する課徴金が引き上げられた。たとえば大企業に対する課徴金は，製造業が2％から6％に，小売業が1％から2％に，卸売業が0.5％から1％に引き上げられた。運用面でも，日本市場の閉鎖性として批判の対象となっていた企業間の系列取引や談合に対する規制が強化された。さらに1992年12月の法改正では，私的独占または不当な取引制限に対する刑事罰が500万円以下から1億円以下へと強化された。

1990年代後半にはいると，バブル崩壊後の不況の長期化によって経済の活性化が叫ばれるようになる。政府の規制緩和政策推進のもとで，独占禁止法の改正が何度か実施された。1997年の独占禁止法改正では，これまで禁止されてきた純粋持株会社の設立が原則解禁されることとなった。1998年の改正

では，他社の株式保有に関する報告対象範囲の縮減，役員兼任届出制度の廃止，合併届出や営業譲り受け等届出の範囲縮減などが盛り込まれた。さらに2000年5月には，自然独占性を理由として独占禁止法の適用除外とされてきた規定を廃止する法案が衆議院を通過している。これは電力や天然ガスの事業分野における競争拡大・自由化を踏まえたものである。

以上のような経緯を経て現在に至る独占禁止法は，私的独占の禁止，不当な取引制限の禁止，不公正な取引方法の禁止という3本柱から成り立っている。私的独占の禁止は，他企業の排除や支配を通じて競争を実質的に制限することを禁止するものであり，不当な取引制限の禁止とは事業者間あるいは事業者団体のカルテルの禁止をいう。また不公正な取引方法の禁止とは，取引拒絶，差別価格，再販売価格維持契約，抱き合わせ販売，優越的地位の濫用など，公正取引委員会が指定した行為の禁止をいい，その指定にはすべての業種・事業者に適用される一般指定と特定の業種・事業者に適用される特殊指定とがある。

以上のうち私的独占の禁止は経済力集中の制限を目的とするが，同じ効果を狙ったものに独占的状態の規制と企業結合の規制がある。独占的状態の規制としては高度寡占産業（集中度の高い寡占産業）に対する企業分割措置があり，一方，企業結合の規制としては合併・営業の譲受け・株式保有・役員兼任や持株会社の制限などがある。また不公正な取引方法の禁止に関連して，公正な下請取引方法を求める「下請代金支払遅延等防止法（下請防止法）」と不当な顧客誘引行為を規制する「不当景品類及び不当表示防止法（景品表示法）」の2つが存在し，独占禁止法を補完している。

なお，独占禁止法には適用除外規定も設けられており，①中小企業カルテル，不況カルテル，合理化カルテルなどは適用除外カルテルとして，②著作物や一部の化粧品・医薬品は再販売価格維持契約（メーカーが取引相手に転売価格を守らせること）の対象商品として認められている。

日本の独占禁止政策の特徴は，第1に，合併やカルテルや不公正取引の規

制といった行為規制を中心としながら，構造規制（独占的状態の規制における企業分割規定）も一部併用されていることである。第2に，カルテルの規制では原則禁止主義の立場にたっているものの，独占禁止法や特別法による適用除外カルテルも多いことである。第3に，企業結合のうち，合併規制では競争の実質的制限の有無を基準とする総合的な判断が行われているのに対し，大企業・銀行等による株式保有の制限では厳しい規制が行われていることである。第4に，不公正な取引方法の規制では，行為それ自体を禁止するよりも，公正な競争を阻害する不当な行為を禁止していることである。

以上の点から，日本の独占禁止政策はSCPアプローチを基礎におき，厳しい規制内容をもちながらも，市場構造・市場行動・市場成果の3基準を総合した判断を行おうとしているといえる。しかし，かつての大型合併の承認や適用除外カルテルの存在に例証されるように，独占禁止法の運用にはかなりの幅があり，そのために公正取引委員会の熱意や産業構造政策を進める他の省庁との力関係によって独占禁止政策が左右される面がある。

e 電気通信事業と独占禁止政策

(1) 電気通信事業の自由化と電電公社民営化

最後に，かつては自然独占性をもつとして独占禁止法の適用除外とされながら，のちに民営化と競争導入によって独占禁止法の対象となった電気通信事業を取り上げて，独占禁止政策との関連をみておこう。

電気通信事業は，これまでは規模の経済性がつよく働く典型的な費用逓減産業とみられてきた。したがって前章でみたように，独占的な供給体制がもっとも効率的であるとされてきた（自然独占性）。この場合の供給主体としては私企業（民間企業）や政府・公企業が考えられる。電気通信事業の場合は，個人・企業の秘密や国防・警察・防災との深い関わり，全国的ネットワーク構築の必要性，民間企業の資金力・技術力不足などから公的独占が要請されたことに加え，官庁経営の非効率や資金面での制約（財政赤字があると必要な投資資金の確保がむずかしくなる）などを考慮して公企業経営が望ましい

とされた。こうしてアメリカをほとんど唯一の例外として，各国では公企業を中心とする公的独占体制が維持されてきたのである。

　しかし，データ通信ないし付加価値通信網（VAN）サービス等の通信サービス需要の増大，光ファイバー・通信衛星・マイクロ波等の伝送手段の発展といった需給両面での変化を背景に，電気通信事業のいっそうの活性化を目指した制度改革が進められることとなった。日本では，日本電信電話株式会社法制定により1985年4月から旧電電公社が日本電信電話株式会社（NTT）として再発足し，同時に，電気通信事業法制定によって競争原理が導入され新規参入が認められることとなった。つまり，経営形態の変更に加え，参入規制の緩和や事業活動規制の緩和といった規制緩和ないし自由化措置もとられたのである。

(2) NTTの経営形態をめぐる論争

　1985年4月の電気通信事業改革以来，現在までに15年経過した。この間，5年おきにNTTの経営形態が問題とされてきた。5年おきというのは，日本電信電話会社株式会社法の当初の規定に，5年以内に見直すという附則があったことに基づく。

　NTTの経営形態については，当初から市内と長距離の分割を主張する郵政省（現在は総務省）とそれに反対するNTTとの対立があった。郵政省がNTT分割を主張する背景には，NTTのライバルとして登場したNCC(New Common Carrier, 新規事業者)とNTTの間での不公正競争の存在があった。つまり，NCCが通信サービスを提供するには，NTTの市内回線を使用せざるを得ず，そのためにNCCの情報をNTTに開示する必要があるとか，高い接続料金がNCCの負担増となって競争を抑制しているといった問題が生じていた。（分割ではないが，似たような理由で，1988年5月にデータ通信部門，1991年8月に移動体通信部門がNTT本体から分離されている。現在は，それぞれNTTデータおよびNTTドコモとして知られる。）

　郵政省は，NTTが市内と市外の両部門を一体化して所有する限り，市内

部門を利用して，市外部門で競争するNCCの弱体化を追求すると考えた。NTTは，市内部門の採算性やユニバーサル・サービス義務（不採算地域にも通信サービスを提供する義務）を理由に，分割に反対し続けた。分割すれば，採算をとるために市内通話料金が上昇せざるをえないとか，ユニバーサル・サービス義務を果たせなくなるとか，あるいは世界市場における日本の通信事業者の弱体化につながるというのが，その理由であった。

政府自体は，NTT分割に対しては曖昧な態度をとってきた。それは，NTT株の過半数を保有し，その多くの売却を予定していた政府・大蔵省が，分割によるNTTの競争力低下によってNTT株が下落することを恐れたためであり，また，株主や市場からの反発を回避したかったからである。1990年に始まるバブルの崩壊過程で株価が下落しているところにさらに株価下落要因を持ち込んではいけないという判断も働いていた。

しかしながら，1990年代半ばあたりから情勢が徐々に変化し始める。というのは，1990年代前半に米国クリントン政権の情報通信政策の後押しもあって，1990年代半ばあたりからインターネットが急成長をみせたからである。インターネット利用の通信需要の急成長という見通しのもとで，日本の通信料金の高さがこうした成長を阻害する要因として危惧されたのである。また，世界の電気通信市場が自由化されるとともに，世界の主要通信事業者（メガ・キャリア）同士の合従連衡が進展し，ひとり日本だけが取り残された状況になっていた。こうした背景のもとで，NTTの分割に向けた動きが進展する。

まず1996年2月末に，電気通信審議会は，NTTを地域通信会社2社と長距離通信会社1社に分割する再編成案を答申した。この答申案をもとに郵政省とNTTが交渉を続けた結果，1996年12月，分割についての合意が成立し，再編成についての方針が発表された。1997年12月には，以下のような再編成に関する基本方針が公表された。すなわち，

① 分割は1999年4月1日から12月20日までの間のできるだけ早い時期と

する。

② 持株会社のもとに,地域通信会社2社(特殊会社)と長距離通信会社1社(民間会社)に分割し,長距離会社は国際通信にも進出できるものとする。

③ ISDN(総合デジタル通信網)は地域会社,OCN(オープンデジタル通信)は長距離会社,ビデオテックス・テレビ会議・ファクシミリ通信等も長距離会社の役務とする。

④ 電気通信技術の基盤的研究は持株会社が行い,応用的研究は各分割会社が行う。

⑤ 地域会社と長距離会社の間での公正競争確保の観点から,役員兼任,在籍出向,共同の資材調達は禁止する。また,接続形態・接続条件・取引条件・顧客情報の提供は,他の事業者と同一であること。

⑥ 新たな料金規制としてのプライス・キャップ規制の導入は,別途検討する。

NTTからみれば,分割という痛手を被る反面,国際通信に進出できるという意味で,ギブ・アンド・テークであった。これと似たことは,かつてのアメリカでもみられた。1984年1月,アメリカの巨大通信事業者AT&Tが分割された。このとき,市内部門と市外部門が分割され,AT&Tは長距離通信会社となる一方で,従来禁止されていたデータ通信事業への進出が認められた。これは,AT&Tと司法省の間でのギブ・アンド・テークであった。

こうして1999年7月,新生NTTが誕生したものの,NTTの経営形態をめぐる論争はまだ終わらない。通信料金の高さがインターネットの普及拡大やIT革命の阻害要因になっているとか,NTTグループ各社の間で内部相互補助が行われ,公正競争を阻害しているといった批判が出ている。そこで,NTTの完全民営化(政府が保有する過半数のNTT株を放出すること)や,NTTグループ各社の完全分割を求める動きもある。

(3) 電気通信事業と独占禁止政策

ところでNTT分割を中心に論争が進む過程で，電気通信事業に対する規制緩和も着々と進められてきた。以下のように，規制緩和は多岐にわたる。

① 外資規制の緩和（NTT），撤廃（その他事業者）
② 料金規制の緩和（2000年10月からプライス・キャップ規制の運用開始）
③ 業務区分の廃止
④ 参入規制としての需給調整条項の撤廃
⑤ 公－専－公接続（専用線を媒介とする公衆網の接続）の自由化
⑥ 事業者間の相互接続ルール（3分課金制から秒課金制へ，さらに長期増分費用ルールに移行する動き）

NTTの経営形態や電気通信事業の在り方を検討する場合には，幾つかの点に留意する必要がある。

第1に，上記の規制緩和，外国資本の参入や事業者間の再編成を通じて電気通信市場の競争が激化している。2001年5月にスタートする優先接続制度（利用する電話会社をあらかじめ登録する制度）によって，事業者間の競争がますます激しくなると予想される。

第2に，通信サービスのネットワークが，従来の電話網から，インターネットの標準的通信規格であるIP（インターネット・プロトコル）をベースとするIP網に変化しつつある。IP網への移行とともに，高速・超高速インターネット回線も普及しつつある。

第3に，1000年7月のNTT再編成以降も，NTTグループが加入者電話網を持ち続けているために，公正競争が実現していない可能性があることである。たとえば，既存のメタリック回線を利用して高速通信サービスを提供するADSL事業者に対して，NTTが新規事業者の参入を妨害しているという批判がある。これに応えて，2000年10月に公正取引委員会が調査を開始している。

このように，NTTの経営形態や電気通信事業については検討すべき重要

事項が幾つか残されている。こうした中，2000年12月に情報通信審議会（旧電気通信審議会）は，市場支配的通信事業者（NTT）に対する特別な規制（ドミナント規制とよばれる）の導入，地域通信網のオープン化，NTTグループ企業間の競争促進を内容とする第1次答申案を発表した。これを踏まえて総務省は，2001年中に，競争促進を中心に電気通信事業法を改正する意向を示している。

以上のように，これまではNTTや電気通信事業に対する監督・介入は郵政省（現，総務省）がもっぱら担当してきた。公正取引委員会の出番はほとんどなかった。しかし，公正取引委員会は，1990年半ば以降から電気通信事業に対する強い関心を示している。たとえばNTT市内会社による市内通話割引サービスの導入や，高速インターネット事業（ADSL）に対するNTTグループ企業の参入妨害については，独占禁止政策の観点から問題視した。2001年1月には，公正取引委員会の「政府規制等と競争政策に関する研究会」が報告書を発表し，「公益事業分野における競争制限行為に対する独占禁止法の厳正な執行が必要」であるとして，ドミナント規制よりも独占禁止政策による対処を提言した。

このような最近の動きをみると，電気通信事業に対する政府介入は今後も重要な論争的テーマとして残りそうである。独占禁止政策と産業政策，競争と規制，統合と分割といった問題で決着をつけるには，しばらく時間がかかりそうである。

第3節　産業構造政策

a　経済の構造変化と産業構造調整

狭義の産業政策を意味する産業構造政策はこれまで明確に定義されることがなく，詳細な経済学的分析も政策論議も十分に行われてこなかった。しかし図表6-4に示されるように，1970年代に入ってから各国では製造業における生産・雇用が伸び悩み，国民経済の中での製造業の比重低下とサービス業の比重上昇がみられるとともに，経済全体の生産性上昇率の鈍化や持続的

図表6-4 製造部門とサービス部門の動向

指標	国・地域	製造部門				サービス部門			
		60-73	73-79	79-89	89-94	60-73	73-79	79-89	89-94
実質付加価値 A	アメリカ	4.8	1.4	1.9	(1.0)	4.3	3.6	2.9	(1.9)
	日本	14.0	3.2	5.6	(2.4)	9.2	4.5	3.8	(2.7)
	欧州	6.6	2.7	1.7	0.6	5.1	3.6	2.7	2.3
非軍人雇用 B	アメリカ	1.5	1.1	△0.4	△1.8	2.8	3.2	2.5	1.7
	日本	3.3	△1.3	1.1	0.2	2.7	2.2	1.9	1.7
	欧州	0.7	△0.8	△1.0	(△4.3)	2.0	1.9	2.1	(0.7)
労働生産性 C	アメリカ	3.3	0.3	2.3	(4.3)	1.6	0.5	0.4	(0.6)
	日本	10.4	4.5	4.5	(1.6)	6.3	2.3	1.9	(0.7)
	欧州	5.9	3.5	2.7	2.7	3.2	1.7	0.7	0.4

注) ① カッコ内の数値は，1989-1993年
② 各期間の年平均増加率。欧州はOECDに加盟する欧州諸国の平均
③ 労働生産性＝実質付加価値÷非軍人雇用 より，A≒B＋Cが成り立つ。

資料) OECD, *Historical Statistics 1960-1994*, 1996年

な貿易不均衡などが生じた。1973年に発生した第1次石油危機はこうした変化をさらに助長する役割を果たし，世界経済停滞の一因となった。そこで，各国ではこうした経済の構造変化（Structural Changes）に対処すべく，産業の構造改善あるいは産業構造調整（Industrial Adjustment）の道が模索されることとなった。

経済の構造変化は，1980年代に入っても続いている。とくに貿易面では，為替レートの変動に伴う比較優位パターンの変化やアジアNIES（韓国，台湾，香港，シンガポールの新興工業経済群）の躍進もあって，不均衡がいっそう拡大した。財政赤字拡大や高金利に起因するドルの独歩高と大幅な貿易赤字に直面したアメリカでは，産業や雇用の空洞化が心配されたり，貿易不均衡是正を求める保護貿易主義が台頭したりした。

そこで各国の間では，自由貿易体制を堅持して世界経済の持続的成長を図るという観点から，各国間の政策協調路線のもとで産業構造調整を図る必要があるとの認識が急速に広まった。こうして，産業構造調整政策（以下，産業構造政策という）の意味での産業政策という用語は急速な普及をみせるこ

ととなったのである。

b 産業構造政策の分類，目的，手段

(1) 産業構造政策の分類

産業構造政策は，いかなる産業や企業を対象とするかによってさまざまに分類することができよう。その場合の分類の基準としては，以下のものがある。

① 対象となる産業は，全産業か特定産業か

② 対象となる地域は，全国か特定地域か（後者の場合は地域政策となる）

③ 対象となる企業規模は，大企業か中小企業か，それとも両方か（中小企業を対象にすれば中小企業政策となる）

④ 対象となる企業は，国内企業だけか，それとも外国企業も含まれるか

⑤ 対象となる特定産業が成長産業ないし比較優位産業の場合，それはすでに高成長や比較優位のみられる産業か，それとも将来の成長が有望視される産業か（後者の幼稚産業に対する保護策は一般に承認されているが，前者の場合には正当化がむずかしい）

⑥ 対象となる特定産業が衰退産業ないし比較劣位産業の場合，それは一時的に比較劣位に陥った産業か，それとも長期的な衰退に直面する産業か，など。

産業構造政策の対象となる産業や企業の範囲によって，追求する目的や採用すべき手段が当然違うだろうし，また，政策のもつ性格も明らかとなろう。たとえば，特定地域の全産業を対象とした場合には，資源配分の効率化以上に地球経済の生産・雇用の安定が重視されることとなり，とるべき手段もマクロ経済的な総需要拡大政策ではなく，当該地域の企業に対する減税や補助金交付といった財政政策が望まれるかもしれない。また，対象となる企業が国内企業に限定されている場合には，成長産業や衰退産業のいずれに属しているにせよ，諸外国からは外国企業に対する差別策とみなされるであろう。

(2) 産業構造政策の目的

産業構造政策の目的としては，資源配分の効率化，所得分配の公正，経済の安定化，経済成長などが考えられる。たとえば，市場メカニズムに任せると（過当競争のために）産業の生存がむずかしく，規模の経済性や最小最適規模の実現がむずかしかったり，あるいは危険・不確実性の度合いが大きくて民間企業では十分な危険負担ができない（過小な研究開発支出といった形で現われる）という理由で産業構造政策を行う場合は，資源配分の効率化を重視しているといえよう。

また産業構造政策は，成長する産業をターゲティング・インダストリーとして選別して保護・育成を図る政策であるとときどきいわれるが，その場合には，経済全体の成長率を高める経済成長政策の一環として理解されている。さらに，中小企業や特定地域を対象とする産業構造政策は，特定のグループや地域の生産・所得・雇用の安定的確保を狙ったものであり，この意味では所得分配の改善や経済安定を目的とした政策と考えることもできる。

なお，以上のほかに，政治的理由ないし安全保障上の理由として特定産業（たとえば半導体・コンピュータ産業）の保護・育成を図るという場合も考えられる。

(3) 産業構造政策の手段

どの産業を対象とし，どの目的を重視するかによって，介入の仕方や手段が違ってくるであろうが，一般的には，次のような手段が考えられる。

第1に，減免税や補助金や政府投資などの財政政策（手段）がある。具体的には，法人税等の税率軽減（軽課），価格変動準備金等の損金算入，特別償却制度（減価償却の期間短縮や割増償却の採用），設備投資や研究開発に対する助成（補助金や税額控除），公的研究機関の研究開発支出の増額などがある。従来は直接的な補助金の役割が論議の中心となっていたが，最近はそれと同じ効果を有する隠れた補助金（Tax Expenditure といい，租税経費と訳される），つまり税制上の優遇措置の存在とその役割が注目されている。

第2に，出資，融資，債務保証，利子補給といった金融政策（手段）がある。たとえば地域経済活性化を目的とする最近の産業構造政策では，第3セクターに対する出資，日本開発銀行（開銀）による低利融資，開銀融資に対する利子補給，あるいは新規事業や新規立地のための資金借入に対する債務保証などの金融面での支援措置がとられている。

第3に，さまざまな規制があげられる。企業活動に対しては，法律による許認可や行政指導を通じて，参入や退出，財・サービスの価格や品質や数量，投資先や事業活動の範囲などの規制が行われる。こうした規制の導入や強化あるいは緩和・撤廃を通じて企業活動や産業活動を誘導することができる。1980年代は，技術進歩を背景に競争原理の導入や規制緩和が推進されたが，その一方では，不況業種に対して価格・数量規制や投資規制が行われたり事業提携が推進されるなど，競争制限的な産業構造政策も実施されている。

第4に，通商政策（手段）として関税や種々の非関税障壁，たとえば輸入数量制限，輸出の自主規制，衛生・安全性基準，アンチダンピング規制，政府資財調達における国内企業優先，国内部品調達条項などがある。図表6-5をもとに最近の動向をみると，1973～1979年におけるGATT（関税及び貿易に関する一般協定）の東京ラウンド（多角的貿易交渉）により，ラウンド前後の工業製品の平均関税率はかなり低下したが，逆に非関税障壁は，最近のアメリカでの保護主義的な包括貿易法案成立に例証されるように，近年

図表6-5 関税および非関税障壁の動向

	全工業製品の平均関税率			輸入品におけるハードな非関税障壁対象商品の比率	
	東京ラウンド前	東京ラウンド後	引き下げ率	1981年	1986年
アメリカ	6.5%	4.4%	31%	9%	15%
日本	5.5	2.8	49	29	29
EC	6.6	4.7	29	10	13
全工業諸国	-	-	-	13	16

注）ハードな非関税障壁とは，輸入数量制限や輸出自主規制などをいい，これに対し，衛生基準や技術基準などはソフトな非関税障壁とよばれる。
資料）『アメリカ経済白書1989』経済セミナー増刊 日本評論社 1989年

重要性を増しており，いまや焦点は関税から非関税障壁へ移っている。

最後に，通商政策とも関連する手段として，知的所有権の設定がある。知的所有権とは図表6-6に要約されるように，特許権や著作権や商標権などの知的財産に係る権利のことをいう。これが近年注目される背景には，経済のソフト化・サービス化のもとで技術やデザインの果たす役割が高まってい

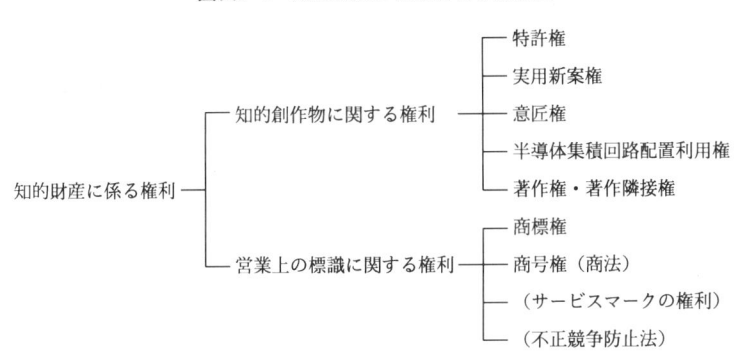

図表6-6 知的財産に係る権利の概念図

```
                    ┌─知的創作物に関する権利─┬─特許権
                    │                        ├─実用新案権
                    │                        ├─意匠権
知的財産に係る権利─┤                        ├─半導体集積回路配置利用権
                    │                        └─著作権・著作隣接権
                    │
                    └─営業上の標識に関する権利─┬─商標権
                                                ├─商号権（商法）
                                                ├─（サービスマークの権利）
                                                └─（不正競争防止法）
```

資料）通商産業省編『通商白書』（平成元年版）大蔵省印刷局 1989年

ること，研究開発費の大きさに比べその模倣や複製が容易であること，知的財産の取引が増大していること，などがある。こうしたことを背景に，知的所有権において圧倒的な絶対優位にあるアメリカが，貿易不均衡是正と国内産業の競争力強化を狙って知的所有権の保護を求めたことが一躍注目を浴びる原因となった。そこで1986～1990年のGATTウルグアイ・ラウンドでも知的所有権の問題が検討課題の1つとされ，知的所有権の保護に関する国際ルール作りが進められている。

(4) 産業構造政策における代替的アプローチ

産業構造政策の必要性が認められたとしても，それをどこまで進めるかについては異なった立場がありうる。それは，市場メカニズムによる資源配分の調整機能にどこまで信頼をおくかに依存する。当然ながら，市場メカニズムの機能に高い信頼を寄せる人は，非常に消極的ないし限定的な産業構造政

策を求めるであろう。たとえば，産業間の資源配分に関しては，成長産業や衰退産業の保護・育成といった非中立的な政策よりも，参入規制や価格・数量規制の緩和・撤廃といった比較的中立的な政策を求めることとなろう。

他方，市場メカニズムの機能をあまり評価せず，政府による積極的な介入が必要だと考える人は，望ましいと考える方向へ特定産業を誘導すべく，積極的な産業構造政策を求めるであろう。その場合，やや消極的な場合には財政・金融政策を通じての経済的なインセンティヴの付与を中心とした政策が重視されるであろうし，また極端な場合には，資源の国家管理を通じて，前もって選別されたターゲティング・インダストリーへの資源集中が図られるかもしれない。

産業間の資源配分を人為的にかえようとする産業構造政策は，外国企業を締め出して国内企業と産業を保護する効果を有し，自由貿易や公正貿易の立場に反する面をもつ。今日では，比較劣位産業や衰退産業の保護は一時的にしか認められていない。また比較劣位におかれているとは言いがたい産業（自動車や半導体産業）をターゲティング・インダストリーとして戦略的に保護・育成するターゲティング政策は，日本の不公正な産業政策の象徴として批判されており，これも一般に認められていない。

したがって，自由かつ公正な貿易を遵守すべきだとすると，日本を含む先進工業国が現代においてとりうる産業構造政策は，産業間の資源配分に対して比較的中立的な政策か，あるいは構造転換を目指した衰退産業政策などにおのずと限定されざるをえない。しかもこの場合には，市場経済における企業活動のルールを定めた独占禁止法に抵触しないということが条件とされなければならない。

また比較優位産業や成長産業を結果的に保護・育成する政策の場合にも，それは①直接的というより間接的・一般的な効果をもち，②外国企業との競争関係にはほとんど影響せず，しかも，③外国企業にも機会が開かれている，ことなどが求められよう。この点で補助金や減税を通じて研究開発の充実・

発展を目指す技術政策は,比較優位産業ないし成長産業を保護・育成する効果をもつので批判の対象となりやすい。したがって,技術政策の方向としては,応用範囲の広い基礎研究を重点とするとか,研究者の人的交流を進めることで技術へのアクセスを容易にするといったことが求められよう。

日本は,これまで欧米諸国からの基礎研究・技術の導入に熱心で,そのために基礎研究よりも応用研究中心であり,しかも重要な開発技術は民間企業が保有しているといった非常に閉鎖的な性格を有しているとされてきたので,以上のような方向は,閉鎖性から脱皮し国際協調型の経済・産業構造を構築する上でも重要な意味をもっている。

c　産業構造政策の有効性——第1次石油危機以降の産業構造政策を中心に

最後に,比較劣位産業ないし衰退産業の構造転換を目的とする産業構造政策の意義と限界について,日本の経験を例にとって整理しておこう。

図表6-7に示されるように,日本では1973年の第1次石油危機以降,不況業種を対象とする産業構造政策を3度にわたって実施してきた。まず1978年には,特定不況産業安定臨時措置法(特安法)が制定・施行されている。これは生産コストの上昇,国内需要ないし世界需要の停滞,NIESの追い上げ等により構造不況に陥っていた業種を対象に,設備処理カルテルを通じて過剰設備の廃棄を目指したものであった。それによって目標として過剰設備の95％が処理されている。

しかし,1979年に第2次石油危機が発生したために,過剰設備を残す産業や新たに不況が深刻化した産業の構造改善が必要となり,1983年5月には特安法を引き継ぐ形で,特定産業構造改善臨時措置法(産構法)を施行することとなった。これは企業の自主努力を原則とし,必要ならば設備処理カルテルを指定して,過剰設備の処理を目指すものであった。それと同時に,事業提携や活性化のための設備投資・技術開発を推進するなど,産業の構造改善も図られた。

さらに,1987年には,1985年9月のプラザ合意以降の大幅な円高・ドル安

図表6-7 特安法・産構法・円滑化法の内容

名称		特定不況産業安定臨時措置法（特安法）	特定産業構造改善臨時措置法（産構法）	産業構造改善円滑化臨時措置法（円滑化法）
指定期間		1978年5月～1983年4月	1983年5月～1988年6月	1987年4月～1996年5月
対象業種	鉄鋼	2(電炉業,フェロシリコン)	4(電炉業,フェロシリコンなど)	6設備(高炉,転炉など)
	非鉄金属	1(アルミニウム精錬)	2(アルミニウム精錬,電線・ケーブル)	2設備(銅地金・亜鉛地金生産用溶鉱炉等)
	化学	7(合成繊維4業種,アンモニアなど)	15(合成繊維5業種,アンモニアなど)	7設備(ナイロン長繊維生産用紡糸機など)
	繊維	2(絨毛等紡績業,綿等紡績業)		2設備(黄麻糸生産用カード・練条機など)
	紙パルプ	1(段ボール厚紙)	2(段ボール厚紙,洋紙)	
	その他	1(造船業)	3(食料品－砂糖製造業,窯業・土石－セメント,その他－硬質塩ビ管)	2設備(窯業・土石－セメント生産用焼成炉等,鉱山－銅精鉱生産用せん孔機械等)
	計	14業種	26業種	通産省関係18設備,農水省関係1設備
内容		特定不況業種を指定し,それぞれの「安定基本計画」により,過剰設備の処理を図る。	特定産業を指定し,それぞれの「構造改善基本計画」により,過剰設備の処理,事業提携（生産・販売・購入の共同化）,活性化のための設備投資・技術開発等を進める。	特定事業者対策では特定設備を指定し,それぞれの「事業適応計画」または「事業提携計画」により,過剰設備の処理,事業転換,事業提携等を進める。特定地域対策も同時に実施。
手段		①過剰設備処理カルテルを中心とする。②業界の自己負担と自主運営を原則とする。③必要資金の債務保証や低利融資を行う。	①企業の自主努力を原則とするが,困難なときは設備処理カルテルを指示できる。②事業提携については公取委の了解を得る。③補助金,減税,債務保証により政策支援する。	①企業の自主努力（事業適応計画）による。②事業提携については公取委の了解を得る。③減税,基金からの出資・利子補給・債務保証,財投からの融資により政策支援する。
その他		①平均23%の過剰設備処理目標を設定,目標達成率は約95%。②「特定不況地域中小企業対策臨時措置法」「特定不況業種離職者臨時措置法」「特定不況地域離職者臨時措置法」による中小企業・雇用・地域対策もほぼ同時に実施された。③5年間の時限立法。	①過剰設備処理目標の98.4%が達成された。②「特定業種関連地域中小企業対策臨時措置法」「特定不況業種・特定不況地域関係労働者の雇用の安定に関する特別措置法」による中小企業・雇用・地域対策も実施された。③5年間の時限立法。	①業種指定でなく設備指定を行った。②「地域雇用開発等促進法」「特定船舶製造業経営安定臨時措置法」を実施するとともに「特定不況業種関係労働者の雇用の安定に関する臨時措置法」の一部改正を行った。③9年間の時限立法。

資料）経済企画庁編『経済白書』昭和57年度版および昭和59年度版,同『日本経済の現況（平成元年版）』大蔵省印刷局,1989年および通商産業省編『構造転換円滑化法の解説』通商産業調査会,1988年より作成。

によって産業調整を迫られている業種や地域の産業調整，つまり過剰設備の処理，産業の構造改善，地域経済の安定・発展を図るために，産業構造改善円滑化臨時措置法（円滑化法）が施行されている。これは特定事業者の特定設備と特定地域とを対象としたものであり，9年間の時限立法となっている。

以上のように，不況業種や不況地域を対象とする産業構造政策は3度にわたって実施されているが，それをみると，企業の自主努力を原則とする方向に向かっていること，また過剰設備を処理する一方で産業の構造改善が図られていること，などがわかる。これは比較劣位にある産業の保護といった消極的産業調整政策ではなく，OECD（経済協力開発機構）が進めてきた政策，つまり，市場メカニズムを補完しながら産業の構造改善を図る積極的産業調整政策（PAP, Positive Adjustment Policy）の精神に沿ったものとして評価できる。

しかし，その一方では問題点も指摘されている。その第1は，産業構造政策の有する競争制限効果である。公正取引委員会との調整の場は一応設けられており，独占禁止政策との整合性が図られている。しかし，過剰設備の共同処理以外にも事業提携が推進されるなど企業間の協調的行動を助長している点については，その範囲が妥当かどうかという問題が残る。また，協調的行動の推進は，本来なら淘汰されるべき非効率企業を温存し，市場メカニズムの働きを阻害する面があることも否定できない。

第2に，構造不況にある業種を政策当局が適切に選びだしたとしても，保護的措置がいったん採用されるとそれが恒久化する危険があることである。この点を考慮して，これまでの法案はいずれも時限立法となっているが，継続して不況業種に指定されている業種が存在することは，政策の効果に疑問を残すといえよう。

参考文献

厚谷譲児『独占禁止法入門』日本経済新聞社　1986年
植草益『産業組織論』筑摩書房　1982年

植草益『産業組織論』日本放送出版協会　1987年
越後和典『競争と独占』ミネルヴァ書房　1985年
R.クラーク著（福宮賢一訳）『産業組織論』多賀書店　1989年
経済企画庁調査局編『日本経済の現況（平成元年版）』大蔵省印刷局　1989年
小宮隆太郎・奥野正寛・鈴村興太郎編『日本の産業政策』東京大学出版会　1984年
土井教之『寡占と公共政策』有斐閣　1986年
長谷川啓之・佐藤順一・嶋村紘輝『現代の経済政策』八千代出版　1980年
宮沢健一『産業の経済学』第2版　東洋経済新報社　1987年
和田禎一・浅野克巳・谷口洋志『企業と市場の経済学』中央経済社　1989年

第7章　国際経済と経済政策

第1節　貿易政策と財政金融政策の政策手段
a　ミクロ経済政策

　図表7-1は，政府規制・介入の代表的なミクロ貿易政策の手段を，伊藤元重の経済活動対象別，方法別分類を参考に示したものである。輸入関税や輸入数量割当で輸入を制限するミクロ貿易政策は，国内産業保護の手段として取られる。国内生産者からみれば，輸入関税と生産補助金は同質の保護であるが，国内消費者にとっては，前者の場合は，商品を高い価格で買わされ，後者の場合は，安い価格で買うことができる。前出の伊藤元重によると，貿易政策と輸入関税，生産補助金，消費税の関係については，①輸入関税＝生産補助金＋消費税，②生産補助金＝輸入関税－消費税，③生産補助金＝輸入関税＋消費補助金，④消費税＝輸入関税－生産補助金，⑤消費税＝輸入関税＋生産税，の5つの式が示すように，輸入関税（輸入補助金），生産税（生産補助金），消費税（消費補助金）の間には密接不可分な関係にあり，独立の政策と考えることはできない。そして輸出サイドの政策についても，輸出補助金は国内価格を引き上げるので，国内生産は増大し，国内需要は抑制される。この結果，国内生産者は輸出補助金によって利益を得るのに，国内消費者は損失を受けることになる。また視点を変えれば，関税の賦課には収入

図表7-1　政府規制・介入の代表的なミクロ貿易政策の手段

対象＼方法	税（補助金）	直接的な数量制限
輸　入	輸入関税（輸入補助金）	輸入数量割当（cf. 自主輸入拡大）
輸　出	輸出税（輸出補助金）	輸出数量割当（cf. 自主輸出規制）
消　費	消費税（消費補助金）	消費数量割当（ct. 配給制）
生　産	生産税（生産補助金）	生産数量割当（cf. 生産調整）

効果と所得再分配効果(格差縮小)というメリットがあるのに対し,輸出補助金支出は別途の財源を必要とし,一般に補助金を受け取る企業は富裕であるので所得格差を拡大させるというデメリットがある。上記の直接的な数量制限のうち,他国より押しつけられた自主輸入拡大や自主輸出規制は,WTOでは禁止される可能性が強い。

　貿易政策と競争政策との境界領域における諸問題は,「平成5年版通商白書」では,図表7-2のようにまとめられている。そこでは,以下の4点が指摘されている。①貿易政策と競争政策は,共に競争過程への障壁を取り除き,市場がすべての生産者に対して開放されることを確保するという共通の経済目的を有している。②競争政策が,カルテル・独占等制限的商慣行の排除ないしは規制によって市場の効率的な機能を確保することを目指しているのに対し,貿易政策とりわけ貿易自由化政策は,関税水準の引下げ,非関税貿易制限措置の実施の制限等を通じて貿易上の障壁を除去することに焦点をあてており,その意味で両者の関係は補完的である。③競争制限的な貿易関

図表7-2　貿易政策と競争政策に関する主要論点

貿易関連措置の競争制限的側面	競争政策上の貿易関連問題
○輸出入数量制限 ○関税 ○非関税障壁 　○補助金(輸出補助金,国内補助金) 　○基準認証・技術障壁　○政府調達 　○公的企業による輸入・輸出 ○セーフガードの発動 ○反ダンピング措置の濫用 ○反補助金措置 ○灰色措置(VRA,VER,OMA,最低価格の了解,政府ガイダンス,輸出適性化,輸入対抗措置) ○TRIM,TRIP ○環境政策 ○サービス貿易分野	○ダンピング ○略奪的価格設定 ○輸出カルテル・輸入カルテルの取扱い ○輸出入自主制限(VER) ○共同企業体の取扱い ○垂直的協定 　○再販価格維持制度　○取引地域協定 　○ボイコット　○抱き合わせ販売 　○流通システム　等 ○多国籍企業の企業内取引 ○国際合併・戦略的連合その他の企業結合 ○共同研究開発協定 ○公的企業に対する取扱い ○域外適用

(備考)　表に掲げた各項目は,貿易政策と競争政策の境界領域に属することから,分類は便宜的なものであって,厳密なものではない。

連措置を縮小・撤廃し，自由化を進めていくことは，国内市場および国際市場において競争を効果的に機能させるのに役立ち，競争政策を遂行するための不可欠な前提条件を形成する。④国内における競争政策が十分，強化されていないために生じる貿易上の問題として，国際間の企業間結合が国際市場における競争を制約する場合の関係諸国間の協調による対処，技術・研究成果・ノウハウのソフトを中心とした知的財産保護など技術開発活動に関する新たな国際秩序づくりの必要性についての検討，環境上の利益やコストを国内・国際価格や市場において内部化すること等の環境政策が産業競争力に及ぼす影響についての考慮，などが必要である。

　だが，自由貿易による「貿易の利益」（消費者側の享受する利益）を，生産者側の損失（比較劣位産業内失業も含めて）が上回る場合，ガット体制の維持に責任を持つ先進国での正しい処方箋は何か。村上敦によると，正しい処方箋は，比較劣位産業の「保護」ではなく，生産要素（たとえば労働）の国内における産業間移動の欠如すなわち生産要素市場における「歪みの排除」を目的とする政策つまり「積極的調整政策」(positive adjustment policy) である。そして情報の提供，労働者の再教育や再訓練，職業安定所による斡旋などを通し当該生産要素の産業間移動を促進しうるなら，生産者の損失をゼロにし，自由貿易のもたらす消費者の利益を重視しうることになるというのである。もとより先進国での比較劣位産業のうち，将来，再度比較優位の回復が期待される重要産業もあろうし，一国の安全保障上，相当レベルまで自給しなくてはならない戦略産業も考えられるので，その場合，市場の部分開放か高率関税の方策が当面，選択肢として取られることになる。S.バーンズによれば，貿易からの利益は，国際的には，①比較優位に沿っての専門化，②資源のユニークさ，③市場拡大を目指す「規模の利益」からの収入，④技術の拡がり，⑤資本形成の加速化，⑥技術革新の加速化，⑦国際的政治安定の改善，によるものと理解されている。そして，より高い貿易制限の支持は，外国との競争に直面する多くの組合と経営者の声によって発せられる

のである。

　最近,アメリカなどで関心を集めているトピックスに「戦略的貿易政策」(strategic trade policy) がある。「平成5年度年次世界経済報告」での要旨を紹介しておこう。「戦略的貿易政策」は,先端技術産業に①規模の経済が存在する,②外部経済もあり一国の経済発展にとって重要な鍵を握っている,との判断の下に,貿易政策,産業政策等によりそれらの産業を保護育成しようとするものである。先端技術産業に存在する「市場の失敗」に対しては,戦略的貿易政策を採用しても「政府の失敗」に陥る可能性は高い。戦略的貿易の目標は,他国の経済的厚生を犠牲にしつつ,自国の厚生を高めようとするものであり,こうしたナショナリスティックな貿易政策は相手国の報復ひいては貿易戦争を招き,結果として世界全体の経済厚生をいちじるしく損うことになる。本来,目指すべき方向は,各国の国際協調とガットなどの世界政府的立場からの対応により他国の厚生を犠牲にすることなく,世界の厚生を改善しながら同時に自国の厚生が高められることである。

b　マクロ経済政策

　変動レート制への移行後,経常収支の均衡と国内景気の安定という2つの目標に対するマクロ経済政策の政策手段は,理論的には金融財政政策という総需要政策だけに依存するより,為替レートの変動性を加えた方が有効であるという考え方が今日,定着している。この理由は,倉科寿男も指摘しているように,J. ティンバーゲンの『経済政策:原理とデザイン』(1958)での「目標と手段の数の整合性」とR.A. マンデルの『国際経済学』(1968)での「政策手段は,それが政策目標の達成について比較優位に立つ政策目標に割当てるべきこと」から出てくる帰結である。つまり為替相場の変動制を積極的に活用すれば,財政金融政策を「経常収支の均衡」から「国内景気の安定」へ割当て替えできる,端的にいえば為替レートの変動制は,政策目標に対して政策手段を1つ増やしうる,というメリットがあるのである。

いま，たとえば日米二国間変動レートでの金融政策，財政政策，ポリシー・ミックスの効果ないし「有効性」の順位について，上述の倉科寿男，井川一宏および坂井昭夫の政策的帰結を参考にまとめれば，以下のようになる。

①拡張的金融政策が「近隣窮乏化」，「失業の輸出」といわれるのは，次の波及経路によるものである。

　　　金利下落→投資増→日本の所得増
　　　　　　　　　　↑
　　　ドル高・円安→経常収支改善→アメリカの所得減

金融資産（円証券とドル証券）の代替が大きいほどドル高・円安の効果が強くなり経常収支は改善する。金融政策の所得への効果は変動レート制において大きく，その程度は金融資産の代替が強いほど大きくなる。金融政策の有効性は，変動レート・代替強＞変動レート・代替弱，の順になる。

②大国モデルでの拡張的財政政策の波及経路は，財政拡大→金利上昇→資本流入→円高→アメリカの輸出増・輸入減→アメリカの所得増→日本の輸出増→日本の所得増。財政政策の国民所得への効果は変動レート制の場合，小さい。他方，変動レートでは円高・ドル安による経常収支悪化が大きくなって，財政政策の効果は小さくなる。財政政策の有効性は，変動レート・代替弱＞変動レート・代替強の順になる。

③対内均衡（持続的経済成長，物価安定，完全雇用の3目標。他に財政赤字が許容範囲を超えると財政収支そのものが政策手段に関する制約条件から政策目標化する可能性も現実には高い。）と対外均衡（経常収支均衡と変動レートの安定の2目標）を同時に達成するのが，金融政策と財政政策の組合せからなるポリシー・ミックスである。変動レート制の下でのこのポリシー・ミックスについては，金融政策は国民所得に，財政政策は経常収支に相対的に強い効果つまり比較優位がある。すなわち，失業・インフレ率の小さい国民所得水準の達成には，金融政策を，異時点間の生活水準の格差を小さくし，国際間の決済をスムーズにするための経常収支の適切な水準の達成など

には，財政政策を割当てる必要がある。この他に，金融政策は，自国の景気拡大には有効だが，他国にとっては景気悪化の要因に，財政政策は自国と外国の景気拡大に何らかの程度で寄与することになる，という考え方もある。

第2節　経常収支の決定要因と国際資本・労働移動の政策的側面
a　経常収支の持続的不均衡と国際資本移動の原理

まず，資本の国際的移動から検討してみよう。資本の国際的移動は，国際収支項目との関連では，①経常収支中の移転収支，②資本収支に区分されるが，①の主なものが経済援助（贈与を含む），②が海外投資である。①は，その返済期限が1年未満の場合，短期資本移動に，1年を超える場合，長期資本移動に分かれる。また②は，利子や配当を得ようとする間接投資と，海外で直接，事業経営し，利潤を得ようとする直接投資に分かれる。次に経常収支の概念について整理しておこう。経常収支は，財貨の輸出・輸入からなる「貿易収支」，サービス（運輸，旅行，投資収益等）からなる「貿易外収支」，対外無償援助，民間送金，年金，賠償等からなる「移転収支」によって構成される。また経常収支の黒字・赤字は，理論的には資本収支の赤字・黒字と金融勘定の黒字・赤字を加えたものに等しい。

一国の，長期にわたる高水準の上記の資本輸出ないしは資本輸入が続く状況は，実はその国の経常収支が長期にわたり黒字ないしは赤字を続けるという「経常収支の持続的不均衡」に他ならない。今日，経常収支の持続的不均衡が二国間ないし多国間で大きく取り上げられるのは，それがその国の，さらには相手国の経済にかなりな影響を及ぼしているか，ないしはそのように受け止められているからである。

「部門別貯蓄・投資のバランスないしは経常収支の決定要因」については，小宮隆太郎，内田茂男，鬼塚雄丞など多くの人たちが論じているので，これらを参考にしながら整理しておこう。

国民総生産(Y)＝民間消費(C)＋民間投資(I)＋政府支出(G)＋輸出と海

外からの所得(E)－輸入と海外への支払(P)

このうち，上記の($E-P$)は経常海外余剰であり，「移転収支」を無視すれば国際収支上の「経常収支」つまり純輸出($X-M$)になる。純輸出は，財貨・サービスの輸出(X)から輸入(M)を引いたものであり，経常収支のうちの貿易収支と貿易外収支を合わせたものである。上式を書き換えると，

$X-M=Y-(C+I+G)$ ………①

ここで，政府税収(T)を①式に入れて書き換えると，

$X-M=(Y-T-C)-I-(G-T)$ ………②

($Y-T$)は「民間の可処分所得」だから，($Y-T-C$)は「民間貯蓄(S)」である。また($G-T$)は「政府財政赤字」であり，この逆，つまり($T-G$)とすると「政府財政収支」ということになる。

②式を書き換えると，次のようになる。

$X-M=(S-I)+(T-G)$ ………③

($T-G$)の黒字は政府の貯蓄超過，赤字は投資超過だから，

経常収支つまり純輸出＝国全体の貯蓄超過

＝国全体の貯蓄－国全体の投資………④

④式において，$T=G$つまり均衡財政なら，

$X-M=S-I$ ………⑤

I（民間投資）の中に「意図せざる在庫投資」を含めれば，

$X-M\equiv S-I$ ………⑥

$Y=C+I+G+X-M$ ………⑦

Iが意図せざる在庫投資を除外したものなら，⑦式はY(GNP)ないし所得と物価を決める均衡式となる。つまり，生産が調整され意図せざる在庫がゼロになった時，均衡のY(GNP)が達成される。このように，純貯蓄が経常収支黒字に等しいという関係は恒等式を超えて，均衡Y(GNP)を決定し，そのY(GNP)を通じて，黒字が決定されうる関係をも表わすのである。

「経常収支の持続的不均衡」は，要するに長期にわたり，かなりの資本輸

出ないしは資本輸入が続いている状態なのである。なお，これら3部門（$X-M, S-I, T-G$）のバランスは，I の中に意図せざる在庫投資が含まれているかぎり経済活動の結果，事後的に等しいという恒等関係であって，それ以上のメッセージが含まれているわけではない。経常収支を①式のように一国全体の生産と支出から考える立場や，④式のように一国全体の貯蓄と投資から考える立場は，経常収支の問題をマクロの経済現象として捉えるものである。短期ないし中期の経常収支は，①式にみるように，生産と支出の双方の変化に左右される。生産能力以上に支出（つまり需要）が増えれば経常収支は赤字，逆に支出が生産能力以下なら黒字となる。長期の経常収支は，$Y(GNP)$ が主として供給側の条件から決定されるという意味で，需要要因よりは供給要因が大きな影響力をもつ。貯蓄や投資に影響を及ぼす変数には，所得水準，物価，金利，変動レートなどがあり，これらは相互に影響しあうし，貯蓄，投資の相互依存関係もある。日本では，高貯蓄率，高投資率が，貯蓄・投資の特色であった。参考までに，次の式を掲げておこう。

$$\frac{\Delta Y}{Y} = \frac{I}{Y} \cdot \frac{\Delta Y}{I} \left(\frac{\Delta Y}{Y} \text{は経済成長率,} \frac{I}{Y} \text{は投資率,} \frac{\Delta Y}{I} \text{は投資効率} \right)$$

次に，国際資本移動の原理について，小宮隆太郎の説を紹介しておこう。資本（一定期間にわたる一般的購買力の使用権）は，その実質的収益率の低い国から高い国へ，GNP に対する貯蓄率が投資率に比べ高い国から，投資率が貯蓄率に比べ高い国に流れる。ここで貯蓄率，投資率というときの貯蓄・投資は，家計・企業・政府の3つの部門のすべての貯蓄・投資を指す。国際資本移動の原理は，一国内の地域間の資本移動の原理と基本的に同一であるが，国際資本移動のプロセスでは，為替リスクやカントリー・リスクが伴うので，政府の役割，介入の度合いがはるかに大きくなる。国際資本移動がより自由に行われれば，資本が資本収益率（利潤率，実質利子率等）の低い国から高い国に流れるから，前者では生産が維持され失業が減少し，後者ではインフレが緩和・抑制される。国内の貯蓄が国内の投資を上回る部分すな

わち「資本輸出」(=経常収支黒字)は，日本では，経常収支黒字の対GNP比率が最大の86年でも国民所得の約14％にすぎなかった。貯蓄の供給が不足しがちの世界の現状では日本の純貯蓄(経常収支黒字)は，世界経済の発展のための資金供給源であり，従って国際経済の攪乱要因ではなく安定・拡大要因になり，また日本経済の成長制約要因でも決してなく，むしろ促進要因になりうる，という指摘が正しい。この意味で，日本からの純貯蓄の供給が世界経済にとって望ましくない，というような「前川リポート」的な内需拡大・経常収支黒字削減至上主義の認識は，非経済学的であり，基本的に誤っている，という考え方に賛成である。

b 国際資本・労働移動の経済効果と資本豊富・稀少国の政策対応

(1) 国際資本・労働移動の利益と分配効果

鈴木克彦の分析結果によれば，国際資本移動は，資本輸出国にも資本輸入国にも利益をもたらし，また資本輸入の結果，外国の労働の限界生産力が上昇し資本の限界生産力が低下することで，外国の所得分配を労働者に有利に，資本家に不利にしてしまう。そこで資本豊富国では労働組合が対外直接投資に反対し，労働豊富国では企業が対内直接投資に反対して，それぞれの政府にその規制策を求める傾向があるという。そして国際労働移動による自国と外国の利益の存在とその大きさも国際資本移動の場合と同じになり，外国では労働力の輸出により労働所得が有利化し，資本所得が不利化することになるので，資本，労働の両国際要素移動の結果は，結局，貿易を考えない場合，送出し国にも受入れ国にも利益をもたらすが，それぞれの国で相対的に豊富な生産要素の分配を有利化し，相対的に稀少な生産要素の分配を不利化してしまう，というのである。

(2) 資本豊富国の国際要素移動規制策と資本稀少国の外資誘致政策

資本豊富国は，国際資本・労働移動が許される国際経済システムの下では資本を輸出し，労働を輸入するわけだが，鈴木克彦が展開した資本豊富国の

国際要素移動規制策の選好度ランキングは，①最適労働輸入規制策，②最適資本輸出規制策，③自由放任の開放経済，④労働輸入量的制限策，⑤閉鎖経済，である。

次に，後発国のような資本稀少国が自国内産業を輸入関税で保護し，先進国からの直接投資を誘致し，輸入代替産業化を進めた場合について，同氏の理論的帰結は，もし外資に支払うレンタルを外国のレンタルの水準にまで引き下げることが可能なら，自己の厚生は外資誘致によって上昇する，つまり資本稀少国の利益になる，ことになる。そしてその理由は，資本豊富国が所得税課税政策で外国人労働力の輸入を制限し，そのときの国民所得を自由な国際労働移動で得られた所得水準より増加させたケース，で用いた論理を，労働豊富国のケースに適用することで理解できうる，というのである。

第3節　構造的経常（貿易）収支黒字と貿易・産業構造の変化
a 経常収支分析のための2つのアプローチ

経常収支を分析する理論としては，貯蓄と投資の関係に着目したアブソーション・アプローチと，輸出と輸入の関係に着目した弾力性アプローチがあり，両者共，経常収支の変動という現象を解明するためのものであり，相矛盾するものではない。アブソーション・アプローチは，第4節のaでふれたように，基本公式 $X-M=S-I$ という関係に着目し，S，I の動向から $X-M$ の動きを解明する。このアプローチによれば，財政赤字や設備投資の増大や低貯蓄率は経常収支の赤字要因になる。最近までの日米の経常収支状況を考えると，アメリカ側の I 超過，S 不足の結果，それによる実質金利差（アメリカ高金利）を媒体に，日本は資本輸出国つまり経常収支黒字国となり貯蓄超過を生ぜしめた面があったといえる。他方，弾力性アプローチは，為替レートや所得の変動が X や M つまり経常収支に，前者の場合，輸出供給や輸入需要の価格弾力性，後者の場合，輸出供給や輸入需要の所得弾力性を通してどう影響を及ぼすかを分析するアプローチであり，それぞれ弾性値の

大きさないし相互作用によって経常収支の調整効果の大きさが決まる。

　S，I，為替レート，税率，金利などが経常収支の主な決定要因ではあるが，独立して変化するわけでなく，財政金融政策，産業構造政策，包括的経済協議によって変化することを考えれば，2つのアプローチは整合的なものとなる。

b 構造的貿易収支黒字の判別式と85年の状況

　構造的貿易収支黒字の判別式として，松永嘉夫の所説を紹介しておこう。日本は，巨大な貿易収支黒字国である。その場合の貿易収支判別式は，

$$dI < \frac{s}{m} dX$$

　dI は投資の増加，dX は輸出の増加，s はケインズの限界貯蓄性向，m は限界輸入性向であり，ケインズの乗数理論に輸出入を導入した「外国貿易乗数」を展開した式である。つまり年々の国内投資の増加 dI の左辺に比して，s（限界貯蓄性向）が大き過ぎるか，m（限界輸入性向）が小さ過ぎるか。dX（年々の輸出増）が多過ぎるため，右辺の全体が大きくなる。このことが貿易収支黒字を構造的に定着させる，というのである。

　これら3つの可能性のうち，日本の貿易収支ひいては経常収支の構造的黒字に何が関与しているのか。それぞれについて数値を国際比較してみよう。

　「家計貯蓄率」は，日銀調査統計局『日本経済を中心とする国際比較統計』（91年版）によると，85年比較で，日本15.6％，アメリカ7.0％，「平成5年版通商白書」では，91年になるとGDP比17.5％，貯蓄超過はGDP比10％，一般政府の3.5％と比べても大きな比率を占め，安定的である。「輸入依存度」は，同白書では，全産業の場合，85年比較で日本6.1％，アメリカ6.1％，ヨーロッパ3カ国（英・仏・旧西独，域外貿易のみ）12.9％。dX（輸出増）に掛かる係数の数値は，85年比較で日本2.56，アメリカ1.15。世界中，日本ほど，この数値が高くなる国はない。これまで日本の経常収支黒字が大きか

ったのは，価格競争力が強いためではなく（今日，円高基調によって一層，危機感），松永嘉夫も指摘するように，「高」貯蓄率と「低」輸入依存度の組合わせであった。

c 85年以降の円高と貿易・産業構造の変化ないし変革
(1) 貿易構造の変化ないし変革

85年以降の円高基調，バブルの発生・崩壊，政策の失敗と長引く不況，アメリカの競争力復活と円高誘導による対日貿易不均衡改善策などにより，日本の貿易構造と産業構造は，大きく変ろうとしている。「平成5年版経済白書」では，貿易構造の変化を，(i) 輸出入構造の変化，(ii) 直接投資と貿易収支の変化，(iii) 輸出入弾性値の変化，という3つの側面からみている。

(i) については，付加価値の低い製品は海外の製品に置き換えられ，日本からの輸出は高付加価値製品にシフトし，この結果，繊維製品，金属製品等のウエイトの低下，一般・輸送機械，電気機器，半導体・コンピュータ等のウエイトの上昇，日米の競争力一部逆転（主に円高）による上記主要産業の構造調整（企業のリストラや戦略転換を含む），という「輸出構成の高度化」と輸出価格引下げ効果がみられることになった。輸入についても高付加価値化が円高の進展，内需の拡大とともに進み，その結果，輸入全体に占める工業原料のウエイトが低下し，高級・耐久消費財，資本財のウエイトが上昇するという「輸入構成の高度化」が生じている。こうした輸出入における高付加価値化の進展は，円高以降，急増した直接投資によって促進された面もあり，またこの動きは，産業間貿易から産業内貿易，貿易構造の垂直型分業（いわゆる加工貿易）から水平分業への変化，さらには製品輸入比率（製品輸入額／輸入総額）の急上昇として捉えることができる。因みにOECDのHistorical Statisticsによると，製品輸入比率の85年，90年対比では，日本は29.4%→48.7%（93年52.0%），アメリカは74.3%→77.8%（92年81.5%）。93年の日本の製品輸入額（通関ベース）は1,251億ドル，地域別では中国か

らの製品輸入額が衣料，音響機器など中心に前年比31％増の142億ドルで急増，製品輸入比率は68.9％であった。

(ⅱ) については，製造業の直接投資の輸出入への影響の経路として，①輸出誘発効果（現地での調達が本格化するまで部品・資材など中間財が日本から輸出），②輸出代替効果（海外への生産シフトにより日本からの輸出が減少），③逆輸入効果（現地で生産された製品が日本に逆輸入），④輸入転換効果（海外への生産シフトに伴う日本の国内生産の減少で，資材・原材料の輸入減）がある。北米（アメリカ，カナダ）については，急増した直接投資による輸出誘発効果より輸出代替効果がそれ以上に大きいため，日本の貿易収支に対して赤字要因として作用。ただし90年，91年には，現地生産の停滞もあり代替効果が小さく，貿易収支に対する黒字縮小効果も逆輸入によるものが大きくなっている。アジアでは輸出誘発効果が輸出代替効果を上回っているが，逆輸入効果が大きいため日本の貿易収支に対しては赤字要因となっている。85年以降に急増した直接投資をみると，第1の類型は，市場志向型の直接投資である。貿易摩擦による輸出数量規制等の実施で輸出が困難になった場合や，市場統合による市場拡大のメリットをインサイダーになることによって享受しようとする場合の投資である。第2の類型は，コスト追求型の直接投資である。円高，高賃金，高物価，高地価等のため生産コストが相対的に安い地域への投資である。アジアへの直接投資はこのタイプである。

(ⅲ) については，まず，所得弾性値（輸出は実質世界輸入に対する弾性値，輸入は日本の実質GDPに対する弾性値）の推移をみると，輸出数量の弾性値，実質輸出の弾性値とも，85－92年時点で0.5，0.8と低下傾向にある。この背景には，輸出依存型経営からの脱却，輸出自主規制等の増加，直接投資による輸出代替等が考えられる。他方，輸入の弾性値は，近年，上昇して1を大幅に上回っており，とりわけ85－92年時点の日本の輸入数量の所得弾性値は，1.5と，輸出数量の所得弾性値の3倍になっている。その理由として，消費・生産構造への輸入財の浸透，所得弾力性の高い消費財，資本財の輸入

全体に占める比率の上昇が考えられる。この結果,85年以降,日本経済が「輸出が増えやすく輸入が増えにくい」経済構造から,「輸出が増えにくく輸入が増えやすい」経済構造に移行しつつあるといえよう。輸出の価格弾性値は,近年かなり低下傾向にあり,これは,非価格面で競争力のある高品質,高性能品への比重の移動,直接投資の増加に伴う企業内貿易の比重の高まり,輸出自主規制等により相対価格の変動が輸出数量の変動に直結しにくくなったこと,などによる。輸入の価格弾性値も高級財に対する非価格効果,非効率な流通機構等のため傾向的に低下している。このことは為替レートなど相対価格の変化によっても輸出入数量が変化しにくくなっていることを示すものである。したがって企業は為替変動に対し,「平成5年版通商白書」も指摘するように,製品の高性能,高機能,高品質化,製品差別化等を通じた非価格競争力の強化つまり輸出商品の高付加価値化シフトに努めようとする。

(2) 産業構造の変化ないし変革

総務庁は,93年10月25日,各産業部門ごとにモノ,サービスの生産,流通の構造を捉えた90年産業連関表を発表した。90年の国内生産額のうちサービス,商業,不動産,運輸,金融・保険など第3次産業の占める割合は48.7％と5年前より1.6％上昇(最大の伸び率は広告,情報サービス,リースなどの「対事業所サービス業」で67.8％の大幅増)したのに,製造業,建設など第2次産業の割合は49.2％と50％を割り込み,農林水産業の第1次産業は2.0％と横這いであり,経済のサービス化が一段と進んだ。また第2次産業のシェアが低下したことで,建設業(85年から90年までの国内生産額の伸び59.2％)を除き,土木工事や個人消費の拡大による生産誘発効果が低下,公共投資や所得税減税などマクロ経済政策の効果が小さくなっていることも明らかになった。総需要に占める輸出の割合は,85年の6.6％から5.2％に,総供給に占める輸入の割合は5.3％から5.0％に,それぞれ低下した。他方,民間消費支出の生産誘発係数は,85年の1.74から90年は1.64に低下した。

現在の不況の背後には,より大きな構造問題がある。島田晴雄の官民協力

型新産業・雇用創出計画を紹介しておこう。日本経済だけが80年代後半以降，高水準の雇用を維持できたのは，貿易財部門と非貿易財部門の生産性と価格水準を組み合わせた戦略すなわち一方で効率的貿易財部門のスリム化による高生産性，高競争力の維持と，他方，生産性向上の遅れた非貿易財部門での不完全競争の維持であった。日本の約6,500万人の就業者のうちで，非貿易財部門の就業者は5,000万人以上と推定される。その戦略は，国民が内外価格差の形で膨大な完全雇用のコストを負担することで維持された。今日，円の為替レートと購買力平価（消費者物価）との間には40％の開きがあるが，この事実は，国民が40％の消費税を支払っていることを意味する。経済構造の改革は，島田晴雄によると，マクロ的には貯蓄－投資バランスの適正化であり，構造的には対外市場開放と規制の緩和，となる。仮に上記の価格差が3分の1に縮小される場合には，家計消費と住宅投資増による生産誘発効果は30兆円で，雇用創出は250万人である。

このように，経済構造の改革は，一方で雇用調整を伴う厳しい合理化が必要とされるが，他方で高効率の新産業が創出されるのである。官民が知恵を出し合って高齢化，情報化，国際化などのメガトレンドを踏まえ，来るべき高齢社会への先行投資，国際共存のための貯蓄－投資バランスの是正，完全雇用の確保のために新しい社会インフラを整備し，規制緩和と市場開放を通して新産業と雇用機会の創出および国内物価の引き下げを実現していく，という考え方が望ましい。21世紀には，いまアメリカで大きく育っているコンピュータソフトウェア，テレコミュニケーション（通信），バイオテクノロジーといった産業に，環境テクノロジーや新しいエネルギー技術を持つ産業が加わり，新基幹産業を形成していくものとみる識者が多い。

全米ベンチャー・キャピタル協会（NVCA）によると，アメリカの大企業が80年代に370万人の人員削減を実施したのに対し，アメリカの店頭株市場に株式を公開したベンチャー企業や未上場の中小企業では1,900万人の雇用を創出したといわれている。アクセルパートナーズの共同経営者である原

丈人の提言では，①ソフト主導型産業の育成が日本の産業構造変革と経済活性化のカギになる。②上記の新基幹産業に大きな雇用吸収力がある。③そのためには積極的なリスクを取るベンチャー・キャピタルが必要である。

d 日米包括経済協議（94年2月）後の動きと日本の競争力を高めるカギ

「規制緩和について（中間報告）」（93.11.8）および「経済改革について」（93.12.16）にみる平岩リポートは，経済規制について「原則自由・例外規制」の基本的考え方を出したことは一応，評価されるものの，西川潤も指摘しているように，今日の日本にとってもっとも切実なポスト工業化，ポスト規制緩和に伴う経済構造の変革と，これに対応しうる新経済システムをどう政治・財政・行政の諸改革と整合的に改変していくのかが，明示されていない。日本の官僚は，ロナルド・ドーアも評価しているように，確かに「過当競争」の是正と「不平等拡大の防止」には成功したかにみえるが，長期不況からテイク・オフするための景気浮揚策と，リストラにより競争力と景気を回復したアメリカからの結果重視の数値目標要求に対し，政府をサポートする立場の官僚に，ここのところ情報の歪み，認識のずれ，セクショナリズム，政策対応の遅れと決断ミス等，続出している。

　アメリカと日本，欧州の景気差が広がりつつある。その背景には「市場の力」のスケールの違いがある。柔軟で厚みのある市場の存在が，アメリカ経済の広範なリストラ（事業内容の再構築）を可能にしたといえる。だがフル稼働する市場原理はアメリカ経済に，所得格差，雇用の二重構造ないし雇用不安，教育問題等のひずみも広げている。企業も個人もバランスシートを改善するため投資や消費を抑え，不良資産処理と借金ないし高金利負債の返済を優先した。生き延びるためにはすべての企業が人員整理を断行した。今日，アメリカ企業の再生がよく話題にされる。野中郁次郎の説くように，経営学の面から単純化すると，その要因は，①リストラによる雇用調整，②リエンジニアリング（業務の根本的革新）による仕事のやり方の抜本的変革，③バ

ーチャル・コーポレーションによるアウトソーシング（外部委託）の効果的活用である。リエンジニアリングは，日本企業が新製品開発で多用する職能横断的チームに情報技術を組み合わせて，縦割り組織を顧客志向のくしで貫徹しようとするトップダウンの革新である。

ところで，こうしたリストラを側面から可能にしたのが，アメーバのように新市場を生み出す機動的で柔軟なマーケットメカニズムである。そのひとつが80年代以降の規制緩和の進展とともにできた債権流動化市場の拡大であり，もうひとつが投信市場の大成長である。日本でも，銀行の不良債権償却制度の見直しと並んで証券化による債権流動化など，市場機能を活用したリストラ対策導入の機運が高まっているようである。

さて94年2月の日米包括経済協議での首脳会談物別れの原因は，経済協議の客観基準をめぐる対立以上に，実は大統領の方で2年目以降の所得税・住民税減税に関する首相自身の感触を期待していたのに，政治的判断の片鱗もない1年限りの6兆円減税発言にあったようである。「大蔵省という官僚機構の振り付け通り」との印象を大統領に与えたのである。年金改革で厚生年金の保険料率が2％引き上げられ，負担増が年間で4兆円（労使折半）で94年10月以降，減税の3分の2が，さらに94年4月以降，ボーナスからも0.5％が吸い上げられ，減税による消費回復効果が半減するからである。数値目標要求が管理貿易につながるとして退けられたことで，クリントン政権の戦略は為替の円高誘導となった。この戦略は，為替レートの変化が約2年で経常収支不均衡を是正する──いわゆるマサチューセッツ・アベニュー・モデル（P.クルーグマンなどによる）を使った新しい為替理論を活用したものである。

日米経済の同一化の勧めの手引きとして『リコンサイラブル・ディファレンスィズ？──和解できる違いか』(1993)を著わしたF.バーグステンとM.ノランドによると，「ドルに対して1％の円高は，日本の対米黒字を10億ドル減らす」，「日本の貿易黒字を国内総生産（GDP）の1.5〜2％に相当

するまで減らすこと」,「日本が公式,非公式の貿易障壁をすべて撤廃すれば,アメリカの対日輸出は当初,年間89億〜182億ドル増えるだろう。」と独自の分析をしている。

　日米包括経済協議が,成熟した大人の関係であったはずなのに,冷却期間の約束も破り,移動電話問題に関する対日制裁決定への動き,円相場の急騰（2月15日の東京外国為替市場の円相場は一時1ドル101円台まで急上昇），アメリカ政府高官の円高容認発言,大統領経済報告における日本異質論の表明等で,日本側に円高デフレ効果をもたらし,景気対策に冷水を浴びせた。円高放置は「コストをかけずにアメリカ企業の価格競争力を向上でき,マクロ,ミクロ両面で日本に譲歩も迫れる一石三鳥の策」（アメリカ当局者）との見方もある。だが他面,急激な円高で日本の株価が急落すれば,日本の資金がアメリカから引き揚げられ,アメリカも長期金利上昇などの返り血を浴びることになる。

　欧州やアジアでの二国間主義に対する一様な反発の中で,94年3月3日,包括通商法スーパー301条（不公正貿易国・行為の特定・制裁）が2年間に限定,9月末までの交渉猶予付きで復活した。こうした関税引き上げなどの制裁と円高容認の両面でのアメリカ側の圧力を受けて,日本はマクロ面での一層の黒字減らしにつながる内需拡大や外資系企業への税制上の優遇措置とともに移動体通信,自動車,半導体,製薬,建設資材,金融・保険,流通,サービスなどの個別分野について規制緩和,市場開放に向けての政府・民間レベルで妥協点の詰めに入ることが急務となった。

　ドル建て資産で保有する日本は,85年からのドル安による差損が数10兆円に達し,93年末で対外純資産が6,000億ドル以上（アメリカの場合,対外純債務が9,000億ドル）。これでは,吉川元忠が提言しているように,摩擦を起こしながら対米貿易黒字が増えても,その成果である対外債権が絶えざるドル安で減価し,真のストックにならない。日本の輸出は,実はアメリカの支払能力を超えているともいえる。もとより日本としては,なお一層の景気浮

揚策や自主的な中期的努力目標の提示とともに，テンポを早めた規制緩和・市場開放を進めることが必要である。その際，中長期的にはアジア市場重視の新たな経済構造・システムを構築していくとともに，アジアでの最大の投資家として交易拡大に寄与し，アジアで円を基軸通貨にしていく努力が肝要である。幸いにも，「自ら市場開放しながら自らが資本輸出した現地企業を育成していく」という貿易と投資の共生サイクルが日本とアジアの間に生まれつつある。

　長期不況の今日，日本の競争力を高めるカギは，①個々の企業における新規分野の開拓に向けた研究開発，経営資源の再配分，不採算部門・非成長部門からの撤退，シェア重視から投資収益率，横並び型経営から個性発揮型経営への移行など大胆なリストラ，②内外価格差是正へ向けての規制の緩和，市場開放および行政改革，③先行的かつ効率的な大型景気浮揚策，④高付加価値化を可能にする技術力と投資力，⑤アジアとの分業体制の構築，に依存する。「リストラ」という言葉は，リストラクチャリング（事業内容の再構築）の略で，通商産業省産業政策局では，理論的には，企業内における生産要素（労働，資本）や経営資源の再配分による企業内産業構造調整と理解している。したがって，このような意味でのリストラは，個々の企業および企業間のみならず，産業構造転換という視点からも重要である。このため，政府は，労働・資本といった生産要素や広い意味での経営資源の産業間移動の円滑化のための環境整備を行うべきである，と同産業政策局は提言している。

　上記の，官民一体となった競争力を高める行動が段階的であれ，迅速に取られていけば，伊丹敬之の大胆な予測，日本の産業には，①大掛かりな空洞化現象は起きない。②新産業分野，東アジアへの雇用や企業のシフトは起きるが，新しく生まれる需要の吸引力に期待できる。③日本企業の収益力は下降から回復に向かい，日米の競争力の再逆転は起こらない。ところで「空洞化」は，海外への生産シフトを「企業活動のグローバル化の進展」や「水平分業の展開」などといった必然的な流れとして捉えるか，また海外への生産

シフトが国内生産の減少，製造業の雇用機会の喪失をもたらすという悲観的なイメージで捉えるか，によって異なる。安川竜男の試算では今後，海外への生産シフトが進めば，2000年度までの7年間で製造業の雇用機会が95万人失われるが，海外への投資拡大は，長期的には日本にとってもプラスの効果が生じる。同氏の分析結果を要約すると，海外への生産シフトに伴うデフレ圧力を極小化し，拡大均衡型国際水平分業を展開させるため，内需の拡大といったマクロ経済政策と同時に，国内産業の高付加価値化への支援，労働移動の円滑化，などミクロ面での対応が求められることとなる。

参照・参考文献

伊藤元重『ゼミナール国際経済入門』日本経済新聞社 1989年
伊東正則・山崎良也編『基本経済政策』有斐閣 1987年
小田正雄他『ベーシック国際経済学』有斐閣 1989年
経済企画庁編『平成5年版経済白書』大蔵省印刷局 1993年
金森久雄／日本経済研究センター編『揺ぎなき日本経済』日本経済新聞社 1992年
黒川和美他『経済政策入門(1)理論』有斐閣 1993年
坂井昭夫『日米経済摩擦と政策協調』有斐閣 1991年
須田美矢子編『対外不均衡の経済学』日本経済新聞社 1992年
総合研究開発機構『国際環境の変化と日本の対応——21世紀への提言』1978年
中央大学経済研究所編『日本の国際経済政策』中央大学出版部 1992年
通商産業省『平成5年版通商白書』大蔵省印刷局 1993年
J. Tinbergen, *Economic Policy: Principles and Design*, 1958.
東井正美・森岡孝二編『日本経済へのアプローチ』ミネルヴァ書房 1992年
永井進他『経済政策入門(2)応用』有斐閣 1993年
日本経済新聞社編『ゼミナール日本経済入門（第8版）』日本経済新聞社 1993年
R. T. Byrns & G. W. Stone, *Microeconomics*, 4th. ed., 1993.
M. ハマー，J. チャンピー『リエンジニアリング革命』日本経済新聞社 1993年
松永嘉夫『日本貿易論』有斐閣 1993年
R.A. マンデル（渡辺太郎他訳）『国際経済学』ダイヤモンド社 1971年
守谷基明編『新版・現代の経済政策論』中央経済社 1983年
山本繁綽『日本型政策の誤算』同文館 1993年
渡辺福太郎・松永嘉夫編『新国際経済教室』有斐閣 1992年
『エコノミスト』(93.8.23〔臨増〕)

『東洋経済』(94.1.15), (94.2.19), (94.2.23〔臨増〕)
『日経ビジネス』(94.1.17)
『NIRA』(Vol. 6 No. 10, 1993)
　他に，日本経済新聞など

付記：本研究に対しては1992年度の関西大学経済学部共同研究費が与えられた。
　　　記して謝意を表する次第である。

第8章　日本の経済成長と経済政策

第1節　戦前の成長と政府の役割
a　戦前期の経済成長

　戦後の日本経済がそれまでほとんど世界の例をみない成長を示したことは，よく知られた事実である。それでは戦前はどうであろうか。まず図表8-1をみると，おおざっぱな国際比較が可能である（ただしここでは，対象期間に若干の相違があることに注意されたい）。

　明治期の日本の経済成長率は，この表から3.5%から2.5%の間であったことがわかる。これはアメリカより低いが，デンマーク，スウェーデン並みといってよいかもしれない。しかし，大正期から昭和初期（1913～1938年）にかけてみると，日本の成長率は他の諸国に比べて圧倒的に高くなる。

図表8-1　各国成長率の比較
（A：1870～1913年，B：1913～1938年%）

	総額		人口1人当り	
	A	B	A	B
アメリカ	4.6*	1.1	2.5	0.6
イギリス	2.1	0.7		
ド イ ツ	2.7	1.8		
イタリア	1.5	1.7		
デンマーク	3.2	1.9		
ノルウェー	2.2	3.0		
スウェーデン	3.0	2.4		
日　　本	3.6**	4.6	2.5	3.6
	2.4***	3.9	1.3	2.6

出所）　中村隆英『日本経済』東京大学出版会　1978年　12ページ
注）　①*＝1869～78年の平均から1913年までの平均，日本は1887～1913年
　　　②**＝一橋大学経済研究所グループの原数字の無修正の合計による推計
　　　③***＝大川一司『長期経済統計1・国民所得』東洋経済新報社　1974年
　　　からの推計

図表8-2 GNEの諸要素と農業鉱工業生産の成長率

(年率 %)

	Y	C	C_g	I_f	X	M	農業生産指数	鉱工業生産指数
1875～1885	—	—	—	—	—	—	2.1	3.9
1885～1900	3.1	2.9	3.9	5.1	9.4	10.1	1.6	5.4
1900～1915	2.3	1.9	2.2	4.2	9.7	5.3	2.1	5.0
1915～1930	3.1	3.2	5.7	4.0	4.9	6.7	0.9	5.1
1930～1940	4.6	1.9	5.1	10.6	6.2	3.9	0.5	8.2
1940～1946	△11.2	△11.1	△17.3	△14.3	△44.5	△30.9	△4.0	△24.8
1946～1955	9.0	10.2	10.6	7.1	34.3	19.9	3.3	19.4
1955～1970	10.2	8.6	5.1	15.0	14.1	13.7	3.0	13.4
1970～1974	5.9	6.6	6.5	5.3	11.5	11.0	0.4	5.8
1885～1915	2.7	2.4	3.1	4.6	9.5	7.7	1.8	5.1
1915～1940	3.7	2.7	5.5	6.6	5.4	5.6	0.7	6.3
1885～1940	3.1	2.5	4.3	5.5	7.6	6.7	1.3	5.7
1946～1974	9.2	8.9	7.1	10.9	20.1	15.4	2.7	14.3
1885～1974	4.1	3.6	3.6	5.8	7.1	6.5	1.4	6.1
1875～1974	—	—	—	—	—	—	1.5	5.8

出所) 中村隆英『前掲書』17ページ
注) ①△はマイナス, ②Y=国民総支出, C=個人消費, Cg=政府経常支出, I_f=総固定資本形成, X=輸出, M=輸入

これをもう少しくわしくみることにしよう。図表8-2はGNE(国民総支出)の諸要素と農業・鉱工業の成長率を明治初期からほぼ15年ずつに区切って示してある。この表から次のことがわかる。すなわち, ①1940～46年を除き, ほぼ3％前後の着実な成長が続いたこと。②1915年までの輸出と輸入の伸びがいちじるしく, 加工貿易形態がすでに成立しかかっていたこと。③財政支出の伸びは1915～30年期から急増したこと。④1930～40年期に設備投資がいちじるしく伸び, 逆に消費の伸びは鈍化したこと。⑤第1次大戦以降農業生産指数の伸びは低下し, 逆に鉱工業生産指数の伸びはいちじるしく上昇し, 工業化の急速な進展がみられたこと, 以上である。しかし, これらの他にも, 戦前期の成長に関してはいくつかの特徴が指摘されている。たとえば, 明治期の経済成長開始時期には1人当り生産の伸びは先進西欧諸国に比べて低かったが, その後逆転した。また経済成長率は一定ではなく, 激しい

図表8-3　産業別国内純生産と有業人口構成比　　　　　(％)

	産業別国内純生産（NDP)				有業人口構成比		
	第1次	第2次	第3次		第1次	第2次	第3次
1879～83	62.5	37.5		1872	72.7	27.4	
					(85.8)	(5.6)	(8.6)
1885	45.2	14.7	40.1	1885	70.1	29.9	
1900	39.4	21.2	39.4	1900	65.0	32.1	
					(71.1)	(15.7)	(13.2)
1925	28.1	27.1	44.7	1925	52.4	23.6	24.0
1930	17.6	31.6	50.8	1930	52.1	21.9	26.1
1940	18.8	36.6	45.3	1940	47.7	27.0	25.4

資料）　中村隆英『戦前期日本経済成長の分析』岩波書店，同『日本経済』東京大学出版会，およびS.クズネッツ『諸国民の経済成長』表21，表38による
注）　有業人口の（　）内は労働力に占める割合

変動を示した。とくに，約20年の周期をもつ長期波動がみられたことである（南亮進『日本の経済発展』43ページ）。

　経済成長に伴い，経済の構造も大きく変化した。このことは図表8-3をみればほぼわかる。まず産業別純生産の動きをみると，第1次産業は1885年で45.2％であったが，1900年には40％（39.4％）を割り，1925年には30％（28.1％）をも割った。戦前最後の1940年には20％（18.8％）を割るところまで減少した。これに対して，第2次産業は1885年のわずか14.7％から1900年には21.2％，1940年47.4％へと急増したことがわかる。これを有業人口の構成比でみると，第1次産業は1872年72.7％，1900年65.0％，1930年52.1％，そして1940年47.7％へと減少したのに対して，第2次産業ではそれぞれ5.6％（ただし総労働力に占める割合），15.7％，21.9％，27.0％へと着実に増加した。ここで注意すべきことは，第3次産業のウエイトの高さである。すなわち，明治以降の日本の経済発展は基本的には工業化の過程であるが，それに伴って第3次産業の比重が高まり，産業化が進展したことである。

　ところで，工業化に伴って農業（第1次産業）の比重は低下したが，それと同時に農業の生産力も上昇した。すなわち，1889～1900年にかけ年平均

1.37％，1901〜1910年同1.66％，1911〜1920年同1.62％の伸びを示し，1921〜1930年同0.75％，1931〜1938年同1.30％となって，1920年代以降成長率は鈍化した。明治以降第1次大戦頃までの高い成長の原因をみると，この時期の労働力の伸びは若干のマイナスを記録しており，成長は労働生産性の伸びに基づくものであった。その中でももっとも重要な要因は品種改良を中心とした技術進歩である。それは肥料の多投と結び付いており，労働使用的で土地節約的であった。そのことは，機械化技術を除けば戦後も大きな変化を示していない。

農業の成長過程は1880〜1920年の初期成長局面（年率1.8％の伸び），1920〜1935年の停滞局面（年率0.9％に半減）および戦後の成長のスパート局面（1945〜1955年3.2％，1955〜1965年3.6％へと加速）などに区分される。つまり，それは戦前より戦後でいちじるしい伸びを示したが，それでも1920年以前にはかなりの成長を示した。それにもかかわらず，工業の伸びに比べればはるかに低いものであった。

工業は狭い意味では製造業を指すこともあるが，一般には鉱工業，建設業，運輸・通信，公益事業（これらをM産業とする）などを含むことが多い。それらは製造業と密接な関連をもっていたり，生産活動をするからである。むろん，工業の中心が製造業であることはいうまでもない。いまそれらの産業を他の産業と比較しながらみていくことにしよう。

図表8-4 は，広義の工業（表のM産業）の他，その内容と他の産業との比較を示している。これをみると，M産業の戦前の年平均伸び率は他の第1次産業および第3次（S）産業のそれを大幅に上回っていることがわかる。M産業の中でも，運輸・通信・公益事業の伸びがもっとも大きく，次いで鉱工業，建設業と続いている。しかし，戦後になると，後にみるように鉱工業の伸びが最大になる。戦前，運輸・通信・公益事業の伸びがいちじるしかったのは日本の経済発展の初期に必要な社会資本の充実という意味で適切であった。

図表8-4 実質GDPの産業別成長率

(%)

期　　間	1次産業(A)	鉱工業	建設業	運輸・通信・公益事業	M産業	S産業	非1次産業(M+S)	全産業(A+M+S)
1889~1900	1.37	5.91	5.35	9.06	6.25	3.16	3.88	2.92
1901~1910	1.66	5.82	4.17	10.30	6.44	1.55	3.10	2.62
1911~1920	1.62	6.40	2.30	8.74	6.46	4.26	5.13	4.13
1921~1930	0.75	4.82	6.33	6.79	5.57	0.44	2.91	2.41
1931~1938	1.30	8.88	9.47	2.85	7.17	3.64	5.68	4.86
(戦前平均)	1.34	6.25	5.36	7.80	6.34	2.59	4.07	3.31
1956~1960	3.34	16.17	12.54	13.70	14.99	7.83	11.11	9.50
1961~1970	2.11	14.18	11.99	11.28	13.48	9.23	11.61	10.45
1971~1976	1.04	6.74	3.51	5.67	6.11	6.10	6.13	5.82
(戦後平均)	2.09	12.53	9.70	10.25	11.73	8.05	9.93	8.90

出所）南亮進『日本の経済発展』東洋経済新報社　1981年　80ページ
注）実質GDPの7ヵ年移動平均（1938，1955，1976年は5年平均）の対前年成長率を期間ごとに平均したもの

　日本の工業生産指数の伸びを西欧諸国のそれと比較しても，1878~1938年で年率5.3％であり，他の先進諸国の同時期における伸びを大きく上回っている。それが経済成長に大きく貢献したことはいうまでもない。M産業の相対的貢献度，すなわち実質GDPに占めるM産業の実質GDPの増加の割合は戦前は62％で，戦後（1955~1976年）の56％を上回っている。鉱工業だけでみたとき，戦前では38％，戦後では40％であり，日本の近代経済成長の原動力であったことに変りはない。

　そこで，次に工業化の主役である製造業の中身をみてみよう。図表8-5および8-6には，それぞれ業種別の成長率と経済成長に対する相対的貢献度が示されている。これによると，1878~1900年の製造業種別でみた成長率の高い産業は機械，次いで繊維，窯業，金属，製材・木製品などの順である。しかし，今世紀に入ると，1901~1920年では金属，機械，窯業，繊維などの順で高い伸びを示し，1921~1938年でも化学，製材・木製品の伸びがいちじるしくなったのに対し，金属，機械のそれが鈍化した。つまり，戦前は一貫して重化学工業の伸びがいちじるしかった。しかし，経済成長への貢献度を

図表8-5 製造業実質生産の業種別成長率

(％)

業　　種	1878～1900年	1901～1920年	1921～1938年	1956～1976年
繊　　　維	6.93	5.88	5.59	6.24
食　　　料	3.64	3.13	2.16	6.26
金　　　属	3.98	14.82	10.23	11.98
機　　　械	11.36	14.01	9.40	15.54
化　　　学	3.98	5.39	10.31	10.97
窯　　　業	4.23	7.30	7.51	8.73
製材・木製品	3.89	2.53	7.26	2.85
そ　の　他	3.13	4.33	5.01	13.48
軽　工　業 a)	4.51	4.25	4.01	6.24
重化学工業 b)	4.93	9.92	9.83	13.46
全　製　造　業	4.38	5.41	6.53	11.27

出所)　南亮進『前掲書』105ページ
　注)　実質生産の7ヵ年移動平均(1938, 1976年は5年平均)の対前年成長率を期間ごとに平均したもの，戦前は1934～36年価格の生産額，戦後は1970年を100とする生産指数
　　　a) 繊維＋食料　b) 金属＋機械＋化学

図表8-6 製造業の成長に対する各業種の相対的貢献度

(％)

業　　種	1877～1900年	1900～1920年	1920～1938年	1956～1976年
繊　　　維	34.9	28.9	21.6	4.3
食　　　料	40.3	21.6	6.8	7.1
金　　　属	1.5	11.3	17.5	20.1
機　　　械	4.0	19.4	23.6	41.4
化　　　学	7.5	8.9	20.3	17.5
窯　　　業	1.2	2.5	2.8	2.7
製材・木製品	2.5	1.4	2.8	1.1
そ　の　他	8.1	6.0	4.6	5.8
軽　工　業	75.2	50.5	28.4	11.4
重化学工業	13.0	39.6	61.4	79.0
全　製　造　業	100.0	100.0	100.0	100.0

出所)　南亮進『前掲書』105ページ
　注)　当該年次の間の実質生産の増加に対する各業種の実質生産の増加の割合
　　　実質生産は7ヵ年移動平均(1938, 1976年は5年平均)。戦前は1934～36年価格の生産額，戦後は1970年価格の出荷額

みると、圧倒的に軽工業（繊維、食料など）の比重が重化学工業（主に金属、機械、化学など）のそれを上回っている。要するに、日本の初期の工業化は軽工業を中心とするものであった。だが、1920～1938年では軽工業から重化学工業へと工業の主役は移行した。しかもそれはイギリスに比べて、きわめて敏速かつスムーズであった。

このように、戦前の日本の経済成長は工業化、それも製造業（鉱工業）の発展を中心とするものであった。そして、日本の成長過程は、「相対的後進性をもつ国は導入技術により急速に成長の可能性がある」とするガーシェンクロン仮説によって典型的に説明可能といわれる。要するに、日本経済の成長は西欧（とりわけ、戦前はイギリス）をモデルとし、それに追いつき追い越すことを悲願として、ひたすら西欧技術や西欧型経済組織を導入し、西欧経済が要した期間より少しでも短期間に目標を達成しようとした結果であるといえよう。

b 経済成長の要因とメカニズム

それではこのように急速な成長を可能にした経済要因とかメカニズムはどのようなものであったろうか。これまでみたように、日本の長期成長過程は工業化の過程であり、後発性の利益を享受する過程であった。経済が成長するには（生産量または国民所得が長期に増大することだから、いま生産量をQで示す）、まず労働生産性（Q/L、ただしLは労働量）の上昇が不可欠である。いま生産活動水準はK（資本）、Lおよびt（時間）に依存するとすれば、生産関数は、

$Q = f(K, L, t)$

で示されるから、これから次式を得る。

$Q/L = f(K/L, 1, t/L)$

これより、両辺を時間（t）で微分すると、

$g(Q/L) = \alpha + E_k g(K/L)$

となる。ここで、gは増加率を示す記号であり、またE_kは資本の生産弾力

性(資本が1単位増加したとき,産出量がどれだけ変化するかを示すもので,均衡においては資本の分配率と等しくなる),$Ekg(K/L)$は資本・労働比率が上昇したとき,労働生産性がどの程度上昇するかを示すもので,投入増加によってどれだけQ/Lを上昇させるかをあらわしている。また,aは$\frac{dF}{dt}/F$を意味しており,生産関数Fがどの程度時間の経過に伴って上方にシフトするかを示している。その中には資本と労働の投入増加以外のさまざまな,労働生産性を上昇させる要因が含まれている。その典型的なものが技術進歩であり,その他にも労働時間(h)や資本操業度(λ)の変化,などがある。

　鉱工業についてみると,戦前の経済成長は資本や労働の投入増加によるものの他,とりわけ技術進歩などの要因が大きな貢献をした。すなわち,鉱工業については,技術進歩など(a)の労働生産性上昇率に対する貢献度は戦前平均で65%,戦後では69%といわれる(南亮進『前掲書』82〜83ページ)。技術進歩といわれるものの中には,単に外国から導入した技術(たとえば,秀れた機械とか新商品の導入)などの他にも,労働の質の変化(たとえば,教育・訓練,健康増進など)も含まれている。もし,単に導入技術だけが経済成長に貢献したのであれば,おそらく日本の経済成長はもっと低く,また加速しなかったであろう。

　経済成長には,先にみたように産業構造の変化が伴う。それは産業によって生産性の上昇率に相違があったり,消費構造や貿易構造が変化するためである。

　とくに日本経済にとって重要なのは戦前も戦後も国際貿易である。経済成長を主導した製造業の発展には資本設備,原材料,技術,外貨は不可欠である。それらはとりわけ発展の初期には外国に依存せざるをえなかったし,戦後,否,現在でさえ基本的には大きな変化はない。日本の経済発展が輸出主導型か否かは別として,貿易が果たした役割が顕著であったことを否定することはできないし,今後もそのことに変りはない。

　まず,図表8-7をみられたい。初期には輸出の主役は1次産品(茶,水

図表8-7　商品輸出の構成

(％)

期　間	1次産品	工　業　品				
		軽工業品	繊維品	重化学工業品	その他工業品	合計
1874～1880	47.1	40.7	38.6	7.6	4.6	52.9
1881～1890	34.1	46.4	45.0	12.0	7.5	65.9
1891～1900	22.1	53.7	52.0	13.1	11.1	77.9
1901～1910	14.4	58.2	53.7	14.9	12.5	85.6
1911～1920	9.4	60.4	55.5	19.7	10.5	90.6
1921～1930	6.8	71.5	66.3	12.6	9.1	93.2
1931～1939	6.7	54.3	47.6	27.0	12.0	93.3
1951～1960	4.5	39.6	34.5	43.3	12.6	95.5
1961～1970	2.2	18.9	16.0	67.4	11.5	97.8
1971～1978	1.2	7.3	6.2	85.0	6.5	98.8

出所）南亮進『前掲書』184ページ
注）名目輸出額の構成比，軽工業＝食料＋繊維，重化学工業＝金属＋機械＋化学，その他工業＝製材＋窯業＋雑工業

図表8-8　商品輸入の構成

(％)

期　間	1次産品		工　業　品				
		原燃料	軽工業品	繊維品	重化学工業品	その他工業品	合計
1874～1880	8.0	7.3	67.2	54.7	20.3	4.5	92.0
1881～1890	16.1	12.0	55.4	40.5	25.8	2.7	83.9
1891～1900	35.8	25.7	30.6	18.3	31.8	1.8	64.2
1901～1910	45.0	32.3	19.4	9.8	34.0	1.6	55.0
1911～1920	52.7	40.7	10.8	3.2	35.5	1.0	47.3
1921～1930	55.9	37.5	14.0	5.5	27.2	2.9	44.1
1931～1939	59.2	41.6	9.2	2.3	30.0	1.6	40.8
1951～1960	80.1	62.4	2.1	0.5	16.2	1.6	19.9
1961～1970	70.5	57.5	3.3	1.0	23.0	3.2	29.5
1971～1978	73.6	59.3	5.2	3.4	16.9	4.3	26.4

出所）南亮進『前掲書』188ページ
注）名目輸入額の構成比

産物，銅，石炭が中心）であったが，今世紀に入ると急速に減少し，代って軽工業品，とくに繊維品（生糸が中心）が大きなウェイトを占めるに至った（工業品輸出に対する割合では，それは長い間70％を超えていた）。繊維品輸出の中では織物の輸出が大きく貢献した。重化学工業品は初期の7.6％から1930年代には27.0％に達したが，当初の輸出品はマッチとかしょうのうなどで，本格的には第１次大戦以後とされる。

　輸入商品の構成（図表8-8）をみると，輸出とは逆に当初は軽工業品（とくに繊維品が圧倒的）が多く，輸入代替の進行に伴い，原燃料や重化学工業品（とくに資本設備など）が増大した。それは合計で，1874～1880年の27.6％から，1911～20年で76.2％に達した。しかし，資本財の輸入代替によりその後重化学工業品の輸入の伸びも鈍化した。

　以上のことから，日本の貿易構造が典型的な加工貿易型であったことがわかる。それも，他の先進諸国の経験と照らし合せたとき，輸出構造はほぼ類似しているが，輸入構造は工業品輸入の割合がほぼ一貫して低下するという，西欧諸国とは対照的な動きを示したことから，どこの国よりも顕著な加工貿易型であったといわれるのである。

c　政府の役割

　以上で，きわめておおざっぱに日本の戦前の経済成長をみてきた。そこでは，政府はどのような役割を果たしたのであろうか。かつて，W. ロックウッドは，「経済成長の中心部門を問題にするかぎり，しばしば国家につきものとされるような中央からの計画的・指揮的役割を演じている国家というものは浮かんでこない。とくに大拡張がおこった1890年代以後の時期についてそういえる」（『日本の経済発展（下）』766ページ）と述べた。

　確かに，社会主義国や最近のNIEs諸国でみられるような「計画的・指揮的役割を演じている国家」のイメージはみられないかもしれない。だからといって，明治政府が果たした役割を過小評価するわけにはいかない。ロックウッド自身経済発展のためになされた真に注目すべき役割として，①外国へ

の隷属を避け，日本に政治的統一と秩序を保証したこと，②所有権・職業および移動の自由に対する政治的障害の除去，③法律・教育・租税・貨幣などの一連の改革，を指摘している。この他にも，社会の安定の維持や外部経済のある活動（たとえば農業技術の改善など）に対する適切な援助の供与を指摘することも可能である。さらには，一般に政府が果たすことのできるとされる役割のうち，インフラストラクチャーの拡充，企業者の供給，農業・工業技術の普及，および各種財政・金融政策の他，国際政策として，通商政策，外国資本導入政策，国内産業保護政策，などが多かれ少なかれ採用されたといえる。

だが，日本政府特有の役割ともいえるものがあったと思われる。それは幕末の混乱した時代に，しかも国際経験のほとんどない若い人たちが"正しい方向"（近代化ないし西欧化）を志向したことである。ここ100年以上の間にさまざまな失敗や間違いを犯しながらも，非西欧世界で近代化に真先に成功したことは，政府の最大の貢献として評価していいであろう。

そこで，いま政府の役割をいくつかの統計数字を使って，経済発展への政府活動の役割を中心にみてみよう。それには，まず資本形成に果たした政府の役割をみてみる必要がある。民間と政府の実質資本形成の伸びをみると，政府のそれは7.58％（1889～1938年平均）で民間のそれ（4.61％）に比べてかなり高い（ただし，これは軍事投資がかなり高く，それを除くと5.55％）。

次に，資本形成が経済成長に及ぼす効果をみよう。これには資本ストックを増加させて潜在生産力を高める生産力効果と有効需要を創出する有効需要効果がある。まず戦前も戦後と並んで資本形成が，労働力増加や技術進歩とともに経済成長の重要な要因であった。そこで次に資本形成の生産力効果をみよう。それは生産量（または実質GDP）Yを実質粗固定資本ストックKで除した値でみるが，それには$K/Y=K/L \div Y/L$とすると，それは資本係数（K/Y）の逆数であるから，資本労働比率（K/L）と労働生産性（Y/L）の動きから，つまりK/Lが小さく，Y/Lが大きいとき，Y/Kは大となる

図表8-9　実質 GNE の項目別成長率

(％)

期間	個人消費支出	政府経常支出	粗国内固定資本形成				在庫投資	輸出と海外からの所得	輸入と海外への所得
			計	民間	政府	非軍事			
1889〜1900	2.73	4.78	4.90	2.92	11.18	9.44		9.16	10.02
1901〜1910	1.61	4.27	4.84	4.50	5.54	6.88		7.90	5.86
1911〜1920	3.55	2.86	6.68	7.33	5.91	2.73		8.26	5.96
1921〜1930	2.41	5.74	0.92	△1.34	4.48	7.80		6.06	6.00
1931〜1938	2.23	5.97	10.95	11.35	10.24	△1.23		8.24	4.47
(戦前平均)	2.53	4.68	5.42	4.61	7.58	5.55		7.96	6.68
1956〜1960	8.02	2.85	15.94	16.81	13.97		14.02	11.98	14.82
1961〜1970	9.27	5.94	14.44	14.93	13.12		12.40	15.03	13.92
1971〜1976	5.82	5.02	4.59	4.09	6.01		△8.34	12.71	8.46
(戦後平均)	7.99	4.85	12.16	12.49	11.41		7.19	13.56	12.67

出所）　南亮進『前掲書』132ページ
注）　各項目（戦前は1934〜36年価格，戦後は1970年価格）の7ヵ年移動平均（1938，1955，1976年は5年平均）の対前年成長率を期間ごとに平均したもの，戦前の在庫投資は他の項目に含まれていて分離できない

ことがわかる。資本係数の値は1890年1.81から1900年の1.76へと若干低下するが，その後1910年1.96から1930年には2.59となってピークに達し，1938年2.44，そして戦後はさらに低下している（南『前掲書』150ページ）。産業別にみたときに，政府と関連をもつのは運輸・公益事業であり，社会資本がもつ性格のため，その分野の資本係数値は他の産業に比べて高い，つまり1914〜40年で3.61であり，他のすべての産業の3〜10倍程度（南『前掲書』152〜53ページ）。むろん，その性格上，この分野の資本係数は初期には急激に上昇し，その後低下傾向をもつとされる。運輸・公益事業の中でも電鉄についで電力，ガスなどの順で高いことが知られている。

　資本形成の有効需要創出効果をみてみよう。それは実質 GNE の増加分に対する各支出項目の増加で示される。これを戦前（1888〜1938年の平均）でみると，資本形成（実質 GNE の増加分に対する粗国内固定資本形成の増加の割合）では30.7％で，個人消費（57.6％）に次いで高く，それに続いて輸出と海外からの所得（25.0％），政府経常支出（14.6％）となっている（南『前掲書』141ページ）。このことから，まず戦前の日本の経済発展は「輸出

主導型」というより「投資主導型」といわれる。また政府の有効需要創出効果は経常支出（つまり消費支出）の他に資本形成分（14.4％）がある。両者の合計は29.0％となり，それは輸出と海外からの所得および民間企業の資本形成（16.3％）を上回る。それはまた戦後（1955〜76年）をも大きく上回る（政府経常支出5.6％および政府資本形成9.6％，合計15.2％）（南『前掲書』286ページ）。このように政府の比重は高いが，それが直ちに経済発展に貢献したといえるかといえば，戦後の政府の比重の低下や，戦前の軍事面への投資支出の多さ，政府支出の増大は民間部門の減少につながること，などを考え合わせると疑問もある。

最後に，金融の役割について若干触れておこう。なぜなら，たとえばR.キャメロンがかつて指摘したように銀行制度の発達は工業化の決定要因であるし，中央銀行は経済成長に必要な通貨を供給したり，その適正水準の維持を可能にするからである。むろん，銀行には民間銀行と国立銀行があり，いずれも劣らず重要な役割を果たす。日本の民間銀行は1876年の三井銀行をもって開始し，その後，住友銀行を初め第一，三菱，安田など財閥系銀行が生まれた。1882年には日本銀行もでき，1885年には初の兌換銀行券が発行された。1880年設立された横浜正金銀行を政府が支配し，それを使って外国貿易金融を実施し，さらに1897年以後日本勧業銀行，地方農工銀行，北海道拓殖銀行，日本興業銀行などが設立された。それらは長期の資金融資をしたため，農業をはじめ各種工業，電力，運輸などの発展を促進することに大きく寄与したといえる。

1873年には貸出額はわずか300万円にすぎなかったのに，1900年には，8億1,000万円，1940年には216億6,920万円に達した。預金額も，それぞれ300万円から5億7,600万円，342億8,400万円，資本金はそれぞれ200万円，3億円，14億5,600万円となった（南『前掲書』291ページ）。

民間の銀行制度はこのように貯蓄や投資に便宜を与え，企業への間接金融を可能にした。また中央銀行（つまり日銀）は戦前は主なマネー・サプライ

のルートとして赤字国債の引受と信用創造を行なった。また，金融政策として公定歩合政策が主として採用され，財政政策とともに需要を管理するために使用された。このようにして，明治以降急激な発達をみせた日本の金融制度は経済成長と密接に関連をもつものであった。

　以上みてきたように，明治中期以後主として日本経済は近代化の歩みを開始した。そこでの政府の役割はほとんどあらゆる面に及んでおり，後発性の利益を享受するためには，ガーシェンクロンが指摘したように，政府は傍観者ではありえないことを示した，典型的な事実といえるであろう。そのことは，若干形を変えながらも戦後においてもほぼ共通してみられる現象である。

第2節　戦後復興期の経済と経済政策

　戦前の日本経済はガーシェンクロン仮説を地でいくような，急速な経済成長を実現したが，戦後はそれをもはるかに上回るものであった。そのことは図表8-10をみればおおよその見当がつくであろう。そこで以下，戦後日本経済の成長過程を，①戦後復興期，②高度成長期および③安定成長期に分け，それぞれの時期における経済の特徴（主として経済成長）と経済政策（ないし政府）の役割を中心にみることにしよう。まず①からみていこう。

a　ドッジの安定化政策

　この時期は大体終戦（1945年）から「戦後が終る」1952年頃までを指す。この時期の経済成長率は年率9.95％（1947～52年平均）であり，最高の成長率を記録したが，モノ不足に基づく，激しいインフレにも見舞われた。政府は1946年2月経済危機緊急対策を発表して預金封鎖，財産税の徴収，物価統制などを断行したが，それも一時的なものにすぎなかった。

　それを根本的に解消するには生産を回復する必要があった。それにはある程度残された資本ストックの他に原材料と労働，とりわけ前者が不可欠であった。しかし，政府はこれを外国に依存することはできなかったため，国内で生産財を生産する傾斜生産方式（1946～48年）に着手することとなった。

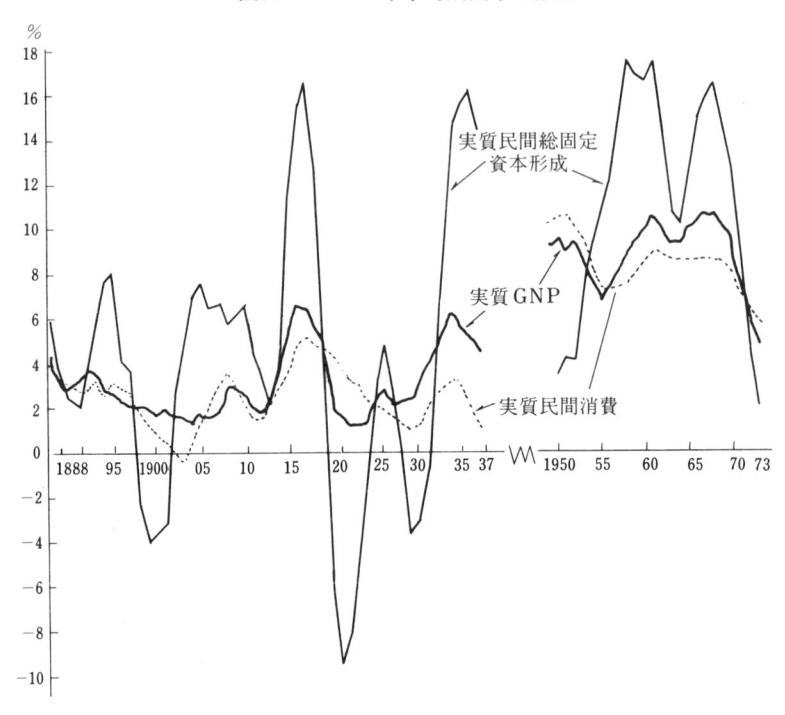

図表8-10　7年平均成長率の推移

出所）中村隆英『前掲書』第2図。ただし，原資料は大川一司他『国民所得』東洋経済新報社 1974年

注）t 年の GNP を Y_t とするとき，7年間（$t=-3$，-2，-1，0，1，2，3）をとって $Y_t = Y_0 e^{gt}$ のモデルを用い，最小二乗法によりパラメーター g を推定して $t=0$ の年に示してある。たとえば，1885～1891年の7年間について求めた $g=5.9\%$ は1888年に示す。

つまり，まず国内で生産可能な石炭を鉄鋼業に投入し，生まれた鋼材を炭鉱に投入して石炭の増産を図ることが考えられた。1947年初め石炭，鉄鋼への資材，資金，労働力の傾斜的な配分が開始された。その結果，占領軍の重油，原料炭，鉄鉱石など，基礎資材の輸入等もあって，苦心の末，石炭と鉄鋼は増産された。それは復興金融公庫（1947年1月設立）や価格差補給金による補助金が大幅に実施されることで可能となった。つまり，復金融資は石炭に，価格差補給金は鉄鋼に集中した。傾斜生産方式は，当時の直接統制手段が大量に動員されて初めて可能となるものであった。

図表8-11　戦後の主要経済指標

	実質成長率 (%)	WPI (%)	CPI (%)	貿易収支 (100万ドル)	長期資本収支 (100万ドル)	総合収支 (100万ドル)	輸出の伸び (%)	輸入の伸び (%)
①1946～52	9.95	127.7	40.7	1,632	△118	1,282	4.7	8.7
②1953～72	9.14	1.3	5.2	31,535	△9,103	16,393	14.0	13.8
〔1953～60〕	8.21	1.4	2.5	△803	△249	47	10.9	10.6
〔1961～72〕	9.76	1.3	5.8	32,338	△8,854	16,346	16.1	14.3
③1973～88	4.08	3.9	5.9	519,661	△596,569	△160,780	15.7	15.8
〔1973～80〕	4.05	9.7	9.9	65,916	△41,112	△28,030	21.6	27.3
〔1981～88〕	4.11	△1.8	1.7	453,745	△555,457	△132,750	9.7	2.3
④1986	5.9	△0.6	0.7	95,012	△130,930	△28,982	15.7	28.5
1988	4.8	1.8	2.3	76,917	△89,246	△33,286	3.8	16.9

出所）日本銀行『国際比較統計』各年版，矢野一郎監修『数字でみる日本の100年』国勢社　1986年，日本銀行『本邦主要経済統計』1966年，その他

しかし，それは財政支出の拡大とともに，インフレも加速させた。そこでこれらの問題を解決することが急務となり，そのために，採られた政策がドッジの安定化政策である。それは，①総予算（特別会計，政府関係機関の予算を含む）の均衡であり，超均衡予算の実現である。事実上は，一般会計の支出の中にも法定以上の大規模な債務償還が組み込まれており，黒字予算といえるものであった。①価格差補給金を初め，貿易資金特別会計における「見えない補給金」などを打ち切る態度を明確にしたことで，それまでそれらの補給金を通じて援助ないし輸入されていた原料を安く販売して支給されていた補助金は急速に縮小することとなった。③復興金融金庫に対し復金債の新規発行はいうまでもなく，すべての新規支出を停止したことである。これにより，民間への資金供給の道がふさがれ，従来の復金債が一般会計から償還されることになり，「隠れた国債」（復金債のこと）とその日銀引受によるインフレの根源が断たれることとなった。これも，復金債の一般会計からの償還ということで，実質黒字予算であった。④隠れた補助金，隠れた国債の表面化により政府の責任の明確化，民間と政府のけじめなどがはっきりし，民主的な政策運営の第一歩となったといえよう。⑤単一為替レートが設定されたこと。これは1949年4月23日のことで，1ドル＝360円の為替レートが設定され，日本経済は世界経済にリンクすることとなった。

　以上のドッジ・ラインにより，日本経済はどうなったか，それを簡単に要約しておこう。第1には何といっても物価が安定の方向に向かったことである。すなわち，1946年に卸売物価は415.4％上昇し，47年189.6％，48年167.0％と続騰したが，49年には63.3％，そして50年には18.2％まで急低下した。消費者物価の上昇率も，1947年以降115.0％，82.7％，32.1％を記録していたが，50年にはマイナス6.9％となった。この背景には以下のような変化があった。中央政府純計は1947年には前年比163.6％も増加し，48年にも155.9％増大していたのに，49年には51.5％，50年には15.2％，そして51年にはマイナス11.1％へと急速に減少した。また，マネー・サプライも1947年3月前

年比85.8％増，48年9月同じく82.8％増を示した。だが，それも49年9月には42.6％，50年27.0％へと抑制され，この間現金通貨も，1947年132.9％増，48年61.5％増を記録していたが，49年にはわずか0.3％増へと変化した。

このようなデフレ政策は企業合理化や能率向上の促進を不可欠のものとしたが，他方では経済成長率も急速にその伸びを鈍化させた。すなわち，1948年には実質GNPで17.5％伸びたのに49年にはわずか7.0％へと落ち込み，不況の様相を呈していた。政府がこの状態にどう対応したかについて考える前に，ドッジ・ラインの意義について考えてみることにしたい。

第1には，ドッジ・ラインによって，戦後のハイパー・インフレーションが終息したことである。第2には，日本経済が再び世界市場に登場することとなったことである。第3には，日本経済の方向を決定したこと。つまり，ドッジ自身が古典的な自由主義者であり，その線で日本経済が自由主義的な経済体制を採用するにはどうすれば経済運営が可能かが示されたといえる。第4には，それには均衡財政主義およびそれを基にした通貨安定が必要であり，また国際貿易や市場経済が重視されなければならない，ということが示されたことである。

これらのメリットに対して，疑問や問題点も指摘されている。その1つは1949年3～4月には，ドッジ・ライン以前から徴税の強化，貸出しの縮小などのため金融は引締まっていて，そこに強力な引締め政策が採られれば，企業の多くが倒産して当然だったのではないかということである。第2には，復金インフレによる実質上の賃金切り下げ状態にあった労働者に，さらにドッジ・ラインにより大衆課税が強化され，その部分が大企業に有利に利用されたことである。そのため，弱い立場の大衆，農民，中小企業は金詰まり，恐慌に苦しんだが，大企業は銀行融資により合理化することができ，成長することができた。

こうして，インフレは収束し，大企業は合理化し，高度成長への道が用意されたが，他方では失業や中小企業の倒産が増大し，社会不安は増加した。

b 朝鮮動乱とサンフランシスコ体制

1950年代に入り，恐慌の危機が心配されていたとき，突然事態を一変させる出来事が発生した。それが朝鮮動乱であり，それは1950年6月25日発生した。これには韓国，北朝鮮の他に国連軍と中国とが参加し，1953年7月に休戦協定が結ばれるまでそれは約3年間続いた。一方で日本は戦争に巻き込まれる不安もあったが，他方では予想しないブームが日本経済に発生し，日本経済の復興と講和条約の締結を促進する原因となった。

それはどのようにして日本経済にブームを惹起させたのであろうか。まず朝鮮特需が発生したことである。特需とは朝鮮戦線で戦う国連軍（基本的には米国）軍将兵への物資とか，役務サービスの買付けのことであり，ドルで主として支払われた。約3年間における特需収入額は累計で22億2,300万ドル，そのうち約70％が物資の調達，残りの約30％がサービスの調達であった。特需収入はその後も続いた。

また，朝鮮動乱は世界各国に軍備拡張と物資の買付けとを促がしたため，世界市場は売り手市場と化した。このことが世界の輸出を拡大させ，日本の輸出も増大した。世界輸出の増加は金額で約190億ドル，34％の伸びであったが，輸出数量は10％余の伸びにすぎなかったため，輸出単位の上昇が中心（23％）であった。このことが，日本の輸出を急増させ，それに伴って生産の増加や雇用，企業利潤の増加に寄与したことは明らかである。すなわち，輸出は，1949年の5億1,000万ドルから51年には2.65倍の13億5,500万ドルとなり，特需収入は51年に輸出の43.7％，52年には64.7％，そして53年には63.5％であった。1949年末にはわずか2億ドルの外貨も1951年末には9億4,200万ドル（約4.5倍）に増加した。

このような特需により増加した鉱工業生産指数は1950年10月には早くも戦前水準（1934〜36年平均）を上回り，1950年には22.5％，51年38.1％，そして53年には22.1％の上昇を示した。

このように，日本経済は朝鮮特需を契機にドッジ・ラインによるデフレか

ら回復し,国際収支の天井を高くして輸入の増大を可能にし,企業の生産意欲,投資意欲を高揚させることとなった。このことを若干の数字で示せば,次の通りである。1949～50年ではおよそ10億ドル弱(それぞれ9億500万ドルと9億7,500万ドル)の輸入が可能にすぎなかったが,51年には19億9,500万ドル,52年20億2,800万ドル,53年24億1,000万ドルのそれぞれ輸入が可能となった。それは輸出と特需収入によるものであり,加工貿易型の日本経済にとり,輸入は生産の拡大に不可欠であることから,これは重要な成長要因になったといえる。

　また,地方で生産拡大には資本蓄積を促進する必要があり,1951～52年にかけて政府はそのための政策を相いついで打ち出し,その後の産業政策の原型となった。それは次のようなものである。すなわち,①国家資金で設立された日本開発銀行の誕生がその1つで,これは復金の債権と債務を引き継いで,主たる産業への設備資金の低金利による供給の他,市中銀行からの融資の誘い水の役割や海外の融資への保証などを実行し,長期資金の調達に重要な役割を担った。これと同時に輸出企業への融資で輸出振興を使命とする日本輸出入銀行も設立された。②1949～50年にかけて来日したシャープ使節団の勧告による税制改革に基づく租税特別措置などの改革で設備投資や輸出振興が図られたこと。③外貨割当制(1949年開始)により産業(主に自動車,石炭など)の保護と育成を図ったこと。④そして,外国技術の導入が活発化したことである。それは1950年には27件であったが,51年101件,52年133件,53年103件,54年82件(合計446件)と急速に増加した。

　1951年9月サンフランシスコ講和条約と日米安全保障条約が結ばれ,52年5月日本は政治的に独立したが,経済的にも軍事費を節約して,経済の立て直し,さらには発展を目指す必要があった。このため,占領中の政策の改訂がいたるところで行われたが,産業政策という面から大切なのは独禁法の改正(1953年)で,各種カルテルの容認や再販売価格維持の許容などが行われた。つまり,1950年代初頭,早くもその後の日本経済の方向やとるべき経済

政策の目標が決定されたといってよい。

第3節　高度成長期の経済政策

a　高度成長期の経済成果

1950年代初めから70年代初めにかけて，長期にわたる高度の成長が達成された（前掲の図表8-11参照）。それもほとんど変動らしいものはなかった。そこでまず始めに，この時期に達成された成果の一部をみておこう。まず，経済成長率は1953～72年平均9.14％であった。1人当り実質GNPは1955～72年平均で8.5％伸びて，この間4.0倍となった。この他，鉱工業生産は1955～72年に年率で13.3％伸びて8.8倍，農業生産も年率2.1％伸び，1.4倍に達した。実質賃金も年率で5.8％伸びて2.6倍となり，輸出はこの間（1955～72年）14.2倍，卸売物価は年率0.9％，消費者物価も同じく4.4％の上昇であった。

この間，経済構造は大きく変化した。まず産業構造をみると，1955年の第1次産業の就業者数は1,611万1,000人（構成比41.0％）であったが，1970年には約600万人減少して1,007万5,000人（同19.3％）となり，第2次産業は1955年922万人（同23.5％）から1970年には1,782万7,000人（同33.1％）へと1.9倍に増加した。また産業別国内純生産でみると，第1次産業がそれぞれ22.7％，6.5％，第2次産業は24.6％，30.1％となった（製造業はそれぞれ22.7％，29.5％）。製造業内部では，一方で伝統的産業（繊維と食品など）が比重を下げ，また鉄鋼，非鉄，化学などは変化していなかったのに対して，機械の比重が高まった（1955年14.7％，1972年34.9％）。

貿易の構造にも次のような変化が生じた。まず，1955年の日本の輸出品の87％が工業製品であったが，75年には95.4％に達した。しかも，その中で，1955年には繊維が37.3％，鉄鋼が24.0％（合計61.3％）を占めていたが，それも70年代以降変化し，1975年にはそれぞれ5.3％，18.3％（合計23.6％）に減少し，代って工作機械などの機械と輸送用機器（船舶，自動車など）が主力（1955年12.3％から75年49.2％）を占めるに至った。

輸入も大きく変化した。日本の加工型貿易構造を反映して原燃料の占める比重はいぜん高いが，1955年の62.8％から70年には56.0％に下がり，その後80年にはピーク（66.7％）に達した後，急速に低下して今日に至っている。輸入の中で変化の激しいのが食料品（1950年32.2％から75年15.2％）と製品の輸入（50年7.2％から75年20.3％）の動きである。

国民生活にも大きな変化が生じた。その中でも特に顕著なものは所得水準の上昇に伴い，耐久消費財の普及（たとえば洗濯機，冷蔵庫，電話加入の各普及率は1955年にそれぞれ20.2％，2.8％，14.5％から72年には96.1％，91.6％，61.6％，乗用車は1961年の2.8％から72年には30.1％），エンゲル係数の低下（1955年42.9％，72年31.3％），が生じたことである。この結果，国民の意識も1958年には中流意識が72％，そのうち中の上が3％，中の中は37％，中の下は32％であったのに，72年には89.3％が中流意識をもち，中の上が7.0％，以下61.3％，22.1％へと変化した。

1人当り国内総生産（GDP）の国際比較を試みると，1953年の日本のそれはわずか196ドルであり，アメリカ（2,080ドル），イギリス（813ドル），西ドイツ（619ドル），フランス（866ドル）はいうに及ばず，イタリアの55.5％にすぎない。しかし，1975年には4,437ドルとなり，イギリス（4,089ドル），イタリア（3,084ドル）を抜き，アメリカの62.6％，西ドイツの64.6％，フランスの69.8％に達し，文字通り先進国化した。

b 高度成長の主要因

それでは，このような急速な成長はどのようにして可能となったのであろうか。それを国内要因と国際要因に分けて考えてみよう。それらはきわめて多くの要因が考えられるが，前者では第1に次のような要因が重要とみられる。すなわち，①企業活動と資本蓄積，②技術革新，③労働の量と質，④経済計画を中心とした政府の役割，がそれである。①〜③についてまず簡単にみていこう。企業活動の中には資本蓄積も含む。しかし，それ以外にも終戦後の財閥解体，巨大企業の生産力集中の排除，大企業トップの追放，などか

ら企業の再建を迫られ，企業内部にしだいに変化が生じたことは注目される。いわゆる戦後型の企業および専門経営者が生まれて，企業の所有と経営の分離が推進されるにつれ，活発な企業活動が展開されたことが，その後の日本経済にとって重要な意味をもつ。そこには，集中排除法による企業分割の結果生じた競争の激化，それに伴う生産拡大意欲と，そのための積極的な技術導入，設備投資がみられた。

1955年から72年までの民間設備投資は年率16.0％で伸びたが，とりわけ異常な伸びを示したのは，1955～61年であった。この間実質経済成長率は年率10％伸びたのに対し，民間設備投資は23.7％伸びた。その経済成長への寄与率は1951～55年が28％であったのに対して，1955～61年で59％，61～68年33％であった。この背後には近代化投資があり，それは急速な技術革新を伴うものであった。それは，『経済白書』（1960年）が指摘するように，産業構造の高度化，産業連関の緊密化，加工工程の多層化をその特徴としていた。「投資が投資を呼」んだのはそのためであった。そしてこの高い投資率を支えた要因として，高い貯蓄率があったことも忘れるべきではない。

技術革新はシュンペーターが強調した意味でのそれであり，生産工程では鉄鋼，新商品としては繊維がその代表例であった。この他にも，主なものとして，電力業（1950年代大型発電所完成，60年代原子力発電の実験開始，火主水従への移行），造船業（50年代後半船舶の大型化，高速化に対応する新工場の建設とコスト低下，60年代大型船用ドック，熔接ブロック建造方式の進歩や先行艤装方式の採用，60年代以後大型タンカー，自動化船，コンテナ船などの開発），自動車産業（50年代半ば以後モータリゼーション時代に入り，60年代自由化に備え生産拡大，欧米水準への接近，60年代後半には輸出産業の中心），石油化学工業（50年代後半ナフサ分解とポリエチレンの生産，60年代前半にはエチレン，プラントの大型化による合理化，合成樹脂の急発展，60年代後半プラント大型化による合理化，量産化）などがいちじるしい，技術革新を示した。

技術革新は日本独自のものが乏しいといわれるが、導入技術の消化、改良、組合せなどによる小革新を中心とする技術革新を進めることで低コストの量産体制の確立を図る点では世界のトップ・クラスに入るものである。

労働についても若干触れておこう。労働量でみると、1955年の就業者数は、4,194万人であるが、1972年には5,199万人へと約1,000万人増えて、1.24倍となった。年間約60万人の増加であった。1955～70年の間に第1次産業の人口は1,611.1万人から1,007.5万人へと約600万人減少したのに対して、第2次産業では922万人から1,782.7万人へと約860万人増加した。そのうち、製造業は690.2万人から1,368.2万人へと678万人増加した。このことは農村人口がその増加分も含めて大部分製造業（および第3次産業）に流入したことを示している。それが急速な成長による労働力不足を補ったことは明らかである。この間、高等教育進学者の数もいちじるしく増加した。1955年の高等学校在学者数は259万2,000人であったが、1970年には423万2,000人に、大学の短大在学者数は60万1,000人から167万人に増加した。

この他にも多くの面で、政府が重要な役割を果たしたが、それについては後で取り上げることにし、先に国際的要因に簡単に触れておこう。

高度成長期の特徴の1つは、輸出の高い伸びにあり、しかも資源の乏しいわが国が輸出の大部分を工業製品に依存してきたことである。それは加工貿易を典型的に示すものであり、それが可能となるためには、一方で輸出しやすい国際環境と他方で安価な原材料が輸入できることである。前者の1つは、世界経済の高い成長（1950～60年代半ばで年率約5％）、とりわけ日本にとって重要な輸出先アメリカが高い成長を示したこと（1960～73年で年率4.1％、とりわけ1960年～66年では4.6％という高い伸びを示した）である。このため、日本の対米輸出は急速に伸び（1955～75年に20.5倍となった）、1968年にはついに慢性的な対米貿易収支赤字は黒字に転換し、その後ほぼ一貫して黒字が定着した。

いま1つは、自由貿易体制を物とカネの両面で推進したガット・IMF体

制である。それは先進工業国を中心に貿易の拡大と経済成長に大きく寄与したと考えられるが，その中でもとりわけ日本にとって有利に作用したとみなされる。なぜなら，この体制の下で日本の輸出は他のすべての先進工業国の中で最高の伸びを示したからである。

日本にとって有利に作用した，いま1つの重要な要因は，重化学工業化に必要な原料およびエネルギーの両資源が安く，しかも必要なだけ確保することができたことである。とりわけ原油は1950年代以後中東での開発の進展に伴って増産され，60年代末に至るまでつねに安価で十分な供給が約束されていた。それ以外の，鉄鉱石などの1次産品価格も安定しており，1950〜60年代にかけて日本の交易条件は改善・維持された。

このように，内外環境に恵まれた日本経済は戦前をはるかにしのぐ高度の成長を達成し，終戦時の低開発状態から一気に先進状態へとかけ上がったのである。

c 経済計画と経済政策

高度成長は基本的には民間の経済活動の結果であるが，それがすべてでないことも事実である。そこには政府の積極的ないし消極的役割も多くみられる。政府の政策目的は経済計画に示される。図表8-12には戦後の主要経済計画が示されているが，高度成長期には1955年策定の「経済自立5ヵ年計画」(1955〜60年度）から「経済社会発展計画」(1967〜71年度），さらには「新経済社会発展計画」(1970〜75年度）まで入る。それをみると，経済成長の促進，完全雇用の達成，国民生活の向上がまず揚げられていることがわかる。その中でもとりわけ有名となったのが，池田内閣の策定による「国民所得倍増計画」(1961〜70年度）であり，10年間に年平均7.2％の成長率を実現することで，実質国民所得を2倍にするというものであり，それに必要な政策として次の諸点が不可欠とされた。すなわち，①公共投資の計画的配分や道路・港湾・都市基盤などの社会資本の充実を図ること。②産業構造の高度化を図ること。③人的能力の開発に力を入れ，国民の創意や工夫を発揮させるこ

と。つまり民間経済の自生的成長を誘導すること。④農工間，地域間，規模間の所得格差の解消。⑤科学技術の進行，などがそれである。

　これらのことが実現されるためにはさまざまな政策手段が採用されなければならない。まず低金利政策や積極的な通貨供給政策が推進された。また財政面でも積極的な有効需要拡大政策がとられたが，そこでの役割は一般会計に比べて機動的といわれる財政投融資が主として担った。それは1953～60年で年平均10.6％の伸びであったが，61～70年では年平均19.8％，61～72年では年平均20.3％，のそれぞれ伸びであった。それが高い経済成長率さえも上回っていることは明白である。

　経済政策は他方で成長の中核をなす産業を中心として推進された。産業の保護育成政策は高度成長期以前から行われていたが，とりわけ高度成長期には強力に推進された。政府の産業活動への介入には，特定の法律に裏づけられた制度的介入か，それがない介入（つまり行政指導）の２つがあり，しばしば後者が採用された。つまり前者は農業，運輸，通信，金融，サービスなどで多く，製造業では後者の形をとることが多かった。

　1950～60年代の産業政策は多岐にわたるが，そのうちのいくつかを取り上げてみよう。初めに，繊維産業政策をみてみよう。まず，1953年「合成繊維工業育成５ヵ年計画」が次官会議決定され，57年度合成繊維を年１億ポンド生産することを目標に，ナイロン，塩化ビニリデン，ビニロンへの優遇措置を実施することとなった。それは，具体的には，一方で需要を喚起し，他方では資金供給，税制上の優遇，電力の優先的供給，研究助成金の支給などを実行することである。

　1956年の繊維工業設備臨時措置法（繊維旧法）は1961年４月原綿輸入自由化を予想し，精紡機にも登録制の導入や過剰機械の買上げ廃棄などが行われた。その狙いは，①設備近代化，製品高級化，多様化，合繊化による輸出競争力強化，②過当競争の自粛，適正な輸出価格維持のための生産や設備の調整，などである。

196

図表8-12 長　期　経　済

名　称	諮問 答申 策定	策定時 内閣	計画期間 （年度）	計画の目的
経済自立 5ヵ年計画	1955. 7 1955.12 1955.12	鳩山	1956～ 1960 （5ヵ年）	経済の自立 完全雇用
新長期 経済計画	1957. 8 1957.11 1957.12	岸	1958～ 1962 （5ヵ年）	極大成長 生活水準向上 完全雇用
国民所得 倍増計画	1959.11 1960.11 1960.12	池田	1961～ 1970 （10ヵ年）	極大成長 生活水準向上 完全雇用
中期 経済計画	1964. 1 1964.11 1965. 1	佐藤	1964～ 1968 （5ヵ年）	ひずみ是正
経済社会 発展計画 －40年代への挑戦－	1966. 5 1967. 2 1967. 3	佐藤	1967～ 1971 （5ヵ年）	均衡がとれ充実した経済社会へ の発展
新経済社会 発展計画	1969. 9 1970. 4 1970. 5	佐藤	1970～ 1975 （6ヵ年）	均衡がとれた経済発展を通じる 住みよい日本の建設
経済社会 基本計画 －活力ある福祉社会の ために－	1972. 8 1973. 2 1973. 2	田中	1973～ 1977 （5ヵ年）	国民福祉の充実と国際協調の推 進の同時達成
昭和50年代前期経済計画 －安定した社会を目指 して－	1975. 7 1976. 5 1976. 5	三木	1976～ 1980 （5ヵ年）	我が国経済の安定的発展と充実 した国民生活の実現
新経済社会 7ヵ年計画	1978. 9 1979. 8 1979. 8	大平	1979～ 1985 （7ヵ年）	安定した成長軌道への移行 国民生活の質的充実 国際経済社会発展への貢献
1980年代経済社会の展望と指針	1982. 7 1983. 8 1983. 8	中曽根	1983～ 1990 （8ヵ年）	平和で安定的な国際関係の形成 活力ある経済社会の形成 安心で豊かな国民生活の形成
世界とともに生きる日本－経済運営5ヵ年計画－	1987.11 1988. 5 1988. 5	竹下	1988～ 1992 （5ヵ年）	大幅な対外不均衡の是正と世界 への貢献 豊かさを実感できる国民生活の 実現 地域経済社会の均衡ある発展
生活大国5か年計画 －地球社会との共存を めざして－	1992. 1 1992. 6 1992. 6	宮澤	1992～ 1996 （5ヵ年）	生活大国への変革 地球社会との共存 発展基盤の整備
構造改革のための経済 社会計画－活力ある経 済・安心できるくら し－	1995. 1 1995.11 1995.12	村山	1995～ 2000 （6ヵ年）	自由で活力ある経済社会の創造 豊かで安心できる経済社会の創 造 地球社会への参画

（注1）経済した経済指標は，上段が計画ベース，下段が実績である。
（注2）成長率の実績は新SNAベース（平成2暦年基準）による。
（注3）消費者物価上昇率は持家帰属分を除く総合指数による。

第8章 日本の経済成長と経済政策　197

計画の変遷

実質経済成長率（年平均）	名目経済成長率（年平均）	完全失業率（計画最終年度）	消費者物価上昇率（年平均）	経常収支尻（計画最終年度）
4.9%	−	1.0%	−	0億ドル
8.8%	14.1%	1.5%	1.8%	△0.1億ドル
6.5%	−	−	−	1.5億ドル
9.7%	15.0%	1.3%	3.6%	△0.2億ドル
7.8%	−	−	−	1.8億ドル
10.0%	16.3%	1.2%	5.8%	23.5億ドル
8.1%	10.6%	−	2.5%程度	0億ドル
10.1%	15.9%	1.1%	5.0%	14.7億ドル
8.2%	11.3%	−	計画期間末までに3％程度	14.5億ドル
9.8%	15.9%	1.3%	5.7%	63.2億ドル
10.6%	14.7%	−	年平均4.4% 計画期間末までに3％台	35億ドル
5.1%	15.3%	1.9%	10.9%	1.3億ドル
9.4%	14.3%	−	4%台	59億ドル
3.5%	14.5%	2.1%	12.8%	140.0億ドル
6%強	13%強	1.3%台	年平均6％台 計画最終年度までに6％以下	40億ドル程度
4.5%	10.0%	2.1%	6.4%	△70.1億ドル
5.7%前後	10.3%前後	1.7%程度以下	5%程度	国際的に調和のとれた水準
3.9%	6.5%	2.6%	3.6%	550.2億ドル
4%程度	6〜7%程度	2%程度	3%程度	国際的に調和のとれた対外均衡の達成
4.5%	6.0%	2.1%	1.6%	337.2億ドル
$3\frac{3}{4}$%程度	$4\frac{3}{4}$%程度	$2\frac{1}{2}$%程度	$1\frac{1}{2}$%程度	経常収支黒字の対GNP比を計画期間中に国際的に調和のとれた水準にまで縮小
4.0%	5.7%	2.2%	2.2%	1,259.0億ドル
$3\frac{1}{2}$%程度	5%程度	$2\frac{1}{4}$%程度	2%程度	国際的に調和のとれた対外均衡の達成
4.0%（4〜6年度平均）	1.0%（4〜6年度平均）	2.9%（6年度）	1.1%（4〜6年度平均）	1,250.1億ドル（6年度）
3%程度（8〜12年度）	$3\frac{1}{2}$%程度（8〜12年度）	$2\frac{3}{4}$%程度	$\frac{3}{4}$%程度（8〜12年度）	経常収支黒字の意味ある縮小につながっていく

1964年には繊維新法といわれる「繊維工業設備等臨時措置法」ができ，化合繊糸は規制対象外となった。2台廃棄すれば1台の設備新設が認められるという「スクラップ・アンド・ビルド」の原則の下に，合理化，設備近代化が推進され，それに必要な開銀融資，特別償却を認める調整援助が行われた。また，その後特定繊維工業構造改善臨時措置法（特繊法，1967年）ができ，それも過剰設備の廃棄，設備近代化，企業規模適正化，を目的とした。

　次に電子工業についてみてみよう。1957年に「電子工業振興臨時措置法」（電振法）が制定され，それは主に家庭電子工業を対象とするもので，コンピュータの育成そのものを目指すものではなかった。しかし，「研究開発を促進すべき機種」「工業生産を開始すべき機種」「生産の合理化を促進すべき機種」が選定され，それに通産省が振興政策を実施することをも目的としていた。そのめたの具体的対策としては，試験研究補助金の重点的交付（1957〜68年にかけて36.4億円を交付），生産合理化機種には日本開発銀行から長期低利資金の貸付（1957〜68年計73.6億円），その他，企業合理化促進法に基づく特別償却が大幅に適用された。そのとき研究開発対象に指定されたものにコンピュータ，オートメ用工業計器があり，その後の成長をみてもわかるようにその効果は大きかった。またこの時期，通産省が主導したプロジェクトにFONTACプロジェクトがある。それは1961年に施行した「鉱工業技術研究組合法」に基づいて大型コンピュータの開発を目的とした「電子計算機技術研究組合」が1962年9月に設立されて，そこに日本電気，沖電気および富士通が参加し，通産省（工業技術院）の援助により各社が得意とする分野を担当して共同開発をすることが目指された。1960年代前半までの政府の産業政策の重点は鉄鋼，石油化学，自動車などであった。そこで，鉄鋼と自動車の両産業をみることにしよう。

　鉄鋼業は，1951年から通産省産業合理化審議会答申に基づいた合理化施策要綱の下で第1次合理化計画が実施され，本格的な設備投資が開始された。それは圧延設備近代化を目的としていた。第2次合理化計画（1956年から実

施）では，その他に，高炉，LD 転炉の増設と大型化，一貫生産体制の整備に重点がおかれた。

　1960年以後の設備投資はふつう第3次合理化計画といわれるが，それは既存の各工場の設備拡充と並んで，新たにできた臨海工業地域に大規模な一貫製鉄所が建設された。生産能力は第1次より第2次で，第3次ではさらに大きく拡張された。逆に，単位生産費は持続的に低下傾向を示し，輸出比率は1955〜59年で16.1％（平均）であったが，65〜69年では，24.6％（平均），70〜74年28.2％，75〜77年37.2％，と急速に上昇していった。

　次に自動車産業をみると次の通りである。まず，戦後，自動車産業の位置づけについては政府内部に自由化論（日銀）対育成論（通産省）の意見対立があり，朝鮮特需が育成論に味方したといわれる。そして通産省と自動車メーカーの間で1951年話し合いの結果，①外国メーカーの国内への投資や輸入車からの保護，②外国技術を国内メーカーに有利な条件で導入すること，③政府が資金援助すること，などの方針が決定された。その結果，保護関税，国産車に有利な物品税制，外貨割当による輸入制限，外資規制などの保護政策がとられた。たとえば，60年代を通じて国産メーカーが小型車に力を入れたため，小型車への関税率が最高であったし，物品税の税率格差が大型輸入車に不利になるよう設定されたりした（54年4月〜62年3月での税率は普通乗用高級車50％，同普通車40％，小型乗用車20％）。

　また，自動車産業の育成策としては，政府系金融機関による低利資金供給，補助金交付，特別償却，所要機器の輸入関税免除，所要技術導入の認可，などが行われた。これらの中でもっとも重要なものは日本開発銀行による融資である。自動車産業の出発の時点（1951〜55年）でもっとも必要な資金が大量に供給された。すなわち，1951〜55年に，設備投資額に占める融資額の比重は年平均6.4％であった。

　「機械工業振興臨時措置法」（機振法，1956年5月）が制定されると，自動車部品も17業種の育成対象業種の1つに選定されたため，開銀から1次部品

メーカー，中小企業金融公庫からは2次部品メーカーにそれぞれ融資が行われた。機振法は指定業種について合理的生産体制の確立，設備近代化，輸出振興，技術振興，原材料対策の総合的推進を目的とする，5年間の時限立法であるが，1961年，62年と改正され，対象業種も部品から自動車用機械器具，内燃機関，産業車輛などに拡大された。機振法に基づく開銀と中小企業金融公庫による融資は，1956年から70年までの15年間で合計529社，347億8,900万円に上った。

さらに補助金として，委託事業費の交付（自動車技術会，日本小型自動車工業会など）が1951～59年で3億6,900万円，特別償却制度は租税特別措置法が規定する合理化機械に対し，初年度は½，重要機械については3年間50％増の特別償却が認められた。また，所要機器の輸入関税免除は関税法の特別ないし関税暫定措置法によって，国内生産が難しいが作業工程がどうしても必要なところに使用される機械輸入に適用されるというものであった。技術導入もノックダウン輸入が一時的に認可された。

このような保護育成策により日本の自動車産業は早くも60年代には幼稚産業の域を脱し，1960年には16万5,000台生産されて7,000台（対米1,000台）が輸出され，輸出依存度も4.2％に達し，1970年には317万9,000台中72万6,000台（対米は23万3,000台），輸出依存度は22.8％に達した（75年には40％，80年には56.1％）。これをみれば欧米より遅れて出発した日本の自動車産業がいかに政府の保護・育成政策に助けられて急速に成長したかがわかる。

以上で日本の高度成長期の産業政策を中心とした経済政策をみてきたが，それらも基本的には経済計画に基づくものである。つまり，日本の経済計画は，しばしば指摘されるように，望ましい経済社会発展の方向づけ，その実現のためにとるべき政府の政策の方向づけ，および国民や企業への活動の指針の提示，という3つの性格をもち，それが高度成長期にいかんなく発揮されたのである。

第4節 安定成長と経済政策
a 石油ショック後の日本経済

　1973年の第1次石油ショックは同年発生した第4次中東戦争によってアラブ石油輸出国機構がとった石油禁輸措置によって発生した。日本はそのエネルギー源を石油に大きく依存しており，石油輸入が困難になったり，その後の原油価格の急騰は国内物価や国際収支に重要な影響を及ぼした。1974年には卸売物価は年率31.6％も上昇し，消費者物価も24.4％上昇した。1970年代に入って世界的な過剰流動性とインフレ心理が拡大していたし，1972年に発生した世界的食糧不足は，国際1次産品価格を急騰させており，世界的な需要インフレ傾向があった。このため，インフレは加速されることとなった。日本国内でも1972年に発足した田中内閣が列島改造の福祉充実のための大型予算を組んだことが，1969〜72年における国際収支の大幅黒字により異常なマネー・サプライの増加を招いて，72年秋からの物価高騰を惹起していたところに加速要因となっていた。1973年に70年代初めからの為替政策，金融政策，財政政策の失敗により異常な状態に陥っていたところに，先進主要国が変動相場制に移行した（73年2月）。このため，73〜74年にかけて，激しいインフレ，成長率の低下，国際収支の大幅赤字などが生じたが，これは先進国中でももっとも変動の激しいものであった（図表8-13参照）。

　この状態から回復するのに3年ほどを要したが，79年4月イラン革命を契機に再び石油危機が生じて，またも79〜80年に激しいインフレ（卸売物価1979年13.0％，80年12.8％，消費者物価79年4.8％，80年7.8％）と国際収支の悪化（貿易収支は1975年以来の赤字24億ドル，経常収支は1974年以来の赤字138億ドル）に見舞われた。第2次石油危機は前回ほど経済成長率を低下させなかったが，それは内需，とりわけ民間設備投資が好調だったためである。経済不均衡も前回より早く調整でき（2年），80年代の安定的な成長へとつながっていった。

図表8-13　1971～82年度の主要マクロ指標

	①実質GNPの伸び（%）	②鉱工業生産の伸び（%）	③民間企業設備投資の伸び（%）	④WPI（%）	⑤CPI（%）	⑥マネー・サプライ(M2+CD)の伸び(%)	⑦貿易収支(IMF方式, 100万ドル)
1971	5.3	1.9	△3.7	△0.8	5.6	24.0	—
1972	9.7	10.3	6.7	3.3	5.3	25.1	8,333
1973	5.3	12.5	14.4	22.6	16.1	15.1	789
1974	△0.2	△9.7	△8.5	23.5	21.8	11.3	3,940
1975	3.6	△4.4	△3.6	2.0	10.4	15.4	5,843
1976	5.1	10.8	1.8	5.5	9.4	12.8	11,148
1977	5.3	3.2	2.3	0.4	6.7	10.5	20,335
1978	5.1	7.0	9.7	△2.3	3.4	12.9	20,531
1979	5.3	8.2	10.3	13.0	4.8	9.7	△2,438
1980	4.5	2.2	7.7	12.8	7.8	6.9	6,766
1981	3.3	2.0	4.4	1.3	4.0	10.8	20,358
1982	3.3	△0.6	1.2	1.0	2.4	7.6	20,141
1973～82	4.1	3.1	4.0	8.2	8.7	11.3	—

出所）　経済企画庁『経済要覧』同『日本経済指標』，大蔵省『主要経済指標』，日銀『国際比較統計』，その他

注）　①マネー・サプライは年度末残高，②1973～82年は平均，③△印はマイナスを示す，④それぞれの伸びは対前年増加率

　この間に行われた政策は新たな時代に応じたものであり，それは少なくとも次のような認識に基づくものであった。すなわち，①日本経済を取り巻く与件の変化とそれに伴う構造上の変化への対応，②高度成長時代に確立した資源浪費型の産業構造からの脱皮と新たな産業構造確立の必要性，③貿易収支の慢性的黒字の解消の必要性，である。

　日本経済を取り巻く与件の変化の中で最大のものは，石油危機によるエネルギー・コストの高騰である。そのため，資本と労働の限界生産力は低下し，実質賃金と資本単位当り収益は低下し，経済成長率は10%台から1976～79年の5%台，さらには81～83年の3%台へと下方に屈折した。この過程でどのような政策がとられたのであろうか。これを次にみることにしよう。

b　安定成長への経済政策

　第1次石油危機直後には，一方で狂乱物価とそれを抑えるための需要抑制政策（たとえば民間設備投資や建設投資への行政指導，公定歩合の引上げ，1974年公共事業費の伸び率ゼロへの抑制など）がとられたから，戦後最大の

不況が生じ，その上また国際収支は悪化していたため三重苦に悩まされることとなった。ここから脱して安定した成長（ソフト・ランディング）軌道に移行することが最大の政策課題であった。

1976年に策定された「昭和50年代前期経済計画」は計画の目的として「わが国経済の安定的発展と充実した国民生活の実現」を掲げ，目標成長率を年6％強においた。物価上昇率（CPI）は計画最終年度までに6％以下とすることが決定された。そこでは，資源，エネルギー，環境など国土資源の供給制約を意識して，需要バランスの回復を課題とした。また，1979年に策定された「新経済社会7ヵ年計画」では，「安定した成長軌道への移行，国民生活の質的充実，国際経済社会発展への貢献」を掲げ，また経済部門間の不均衡の是正，産業構造の転換とエネルギー制約の克服，新たな日本型福祉社会の実現，の3つが経済運営の基本的方向となった。ここでは成長率は年率5.7％，消費者物価は5％程度とされた。

それでは具体的にどのような産業政策や経済政策がとられたのであろうか。その主なものをみてみよう。産業政策は一般に供給サイドの生産力側に関連した政策だから，高度成長期には生産力の拡大に大きな力を発揮したが，安定政策期では受動的とならざるをえない。つまり，高度成長期に生じた「ひずみの是正」，国際通貨危機や石油危機への対応，それら国際経済危機に基づいて生じた国内および国際的調整といった点にみられるような，受動的で消極的な政策が中心となった。つまり，1970年代以降，産業政策を採用する場合，これまで所与としてきた制度的与件に変化が生じたため，これに対応することが第1に必要となったのである。その1つは，1971年以降相ついで公害裁判が結審し，それを機会に自然環境保護を主とした産業化への転換が生じたこと。また石油危機後カルテルが頻発し，それをきっかけとして独禁法の改正（1977年）と強化が生じた。そしてまた他方で，高度成長期に国際競争力が高まった産業の側でも将来を見すえて，しだいに意識の変化が生じてきたことである。たとえば，省エネ・省力化などを中心に生産力を向上さ

せたり，品質管理の強化やニーズの多様化に応じた製品の開発，長期的な産業構造変化に対応した技術開発とそのための研究開発への積極的対応，などがそれである。産業・企業の多くはこれに成功し，さらに国際競争力が強化され，底の深い生産基盤を身につけていった。このことが産業の側でかつてのような政府主導の産業政策を必ずしも歓迎しない雰囲気も生まれ，政府主導から政府が脇役に回り，産業・企業に活動しやすい環境の整備や情報の提供を求める傾向が強まったといえよう。国際的にも，保護主義の抬頭などから，国内産業の保護・育成を強力に推進することは困難な状況が生まれたことも，重要な与件の変化の1つといえよう。そこで産業政策の目的自体，70年代以降しだいに変化してきた。1970年5月に産業構造審議会が出した「70年代の通商産業政策」(「70年代ビジョン」)以降その見直しとしての「産業構造の長期ビジョン」(「75年ビジョン」)，「80年代の通商政策ビジョン」(「80年代ビジョン」)が発表され，それぞれ政策目標が明示された。そこでは「70年代ビジョン」が土台となって，その後のビジョンは時代環境の変化に対応して修正されているにすぎないので，まず「70年代ビジョン」が示した目標をみておこう。それは，産業政策の目標を次の3つに要約している。①成長追求型から成長活用型の経済運営へ（たとえば，労働環境の改善，社会資本の充実，教育の充実，研究開発投資および国際協力支出の増大など)，②市場機構の最大限の活用（政策介入や産業保護の行きすぎのいましめ）による資源配分を行うこと。これは高度成長期以前の，従来の政策原理への復帰を目指すものである。③産業構造を重化学工業化から知識集約型産業（加工組立産業）中心への転換，がそれである。

　これらの土台の上に75年，80年の両ビジョンでは時代環境の変化に対応してエネルギー政策と先端技術開発政策が加えられ，とりわけ後者では創造的知識集約型産業構造の形成が強調された。これらの産業政策の目的に合せて具体的に産業政策が実施された。主なものをあげると次の通りである。1973年には石油需給適正化法と国民生活安定臨時措置法ができ，それらを使った

物価対策やエネルギーの安定確保を目指す緊急対策がとられた。また60年代後半以降とられてきた公害対策（1971～73年の公害関係法の整備と公害規制行政），列島改造政策（1973年の工業再配置促進法制定），中小企業対策，などが産業政策の中心であった。しかし，1976～78年には，貿易摩擦が多発したために，それに伴って国際調整や長期不況産業に対して，1978年の特定不況産業安定臨時措置法などにより産業調整が行われた。また，産業構造の知識集約化構想に基づき，特定機械情報産業振興臨時措置法が1978年に制定された。その結果，先端産業であるコンピュータ，航空機産業，ICなどへの育成政策が一段と強化・実行されることとなった。

c　具体的産業政策――コンピュータの場合

たとえば，コンピュータ産業をみると，50年代から60年代前半にかけて初期の育成政策がとられた後，60年代後半から通産省は本格的な育成にのり出した。1966年3月通産省は電子工業審議会に育成のための方策を諮問して，「電子計算機工業の国際競争力強化のための施策」なる答申をえた。それには産業育成の目標と具体的プログラムが示された。つまり，目標には独立した技術面の優位性の確保，国産企業のシェアの拡大と収益性の改善などが，またプログラムには大型コンピュータの共同製作，周辺機器生産の合理化，国産メーカー7社の共同出資による日本電子計算機株式会社（JECC）の強化，技術者養成などが指摘された。これはその後のコンピュータ産業育成の基本的な戦略を規定する意義をもつものであった。

そして，これらの目標やプログラムの実行に必要な資金の裏付けがなされた。1966年頃から研究開発費補助と開銀融資が大幅に増加し，71年6月以降自由化が開始された。そのための対策として機械工業と電子工業の一体的振興を図るための「特定電子工業および特定機械工業臨時措置法」（「機電法」）ができ，それに基づく電子計算機の高度化計画が1971年11月告示された。それは試験研究計画（イ号計画）と生産合理化計画（ハ号計画）から成り，イ号計画の中心は1972年度からできた電子計算機開発促進費補助制度で，4種類

の補助金が作られた。ハ号計画は電子計算機の本体とか周辺の機器，端末装置のそれぞれに性能，品質，生産費引下げなどの目標を示して，国際競争に対抗しうるものを要請するためのものであった。

このために，政府は補助金を与えて研究開発を助け，自由化の時期を操作することで新機種の開発の促進を図ることに効力を発揮したといえる。1978年には「機電法」に代って，電子・機械工業と情報処理産業とを，機械情報処理産業として一体化したものとして扱うとともに，その後の知識集約的産業構造のまさに中核産業たるものに成長することを期待し，その振興を図るための「特定機械情報産業振興臨時措置法」(「機情法」)が制定された。その結果，ソフトウェア技術や日本語処理技術などの開発を推進するなどのために，2つの研究組合ができ，5ヵ年計画(1979～83年)で総額700億円，うち補助金は200億円(28.6％)が支出されることとなった。同時に，大型プロジェクト(1979年)も8年計画，総事業費180億円で開始し，「80年代の情報化及び情報産業のあり方並びにこれらに対する施策」(81年6月)なる答申が出され，創造的知識集約化産業形成の中核としての役割を担うべきことが示された。

このようなコンピュータ産業の育成政策として政府は上記の政策措置の他に，まず企業合理化促進法による合理化機械特別償却制度(1971年まで)，電子計算機買戻損失準備金制度(1968年以降，1972～82年度390億円)，電子計算機の特別償却制度(1970～78年)，電子計算機の固定資産税の軽減(1971～80年)，プログラム保証準備金制度(1972～77年)，重要統合機械装置特別償却制度(1978年～)，汎用ソフトウェア開発準備金制度(1979年～)，などの租税特別措置がある。また補助金も，電振法および機電法に基づく研究開発促進費補助金(1957～72年，約27億円)，情報処理振興事業協会への補助金(1971～83年度，230億円)，パターン情報処理システムの開発(1971～80年，220億円)，電子計算機新機種開発促進費補助金(1972～76年，571億円)，周辺装置等開発補助金(1972～76年，45億円)，情報処理産業振興対策補助金(1973～75年，

30億円),ソフトウェア生産技術開発計画(1976〜81年,66.2億円),超LSI補助金(1977〜80年,291億円),次世代電子計算機用基本技術開発促進費補助金(1979〜83年,222億円),などの他にも80年代から90年代にかけて大型プロジェクトが次世代(たとえば第5世代)コンピュータの研究開発用に設定され,それへの巨額の補助金が与えられてきた。

1970年代から80年代にかけての産業政策は70年代に生じた構造的変化を反映して,概して内外の経済的変化に対応した,その場しのぎの,消極的で受動的な政策が多かった。しかし,コンピュータ産業に見られるように,他方で時代の先端を行く,いくつかの産業についてはその育成・強化の政策が実施され,その評価はむずかしいとはいえ,それが80年代以降の国際経済競争の中で力強い発展を示しえた,最大の要因の1つであることはまちがいないであろう。

第5節　国際調整下の経済政策

a　バブル経済の発生

以上できわめておおざっぱに戦後の日本の経済過程と経済政策とをみてきた。そこには時代や内外環境の動きを反映して,大きな変化がみられる。たとえば,戦後復興期には,戦後処理,インフレ,集中排除などの影響で弱体化した企業をいかに建て直すかが重要な政策課題であったが,産業政策としてはまず生産の再開から始まり傾斜生産方式が導入された。1949年のドッジ・ライン以降,産業政策の目的は産業合理化に移り,とりわけ輸出競争力の妨げとなっていた高炭価,高鉄価の問題を解決するため,鉄鉱第1次合理化計画,石炭鉱業合理化計画,電源開発5ヵ年計画,計画造船などの産業合理化計画が,1950年代前半にそろってスタートした。

50年代後半に入ると,高度成長期にさしかかり高い経済成長率による生活水準の向上,完全雇用の達成などの政策目的に合せて,各種産業の育成政策がとられ,そのために必要なマクロ経済政策(税制,財政投融資などが中心)

が採用された。産業内調整のために，日本特有の行政指導も行われた。

　高度成長期の産業政策は，一方で貿易・資本の自由化を進め，他方でそれに耐えうる産業体制を整備することであるという評価も可能である。むろん，それは別の面からみれば，日本経済の近代化を通じて国民の生活水準の向上と安定を実現するためともいえよう。そのために必要な各種マクロ経済政策が産業政策と並んで実施された。

　1970年代に入り，とりわけ石油危機以後は日本経済を取り巻く環境の変化に対応すべく，一方で受動的・消極的な政策がとられたが，他方では先端技術分野（たとえば，IC，コンピュータ，ロボット，新素材など）での技術開発や創造的知識集約化産業を形成するための産業政策がマクロ経済政策とともに実施された。その結果，日本経済は80年代以降しだいに構造的変化をなしとげ，世界経済をリードする国の1つとなった。

　この間の日本経済の動きを平成元年版の『経済白書』は以下のように要約している。第2次世界大戦後においては，国際環境にも恵まれ，終戦から昭和30年までは戦後復興の時期であった…復興をとげた日本経済は，国際収支の天井による引締め，景気後退をはさみながら，神武景気（30年代前半），岩戸景気（30年代半ば），いざなぎ景気（40年代前半），と平均10％以上の高度成長をとげた。「所得倍増新計画」の策定（35年）の下で，「投資が投資を呼ぶ」設備投資ブームと三種の神器（洗濯機，テレビ，冷蔵庫）から3C（乗用車，カラーテレビ，クーラー）へという消費ブームがこれを支えた。この間，「IMF8条国」への移行（39年）など，開放経済体制の整備が行われるとともに，40年代に入るとしだいに国際収支黒字が定着していった。40年代以降，世界経済は国際通貨制度の動揺，2度にわたる石油危機等から揺れ動き，日本経済もまた「列島改造ブーム」と「第1次石油危機」後の「狂乱物価」，貿易赤字転落，その後のスタグフレーション，構造不況業種の出現，大幅な財政赤字等さまざまな困難に直面した。

　しかし，日本経済は企業・家計の柔軟的対応によって合理化，省エネ化等

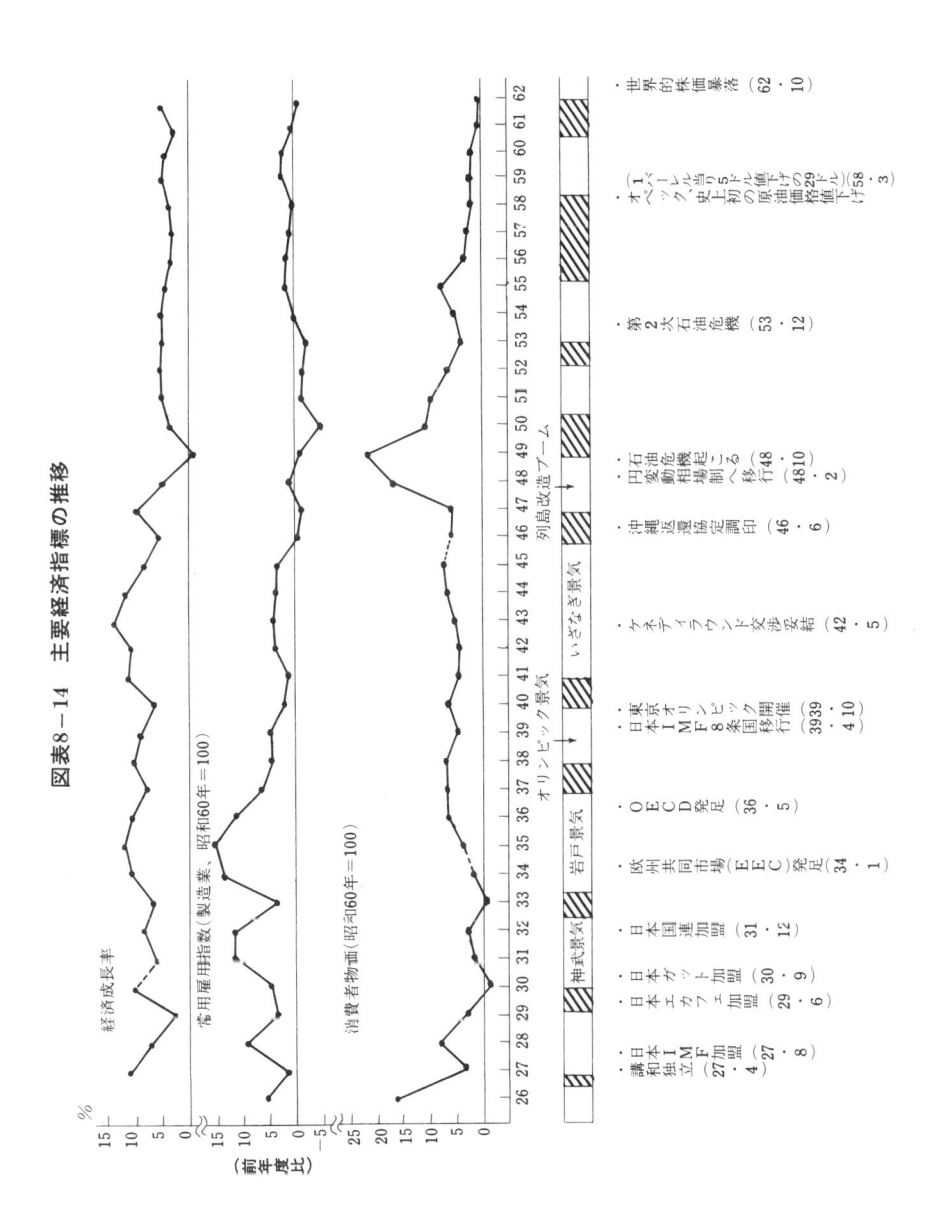

第8章　日本の経済成長と経済政策　209

図表8-14　主要経済指標の推移

経済成長率

信用雇用指数(製造業、昭和60年=100)

消費者物価(昭和60年=100)

神武景気		岩戸景気		オリンピック景気			いざなぎ景気			列島改造ブーム				第2次石油危機					オイルショック				

・講和独立(27・4)
・日本IMF加盟(27・8)
・日本ガット加盟(30・9)
・日本エフタ加盟(29・6)
・日本国連加盟(31・12)
・欧州共同市場(EEC)発足(34・1)
・OECD発足(36・5)
・日本IMF8条国移行(39・4)
・東京オリンピック開催(39・10)
・ケネディラウンド交渉妥結(42・5)
・沖縄返還協定調印(46・6)
・円石油変動相場制に移行(48・2)
・第1次石油危機(48・10)
・第2次石油危機(53・12)
・OPECスポット当り史上初のドル値下げ原油価格29ドル値下げ(58・3)
・世界的株価暴落(62・10)

産業構造の転換を進め，インフレを克服し，国際競争力を強めて持続的成長の基礎を再び築いた。50年代後半以降，臨調・行革審の提言を受けた行政改革の下で，民間企業の活力が喚起された。同時にアメリカの貿易赤字，日独の黒字拡大という先進国間の対外不均衡が生じ，これに対して60年以降，国際協調の下で大幅な通貨調整が行われた。日本経済は大幅な円高に積極的に適応し，当初の「円高不況」を克服し，財政金融政策の支援も受けて，内需主導型成長が実現した。平成を迎えた日本経済は，景気回復から3年目に当り，「いざなぎ景気」以来の力強い景気上昇の中にある。まさに順風満帆の日本経済である。

そこで，図表8-15により，80年代後半の日本経済をおおざっぱに知るため，いくつかの統計数字をみておこう。まず経済成長率は，1985～90年では1976～85年の10年間の成長率を上回っており，いぜん日本経済がかなりの成長力を有することがわかる。これを他の先進諸国と比較すると，アメリカは1976～85年で年率2.9％，イギリス1.7％，フランス2.2％，西ドイツ2.3％，カナダ2.7％，イタリア2.4％であるから，日本はいずれの国よりも高い。1985～90年でも，それぞれ，2.9％，3.0％，2.8％，3.0％，3.4％，3.1％（イタリアのみ1985～89年）であり，各国とも若干上昇しているが，日本のそれとは差がある。物価は近年やや上昇傾向を示しているものの，西ドイツに次いで安定しており，労働力不足を考慮に入れれば，きわめて安定しているといえる（西ドイツは失業率が1991年2月現在6.2％，同3月現在卸売物価は1.8％，消費者物価は2.5％の対前同月比で上昇を示している）。輸出はほぼ順調であり，経常収支は1981年以来大幅黒字を示し，1990年には久しぶりに基礎的収支でも総合収支でも黒字となった。マクロの数字でみる限り，全体的に日本経済は他の諸国のうちもっとも秀れたパフォーマンスを実現したといえる。

b　国際協調と経済政策

それでは近年日本経済には問題がないのかといえば必ずしもそうではない。そこで，80年代に入り1983年に策定された「1980年代経済社会の展望と指針」

第8章 日本の経済成長と経済政策　211

図表8-15　最近の日本経済の主要指標

	①経済成長率(%)	②WPI(%)	③CPI(%)	④輸出(%)	⑤輸入(%)	⑥長期資本収支	⑦総合収支	⑧基礎的収支	⑨有効求人倍率	
									Ⓐ新規	Ⓑ有効
1985	4.4	△3.3	1.9	3.4	△4.8	△73,177	△15,599	△18,158	0.95	0.67
1986	2.6	△9.4	0.0	18.1	△4.5	△144,680	△43,944	△50,541	0.91	0.62
1987	4.9	△2.0	0.5	9.2	13.7	△119,465	△15,979	△34,991	1.20	0.76
1988	5.9	△0.7	0.8	15.7	28.5	△121,400	△13,722	△44,126	1.63	1.08
1989	4.8	3.5	2.9	3.8	16.9	△99,720	△57,306	△46,565	1.93	1.30
1990	5.8	1.6	3.3	8.1	11.2	△16,888	961	16,928	—	1.43
1976〜85	4.5	2.7	4.6	12.2	8.4	△45,109	△18,241	14,114	—	—
1985〜90	4.7	△1.7	1.6	9.7	10.2	△95,888	△24,265	△29,576	—	—

出所）　日本銀行『国際比較統計』日本経済新聞　1991年5月20日，経済企画庁『経済要覧』他
注）　Ⓐ①〜⑤は対前年増率，Ⓑ④〜⑧は年度，Ⓒ⑥〜⑧100万米ドル，Ⓓ△はマイナス，Ⓔ⑥〜⑧の1976〜85，1985〜90は年平均

図表8-16　主要国の主要指標

	①経済成長率(%)		②WPI(%)		③CPI(%)		④失業率(%)	⑤経常収支(年平均)
	1976〜85	1985〜90	1976〜85	1985〜90	1976〜85	1985〜90	1991	1984〜90
アメリカ	2.9	2.9	5.8	2.4	7.2	3.9	6.8(3月)	△123,891 (100万USドル)
イギリス	1.7	3.0	10.3	4.8	10.7	6.0	7.4(3月)	△7,177 (100万ポンド)
フランス	2.2	2.8	9.0	2.5ⓐ	10.0	3.6	9.0ⓑ	△192 (億フラン)
西ドイツ	2.3	3.0	4.0	0.6	4.0	1.5	6.2(2月)	624 (億マルク)
カナダ	2.7	3.4	7.6	2.5ⓐ	8.1	4.4	—	△6,510 (100万USドル)
イタリア	2.4	3.1ⓐ	14.0	3.8	15.0	6.2	11.0ⓑ	△13,133 (10億リラ)
韓　国	8.1	9.7	11.8	0.8	17.5ⓐ	4.2ⓐ	2.7(3月)	5,275 (100万USドル)

出所）　日本銀行『国際比較統計』，IMF, *International Financial Statistics*, 1990, 日本銀行『国際収支統計月報』1991年6月，他
注）　ⓐ＝1985〜89，ⓑ＝1990，ⓒ＝1984〜89，ⓓ＝1984〜88

が示したように，1980年代は「創造的安定社会の構築」がまず目指された。そのために，①行政の改革と財政改革の推進，②技術革新の進展をふまえた，産業構造の高度化に支えられた新たな成長への前進，③民間活力の役割の重視と活用（このため民営化が進展した），④国際協力の推進，などが取り組むべき課題とされた。また，1988年5月に策定された「世界とともに生きる日本──経済運営5ヵ年計画」は大幅な対外不均衡の是正，豊かさを実感できる国民生活の実現，地域経済社会の均衡ある発展の，3つの内外の不均衡の是正を掲げている。ここでの認識は1980年代に顕著であった財政赤字などもしだいに解決されて，残された不均衡はこの3つであるということであろう。まず対外不均衡の問題は日本の大幅な黒字基調であり，日本の輸出経済体質が国際経済，とりわけアメリカ経済に打撃を与えているとみなされ，対外摩擦を激化させてきた。日米摩擦は昨今の課題ではなく，終戦以降ずっと存在するといってもいいほど，古くて新しい問題である。だが，とりわけ，1971～72年の繊維製品輸出の急増（日米繊維協定で決着），1977～78年鉄鋼，カラーテレビの輸出の急増（鉄鋼はトリガー価格制度の導入，カラーテレビは市場秩序維持協定ができて，日本の輸出自主規制で決着），1981年以降の自動車，VTR，半導体，などの先端技術分野での摩擦（自動車は自主規制，半導体はアメリカ国内でのシェアを1992年末までに20％にすること，第3国市場でのダンピング監視などについての合意がえられ，日米半導体新協定が結ばれることとなった），がこれまで話題の中心となってきた。これらの貿易摩擦もこのところ対象が拡大し，商品からサービス，さらには国内の商慣行，経済政策のあり方，日本の経済・社会の体質そのものなど，すべての問題が摩擦の対象となり，1989年から日米構造協議が定期的に開催されるに至っている。そこでアメリカ側が日本側に示した課題には次のものがある。①日本の不透明な価格決定のメカニズム（たとえば内外価格差の解消）の改善，②地価を低下させるべき地価政策の実施，③アメリカ製品が日本で流通可能となるように，閉鎖的な流通機構の改善を図ること，④貯蓄・投資のアンバ

ランス（日本の過剰貯蓄体質）の改善，⑤排他的取引慣行の改善，⑥アメリカ企業の参入を阻害している系列，企業グループの開放化，などがある。これらの問題の解決に日本が努力しなければスーパー301条（不公正取引慣行への報復措置を定めたもので，1988年制定の「包括通商・競争力法」での条項）に基づき報復措置をとれることとなった。ところで，日米協議の現時点での中心問題は，構造協議として，アメリカ側は日本の独禁法強化（カルテル課徴金を売上高の10％以上にすることを要求），日本の企業系列と排他的取引慣行の是正（たとえばアメリカは社外重役制度，東証の株式上場基準に浮動株比率を導入すること，株主総会での特定取締役候補に投票を集中させる累積投票制度や非居住者株主の委任投票権制度の導入，企業に対し株主が起こす訴訟の制度の整備，個人株主増大のため証券取引所の上場基準を厳しくすることなど）を求め，日本側はアメリカの貯蓄増強などによる財政赤字の解消，米企業の投資活動の奨励と競争力の強化，輸出への規制の自由化などを求めている。建設協議では，アメリカが大規模公共事業への参入を要求し，米企業に日本が特例措置を与える事業数を現在の17から27程度に増加する提案を出し，決着の予定である。

　これらの動きをみると，国際収支の黒字を減少させて内需拡大と輸入体質を定着させる国際協調の問題と，内需拡大による国民生活の質的向上を図って国民福祉充実，という2大政策目標が相互に無関係ではないことを明確化したことがわかる。つまり，日本経済はいまや内と外を分けた政策運営は許されなくなったのである。それは，グローバリズムの進展を前提とするものであり，そこで日本経済に要請される問題は国際協調である。それゆえ，この問題を中心に日本の経済政策の問題を考えてみよう。

　まず日米摩擦は多くの問題を明らかにした。その原因の一部はむろんアメリカ側にもある。だが，これを主として日本の問題としてみると，まず日本経済が発展するために必要であった，いくつかの条件（たとえば，加工型貿易に必要な原燃料の輸入とそのための外貨獲得を可能にする輸出産業中心の

経済構造の形成など）と無関係ではないことがわかる。そこで輸出中心型の経済構造を内需中心の経済構造に転換すべきであり，それは「世界とともに生きる日本」という「経済計画」の実現の目標とも一致する。その計画で重点課題とされた,「豊かさを実感できる多様な国民生活」には，土地対策の推進と住生活の充実，労働時間を1992年度までに1,800時間程度に短縮，内外価格差の解消などの物価構造の是正などが強調されている。また，「前川レポート」「新前川レポート」を受けた産業構造調整については，市場原理を基とした新規産業の創出のために環境を整備すること，農業政策では生産者と同時に消費者などの立場を考慮した政策運営をすることが盛り込まれている。対外不均衡の是正と世界への貢献では経済協力の重視，ODA の質と量の充実が目標となる。この他資本市場の自由化，国際化なども重要な政策課題である。

　これらのことから，内政干渉ともいえるほどの日米構造協議でのアメリカ側が日本に出した改善要求とそれを受けた形での「前川レポート」と，それに基づく「経済計画」とが実現しようとしていることは，日本側からみれば国際化を通じての「日本国民の生活水準の向上と国際貢献」ということである。それはまた日本経済の持続的成長を可能にする唯一の方向といってよい。このため「日本経済の国際化」が重要な課題となる。そこで，この点を中心に日本の政策問題をみると，それは，次の2つの面から考えることができる。1つは，日本の対外的側面での諸問題（製品輸入の増大，市場開放，外国人労働者の受け入れ，政府開発援助など）と国内問題（たとえば，構造調整）である。これらはこれまですでに部分的には若干の進展がみられるものの，いぜんとして日本経済や日本社会の特質とも関連するだけに，その解決には相当の努力と時間がかかる可能性がある。しかし，日本経済の持続的成長を実現していこうとすれば避けて通ることのできないものが多いことは確かであろう。

　このようにみてくると，現在の日本経済はいざなぎ景気以来の大型景気の

中で比較的順調に推移してきたが、グローバリゼーションという、新たな時代を迎えており、それへの積極的な対応が迫られている。一国繁栄主義から世界経済の繁栄への責任と貢献を果たす中で、日本経済をどうカジ取りしていくかが最重要課題として登場してきたといえよう。

第6節 バブル崩壊と日本経済転換へのシナリオ
a バブル崩壊後の日本経済

このように、80年代後半の日本経済は年率4.7％で成長し、先進国では異常ともいえる高度成長であった。この間の事情を、平成2年度（1990年度）の『経済白書』は次のように述べている。「今回の景気上昇局面は、設備投資、個人消費などの国内需要が自律的な拡大を続けていることにみられるように強い持続力がある。一方、賃金・物価の安定等のインフレなき持続的成長にとって必要な環境条件も当面は問題がないと考えられるので、今回の景気上昇局面は長期拡大の様相を呈しているものといえよう。」（17ページ）確かに、80年代後半は、内需の拡大が強調され、それを実現する努力が行われた。

だが、他方では好調な輸出にも支えられて、対外収支は大幅な黒字を記録して外貨は急速にたまり、急激な円高のため企業の海外進出が活発化して、経済は空洞化した（その結果、製品輸入が増加し、やがて日本の輸出を減少させる）。また、株価や地価は高騰し、労働力不足が進んで3K仕事は嫌われた。あちらこちらから、景気のいい話が聞かれ、日本経済の評判を聞いた外国人労働者が日本目掛けて殺到し、外国人労働者を受け入れるべきか、拒絶すべきかなどの議論が活発に展開された。こうした状況は、図表8-17の1990年から91年頃の指標をみると、明らかである。たとえば、設備投資率は対GNP比で19.6％、失業率は2.1％、有効求人倍率は1.43、を示している。これらはいずれも、二度と実現する可能性の乏しい好況を反映した指標といえる。

図表8-17　90年代日本経済の主要指標

	①経済成長率	②外貨準備高	③設備投資率	④失業率	⑤有効求人倍率	⑥完全失業者数	⑦公債残高	⑧製品輸入率	⑨円相場
1985	4.3	279	16.3	2.6	0.67	158	134.4	31.5	221.09
1990	5.3	699	19.6	2.1	1.43	134	166.3	49.8	141.30
1991	3.0	682	19.3	2.1	1.34	137	171.6	51.8	133.18
1992	0.7	700	17.6	2.2	1.00	146	178.4	50.1	124.80
1993	0.3	1,017	15.5	2.6	0.71	175	192.5	53.0	107.84
1994	0.6	1,415	14.5	2.9	0.64	194	206.6	55.8	99.39
1995	3.1	2,040	15.0	3.2	0.64	216	225.2	59.9	96.45
1996	4.7	2,194	15.6	3.3	0.72	225	244.7	58.9	112.65
1997	0.0	2,236	16.1	3.5	0.69	236	258.0	60.2	122.70
1998	△1.9	2,225	14.7	4.3	0.50	294	295.2	62.7	128.02
1999	0.3	3,055	―	4.7	0.49	320	334.6	61.4	111.54

注）単位はそれぞれ，①%，②億ドル，③対GNP比率，%④%，⑤%，⑥百万人，⑦兆円，⑧%，⑨対US$比，単位円を示す
資料）経済企画庁編『平成11年・経済白書』1999年，長期経済統計による。

　だが，その結果はバブル経済を引き起こし，それが90年代に入って崩壊すると，一転して未曾有の長期不況に悩まされるに至った。労働力不足どころか失業率は上昇し，有効求人倍率は急速に低下し，完全失業者数は95年にはついに200万人を突破した。成長率も92年から急激に低下し，長期的に1%成長すら難しい状況へと転換した。こうした状況は図で簡単に理解できる。長引く不況状態からの脱出を求めて，政府は財政収入を大幅に上回る財政支出を，しかも赤字公債に依存して実施したため，公債残高は240兆円を越えてしまった。まさに危機的な状況といってよい。

b　長期不況の原因は何か

　こうした経済状況も，1996年には若干の回復の兆しがみられたものの，いぜんとして力強いものとはいいがたい。それはなぜだろうか。これにはさまざまな理由が指摘されている。まず，先にみたように，『白書』では当面内需には問題がなく，日本経済はあたかも持続的に成長するかのような見方が支配していたが，これは明らかに間違いであった。それは，とりわけ転換期には，短期的要因だけをみると，経済の動きを正しく理解できない可能性が強くなることをよく示している。そこで，ここでは短期と長期の要因を考察

してみよう。短期的に，まず消費動向と設備投資が重要である。前者も伸びは鈍っているが，それは所得の伸びが小さいから当然である。問題は景気を左右する最も重要な要因である，企業の設備投資動向である。図表8-18から分かるように，現在金利は予想される最低水準すら下回り，過去にも外国にもほとんど例がないほど低下したにもかかわらず，投資は1991年以後大幅に停滞し，92年からはマイナスを記録している。その理由として，ケインズのいう資本の限界効率m（ないし長期の予想収益率）が超低金利の利子率水準iさえ下回っていることが考えられる。

図表8-18　最近の主要経済指標

	消費の伸び	家計貯蓄率	投資の伸び	物価の伸び	輸出の伸び	輸入の伸び	貿易収支100m $	長期資本収支100m $
1976年度	3.4	22.3	0.6	9.5	21.5	10.5	11,148	-2,523
1988年度	5.6	12.8	16.5	0.8	5.9	13.8	95,302	-83,420
1989年度	4.2	12.1	12.3	2.9	2.6	5.8	69,999	-74,651
1990年度	4.2	11.6	11.3	3.3	6.3	6.7	69,864	-48,670
1991年度	2.8	13.0	2.7	2.8	1.8	2.0	113,683	-92,662
1992年度	1.2	13.0	-7.2	1.6	0.6	0.2	136,109	-129,165
1993年度	1.7	13.0	-10.5	1.2	-1.9	5.9	142,976	-117,035
1994年度	1.5	14.0	-3.5	0.4	1.7	13.5	124,284	-89,924
1995年度	3.2	13.4	7.8	-0.1	3.8	12.5	94,817	-62,754
1996年度	2.7	12.7	12.1	0.4	1.2	23.5	58,549	-148,348
1997年度	-1.4	13.2	4.7	2.0	11.8	7.9	94,636	-173,990
1998年度	0.6	13.7	-9.5	0.2	1.3	-11.6	107,509	-56,148
1999年度	-0.5	n.a.	-2.5	n.a.	n.a.	-3.5	n.a.	n.a.

資料）経済企画庁編『経済要覧』および『日本経済の現況』大蔵省印刷局，各年版
注　(1)輸入の伸びの1999年度は暫定値。(2)単位は％，ただし，貿易収支は100万米ドル，資本収支は暦年の億円。

c　長期要因の重要性

つまり，そのことは企業が短期的に設備投資によって実現すべき技術革新を生み出せないでいることを意味しており，長期的には投資に見合うだけの収益を期待できないと予想しているともいえる。そうだとすれば，金利はマイナスにはなれないため，もはや低金利政策を取るだけでは，不況からの有効な脱出方法は生まれない。つまり，短期的で経済的な要因だけでは，この長期不況を説明することは困難だということである。

そこで，なぜmがiを大幅に下回ることになったのかを考えてみよう。まずmの急速な低下が重要な問題である。その理由として，まず技術革新（イノベーション）の減退が指摘できる。日本は輸出立国であり，国際競争力を高めるには，技術力で外国企業との競争に勝ち続ける必要がある。だが，今日のように一方で国際競争が激しく，他方でアメリカを中心とする先進国は，知的所有権を厳しく管理する時代であり，ハイテクなどの独創的技術開発は自ら行うことが不可欠になっている。だが，それを指摘することはできても，短期間にそれを実現することは極めて困難である。なぜなら，それは単なる経済問題ではなく，日本社会の独創性が問われることにもなるからである。それには，独創性を発揮する環境作りが重要となり，規制緩和が叫ばれる理由でもある。

日本社会は明治以後130年ほどを経過し，この間政府が大きな役割を果たし，そのことで経済発展できた側面は認めざるをえない。たとえば，民間が主体となって独創的な技術開発の基礎を築き，それに合わせて政府が制度やシステムを作るというより，むしろ政府が国策として先進技術を導入・主導し，それを官民がいっしょになって改良する借入技術方式を中心とし，基礎的な研究や不確実な研究開発にはあまり力を入れてこなかった。また，企業や国民が自由な競争を通じて，個性を発揮するというより，御送船団方式とか行政指導などの言葉が象徴するように，あくまでも個人とか家計と，民間企業が市場を支配し，経験を通じて個人や企業が学び取り，それを土台にして成長・工夫するといった，欧米的な意味での市場経済とはいいがたい側面がある。それは日本経済が市場の自由な競争を通じて，秩序が生れるという意味での自然的秩序の体系を基礎にしていないことを示している。だが，国際市場はほぼ完全な自由競争市場であり，日本経済のシステムとは適合しない面がある。しかも，それは経済問題に限定されない。このため，日本社会は国際社会からみれば，魅力に欠け，外国から優れた企業も人材も入りにくい状況にあるといえる。

こうした点は，短期的にうまくいっているときには，なかなか転換が難しい。とりわけ，日本社会のような，自ら長期的なシナリオを描いて，社会や経済を転換していくことの不得意な社会は，問題が発生してから初めて，現実に対応する形で変革するか，外部からの強力な圧力で転換する以外に，困難な面がある。むろん，外部からの圧力を期待するやり方は好ましい方法ではない。そこで，自ら変革のシナリオを模索して行く必要があるが，それには最初になにが問題なのか，なにが起きているのかを正しく認識する必要がある。それらをここで網羅的に論じる余裕はないので，単純化していえば，日本が先進国化した現在，過去の国内経済発展中心型の経済・社会システムや価値観が国際社会のそれに適合しない面が大きくなってきたということである。そうだとすれば，まずこれまで日本の経済・社会の発展に大きく貢献してきた，日本の経済・社会を国際社会のシステムに適合させる努力をすることである。それに伴って，日本の経済・社会の細かい部分まで大きな変化を被ることになるはずである。たとえば，官僚制度の改革，規制緩和，政治改革，企業の内部組織改革，大学を初めとする教育改革，などが行われざるをえなくなる。これらはいわば長期的要因であるが，いまの日本の経済・社会を長期的に蘇せるには，こうした長期的側面に注目しなければならない，大きな転換期にあることは間違いない。

d 日本経済とアジア

これらは国内問題であるが，対外的にも大きな変化が生じている。最大の要因は，先の節でも触れたグローバリゼーションの進展である。これは，国と国との国際関係を考える見方から，世界を1つとみなし，そこに日本の経済・社会を位置づけるという，地球規模での発想への転換である。ウルグアイ・ラウンドから出発して，最近生れた世界貿易機構（WTO）はそうした動きの1つであるが，もっと身近には近隣諸国との関係である。

その1つがAPEC（アジア太平洋経済閣僚会議）であり，各種の地域経済圏構想である。これは地域主義（リージョナリズム）の問題であり，地域

図表8-19　日本の地域別財輸出入比率（％）

	対 米				対 NIEs				対 ASEAN			
	80	85	90	93	80	85	90	93	80	85	90	93
食　料　品	0.82	0.62	0.31	0.31	1.81	1.56	1.28	1.14	1.60	0.96	0.63	0.62
	22.00	20.45	19.87	22.33	20.36	20.60	14.86	18.11	6.37	7.50	12.58	14.57
燃・原料	0.28	0.24	0.27	0.33	3.24	2.72	3.03	2.44	2.22	2.19	1.45	1.57
	35.78	26.88	18.22	15.98	22.23	22.00	13.04	8.23	87.84	84.22	63.72	48.26
繊維・同製品	1.21	0.95	0.65	0.60	7.13	6.61	4.00	3.08	3.22	3.06	1.96	1.84
	0.55	0.50	0.58	0.47	8.19	4.90	3.36	2.79	0.35	0.43	0.58	0.80
化　学　製　品	2.43	2.13	2.73	3.46	9.59	9.34	10.07	9.08	10.25	10.65	8.15	7.48
	9.74	13.23	9.94	10.79	5.64	4.39	4.14	4.34	0.50	0.89	1.29	1.78
金属・同製品	13.23	7.03	4.66	3.24	18.87	12.58	9.84	8.87	22.58	18.70	13.51	11.46
	5.08	2.90	4.64	2.47	5.58	7.03	9.72	10.09	2.91	3.96	3.55	2.29
そ　の　他	12.50	11.99	12.61	12.39	15.32	16.92	15.44	15.39	7.29	10.32	8.84	9.67
	8.60	10.68	15.75	17.62	28.11	30.34	35.77	31.26	1.42	2.16	12.60	19.75
一　般　機　械	7.35	8.14	10.33	10.24	15.23	15.55	18.11	16.79	16.60	16.63	24.80	22.50
	5.33	6.16	6.08	5.68	3.89	3.19	5.25	5.86	0.04	0.35	1.18	2.29
電　機　機　器	10.20	14.58	10.24	9.50	11.57	12.84	12.73	12.34	7.05	8.40	7.86	9.54
	1.91	2.50	2.20	2.67	3.89	3.19	5.25	5.86	0.08	0.46	1.56	4.32
情報・通信機器	9.26	15.40	22.60	26.47	8.59	14.35	18.09	20.98	4.27	8.60	10.66	15.74
	4.29	8.40	11.50	11.38	3.77	4.92	8.69	14.48	0.39	0.36	2.82	5.37
輸　送　機　器	42.72	38.92	35.61	33.46	8.65	7.53	7.41	9.88	24.92	20.49	22.14	19.58
	6.73	8.30	11.23	10.62	0.47	0.25	1.19	1.46	0.09	0.09	0.14	0.36

注）数字は，上が輸出，下が輸入，をそれぞれ示す。
資料）経済企画庁編『平成8年版・経済白書』1996年，pp. 262-65．

諸国で経済協力圏を形成し，そこで産業間分業などを実現することになる。そうした動きはヨーロッパ同盟（EU）を初めとして，世界的な動きになっている。それはグローバリズムへの1つの対応である。つまり，現在の世界は経済のボーダーレス化，相互依存，モノ・カネ・情報などの流れの世界への均等の拡大，普遍的な価値や理念の共有の必要性，などが急速に進展し，一つの国だけが世界市場を利用し，独立して繁栄することは許されない時代であり，世界経済の発展に先進国の責任が厳しく問われる時代でもある。

　日本の近隣諸国といえば，アジア諸国が中心であり，それにはアジアNIEs（韓国，シンガポール，台湾，香港）やアセアン諸国（これには，マレーシア，シンガポール，インドネシア，ブルネイ，タイ，フィリピン，ベトナム，ミャンマー，ラオス，カンボジアが入る），中国との関係が重要である。ところが，日本は元来，先進国から利益を受けることに慣れ，他国に利益を与

図表8-20 アジア主要国の主要経済指標(％)

	一人当り GDP(USドル)		工業化率 (対GDP)		債務返済比率 (対輸出)		国内投資率 (対GDP)	輸出率 (対GDP)	
	1980	1999	1990	1999	1996	1999	1999	1990	1999
中　　国	305	780	42	50	12.6	9.6	37.8	18	22
日　　本	9,146	32,230	41	37	－	－	26.8	11	11
韓　　国	1,632	8,490	43	44	－	－	32.7	29	42
インドネシア	491	580	39	45	34.2	34.8	11.6	26	54
マレーシア	1,787	3,400	40	44	8.5	6.2	23.7	76	124
フィリピン	671	1,020	34	31	12.7	13.1	18.8	28	56
シンガポール	4,862	29,610	35	36	－	－	32.7	143	152*
タ　　イ	693	1,960	37	40	12.2	20.4	26.8	34	57

注）＊=1998
資料）World Bank, World Development Report, 1999, 1999 APEC Economic Outlook. 1999, ADB, Key Indicators of Developing Asian and Pacific Countries, 1999, および経済企画庁調査局編『アジア経済2000』2000年

図表8-21 1990年代アジアの経済成長率と輸出の動向 (％)

	GDP成長率					輸出の伸び				
	①	②	③	④	⑤	①	②	③	④	⑤
中　　国	10.5	8.8	7.8	6.6	7.0	17.0	21.0	0.4	6.3	5.0
香　　港	4.9	5.3	-5.1	-1.3	3.1	12.4	4.1	-7.5	0.0	9.1
日　　本	2.7	1.4	-2.8	-1.4	0.3	5.0	2.4	-7.8	8.1	2.2
韓　　国	9.0	5.0	-5.5	2.0	4.6	10.9	5.0	-2.8	10.1	10.0
台　　湾	6.3	6.8	4.8	3.9	4.8	7.4	5.3	-9.4	6.8	12.5
ブルネイ	n.a.	4.0	1.0	0.6	1.5	-1.9	n.a.	n.a.	n.a.	n.a.
インドネシア	8.5	4.9	-13.7	-1.1	3.3	9.1	7.3	-8.5	-7.4	8.1
マレーシア	10.4	7.7	-6.7	0.9	0.9	15.6	0.5	-6.9	10.1	8.0
フィリピン	3.3	5.2	-0.5	2.0	3.0	9.5	22.8	16.9	18.8	14.0
シンガポール	10.0	7.8	1.3	0.5	4.2	13.4	-0.0	-12.1	2.6	3.5
タ　　イ	10.1	-0.4	-8.0	1.0	3.0	13.7	3.3	-5.4	7.2	7.0
ベトナム	n.a.	8.2	5.8	3.5	4.5	22.8	22.1	5.8	23.1	10.0

注）①=1990-96平均，②=1997,③=1998,④=1999,⑤=2000（推定値）
資料）図表8-20に同じ。

えることには不慣れであった。「脱亜入欧」という言葉が示すように，アジアを輸出入市場や政府開発援助の対象国として重視はしても，そこから学んだり，いっしょに協力する，対等のパートナーとしては，必ずしも十分な対

図表8-22 日本，アメリカ，アジアの輸出・輸入比率（％）

	輸出比率								輸入比率	
	対米		対日		対NIEs		対ASEAN		対米	対日
	1980	1998	1980	1998	1980	1998	1980	1999	1999	1999
日　　　本	24.5	30.9	—	—	9.6	11.4	7.0	7.8	24.0	—
中　　　国	5.4	20.7	22.2	16.2	26.3	26.6	4.3	3.0	12.1	20.2
香　　　港	26.2	23.4	4.6	5.3	5.5	3.3	6.8	2.9	7.5	12.6
韓　　　国	26.5	17.2	17.4	9.2	6.3	10.1	5.0	7.3	21.9	18.1
台　　　湾	34.1	26.6	11.0	8.4	11.9	26.7	5.1	6.5	18.8	25.8
インドネシア	19.6	17.6	49.3	19.7	13.4	21.6	1.3	6.0	9.2	17.3
マレーシア	16.4	21.6	22.8	10.5	23.0	23.9	3.2	6.1	19.6	19.7
フィリピン	27.5	34.4	26.6	14.4	8.8	12.4	4.6	6.4	23.2	21.6
シンガポール	12.5	19.9	8.1	6.6	9.2	10.7	20.8	24.7	18.5	16.7
タ　　　イ	12.7	22.3	15.1	13.7	13.6	14.9	8.5	6.5	14.0	23.6
ベトナム	0.0*	6.0	13.5*	17.4	18.4*	8.4	5.1*	9.5	2.2	10.7

注）*は1990年。
資料）図表8-20に同じ。

応をしてきたとはいえない。

　しかし，アジア市場はかつての日本の最大の市場であった北米市場をはるかに上回り，貿易相手としても直接投資先としても，いまや最大のパートナーに成長しつつある。アジア諸国は急激な発展に支えられて，輸入も急速に伸び，それに応じて日本からの投資財を中心に製品輸出が急速に伸び，円高による日本企業の直接投資も拡大してきた。

　そのため，日本のアジアからの製品輸入も急速に増大してきた（図表8-19を参照）。短期的にみれば，アジア諸国は1997年のタイを出発点とする金融・経済危機などで一時的に停滞し，多くのアジア諸国が1998-99年にかけて停滞した（図表8-21），それもすでに回復しつつある。そればかりか，それを機会にむしろ自らの弱点に気付き，日本や韓国を初め，シンガポール，インドネシア，タイなどのように長期的な構造改革に取り組み始めた国も少なくない。すでにNIEs諸国を中心に質の高い人的資本を保有しており，外部からの技術移転も進み，多くの面で日本との格差も縮小しつつあり，さらに長期的には，アジア諸国は確実に近代化を推進し，持続的に経済発展を実

現していくことは間違いない。それに応じて，日本との貿易構造も徐々に変化し，今後さらに日本との経済関係は急速に拡大していくであろう。図表8－22を見れば分かるように，日本とアジアの関係は対日輸出では日本の経済的停滞もあって，むしろ縮小傾向にあるが，対日輸入は極めて大きい。今後アジア経済が成長し，それと同時に日本経済も持続的成長を実現していくには，日本経済の回復に伴って，アジア諸国の対日輸出が徐々に拡大し，日本とアジア諸国との関係が一層深化していくことが望まれる。それがアジア諸国の発展にとって必要な条件であるが，むしろ日本経済にとってより必要なこととも言える。

　こうした点を考慮に入れて，日本経済の長期的なビジョンを考えていかないと，いつの間にか日本だけが取り残されてしまうといった事態になりかねない。それには，日本経済の国際化とかグローバリゼーションに対応した経済構造の構築も重要であるが，なりよりも長期間に慣例化してしまった，日本人の意識の変革も必要になる。すなわち，かつての「脱亜入欧」から「脱欧入亜」への転換もその1つであり，「和魂洋才」的やり方から，いかにして世界の人材を活用できる体制を築くための意識転換をしていくかも重要な目標になろう。その意味で，現在の日本社会は過去にない転換期を迎えているといっても，過言ではない。現在進行中の金融，行政，政治，などの改革はそうした長期的な流れに沿うものであり，是非実現すべき重要な課題である。それが実現しない限り，日本経済の安定的な成長は期待できないともいえよう。

参考文献

　本章執筆に当っては，主に以下の文献を参照した。
南亮進『日本の経済発展』東洋経済新聞社 1981年
中村隆英『戦前期日本経済成長の分析』岩波書店 1971年
中村隆英『日本経済——その成長と構造』東京大学出版会 1978年
小宮・奥野・鈴村編『日本の産業組織』東京大学出版会 1984年

原田泰・香西泰編『日本経済発展のビッグ・ゲーム』東洋経済新聞社 1987年
経済企画庁編『経済白書』各年版
長谷川啓之『アジアの経済発展と政府の役割』文眞堂 1995年

第9章 グローバル化・ボーダーレス化における制度転換と経済政策

第1節 円乱高下,超低金利,低株価,資産デフレを抱えた日本経済の診断

　日本経済は,1986年12月から91年2月までの51ヵ月に及ぶ,いざなぎ景気(景気拡大57ヵ月)に次ぐ,いわゆる平成(バブル)景気のあと,バブル崩壊に続く平成不況(91年3月～93年10月の32ヵ月,世界同時不況(80年3月～83年2月の36ヵ月)に匹敵)を終え,93年11月より97年2月現在まで緩やかな回復を続けている。実質 GDP(GNP)の成長率は,94年度,対前年度比,わずか0.7%(0.6%),95年度になり漸く2.4%(2.5%)を記録。これは,民間需要の側面からみれば,住宅投資の落ち込み(前年度比-6.7%)をカバーする最終消費支出の漸増(同2.7%)と,設備投資の3年ぶりのプラス増となった回復基調(同5.1%)による。96年の実質 GDP は3.6%増で2.4%のアメリカを抜き見かけでは順調に回復。そして97年度は,消費税率3%から5%への引上げ(国民負担5兆円,年収700万円の標準勤労世帯で年間67,000円の負担増,95年度名目 GDP の1.5%の負担増),特別減税廃止(同2兆円),医療保険見直しに伴う患者負担増(同2兆円)等,民間消費300兆円の3%近くに相当するデフレ効果により上期には減速するものの,96年度の設備投資の11.2%増見込みが97年度も持続可能,住宅投資・公共投資の余熱,消費堅調,輸出好調を受けて,実質2%台程度の成長は見込まれている。

　今回の平成不況の大きさ,深さを示す需給ギャップ(企業の生産設備と労働力をフル稼働した時の供給額と,実際の需要額の差)は,太田宏の指摘によれば,14%,つまり70兆円もの需要不足と試算。参考までに,プラザ合意後の円高不況(85年7月～86年11月)時は,ピーク時で6.9%,第1次石油危機不況(73年12月～75年3月)でも7.5%であった。

円相場は，93年度107.84円，94年度99.39円，95年度96.45円（前半は90円を切る超円高，94年4月19日には一時，80円を割り込むところまで高騰，ドルは暴落）の円高基調から一転，96年度後半から110円台突入，97年2月現在，125円台の「超円安地獄」とも巷間，いわれており，円の乱高下が日本経済の場合，既存の官民協調の既得権・規制型「護送船団・ワンセット」方式に固執する限り，制度化されてしまう。そして，規制緩和・撤廃とフェアな競争・共生を通してのグローバル・スタンダード（国際標準化）と，高コスト体質是正へ向けての自主的な制度転換へ向けての機会を失い，単なる景気対策とG7での押しつけ公約実現に終始し，低成長・マイナス成長型制度不況の暗く長いトンネルを，終生，その都度，潜りつづけることになる。参考までに，97年2月8日のG7蔵相会議での「ドル相場の水準是正の達成」宣言では，景気回復は，円相場の動向にかかわらず内需主導型で，輸出頼みにはクギを刺され，ビッグバン，財政赤字削減，財政構造改革への努力を強く要請され，「増税なしの財政再建」に逆行する630兆円に及ぶ公共投資基本計画の履行は不問に付された。

　さて，株価については，これまで平均株価の一番底は，92年8月の14,309円，二番底は95年7月の14,481円，三番底が今回97年1月10日の17,303円であった。中国の鄧小平氏死去（97年2月19日）については，反応薄だった株価は，翌20日に「不良債権問題の解決に向け政府が総合土地対策を検討」との報道に好感，1ヵ月半ぶりに19,000円台を回復した。株高を受けて債券相場では買い方の投げ売りが先行。円相場も強含み，一時122円台へ上昇した。

　低株価は，実体経済に資産デフレ効果を及ぼし，景気回復の足を引っ張ることになる。土地を多く抱える建設・不動産業界がマイナス影響を受ける他，含み資産の減少が金融機関の不良債権処理を困難にさせ，またリスク負担能力の低下を通じて多くの企業活動を慎重にさせよう。また土地の流動性の停滞は，地価を下落させ，地価の下落は逆資産効果，資産デフレをもたらす。国際競争にさらされた製造業わけても自動車，情報通信，エレクトロニクス，

第9章　グローバル化・ボーダーレス化における制度転換と経済政策　227

造船，特殊鋼などで過去最高益を記録した企業は上場企業の2割近くに達し，他方，非製造業の金融，建設，電力など規制業種は株価低迷が続く，という二極化現象が見受けられる。株価凋落は国民資産の大幅目減りを招く。最近の東証一部の平均株価のピークは，96年6月26日の22,666円で，時価総額，約384兆円，97年1月8日の大幅続落の18,680円では約327兆円で，国民資産は57兆円，目減りした。個人投資家では約2割，11.4兆円の個人資産が消えたことになる。この結果，都銀，信託銀等の経常益を圧迫，中堅生損保で含み益ゼロとなり，さらに設備投資にも悪影響を及ぼした。

　今日，日本では公定歩合を0.5％と超低金利の水準に維持しているが，これは95年初めの円高ショック，不良債権問題による金融機関の経営破綻，それを契機とする株価暴落等，緊急避難型の対策であった。その結果，市場金利も低下，同様，超低金利の状況にある。本来，1～1.5％であるべき金利が，政策金利として，0.5％水準に抑えられた，ともいえる。今日，家計から金融部門への所得移転，年金基金の運用困難化，1,200兆円ともいわれる巨額の個人金融資産の外債買いへの乗替え，為替にみられるような海外への資金フロー面などに影響が出てきている。97年2月時点での東証一部の予想株価収益率は38倍，逆数である益回りは2.6％と25年ぶりに長期金利を上回っているので，秋本英明の指摘にもあるように，債券から株式への資金シフトが生ずるところなのに，さらなる円安，株安への不安がビルトインされている現状では，日米長期金利格差4％，ニューヨーク・ダウ6,700ドル～7,200ドルのレンジを求めての資金の海外流出が生じてしまうのである。

　不況脱出のための低金利政策は，資金が株式等のリスク資産や設備投資へ回り，実体経済の回復に結びついてこそ有効である。それが機能せず，円安と一体化して資本効率，生産性の上昇を遅らせている。また，円安と超低金利の短期的メリットも企業のリストラ努力を遅れさせているのである。こうして資産デフレが居すわり，このストックベースの目減りがフローベースの収益増を食いつぶしているともいえるし，また，金利差によるドル高円安圧

力と貿易黒字によるドル安円高圧力の綱引きが続いているともいえる。日本が巨額の貿易黒字を抱え，インフレ率も低水準で抑えられるとすれば，長期的には円が上がる。このためには，斉藤精一郎の説くように，理論的には，ハード・ランディングにせよ，ソフト・ランディングにせよ，金融正常化へ向けてのビッグバン（金融制度改革）を始動させれば，資産デフレは終わることになる。

　91年以降のアメリカでみられた超低金利→流動性の増加→株等金融資産価格の上昇→実物経済の回復という連鎖の状況には，制度疲労のいまの日本経済にはない。そこで武者陵司の論ずるように，株安，円安に共通する根本原因として，日本企業の株主資本利益率（ROE）がいちじるしく低いことに気づく。ROEは米企業の平均で14～15％，日本は3～4％の低水準。だが，大企業に過度な雇用責任と企業存続を課する日本と，過度な短期的な収益・配当を強いるアメリカとの違い，さらには日米の法人税と長期金利の差，日本の高コスト体質から判断すると，日本では，ROEは10％あれば国際的には通用し，したがって努力目標は6～7％アップということになる。もっとも流通を含む購買・販売・管理等の間接部門や直接，生産にかかわる余剰人員等を抱える日本企業の過大資本経営が資本効率や生産性をいちじるしく低下させていることも事実である。とすれば究極の解決策は，日本企業が財務リストラ，アウトソーシング（外部委託），低収益部門の処理等を実施し，株主が満足する時点まで資本効率や生産性を高めていくラジカルな改革が必要である，という考え方は説得力がある。

　ところで，急激な円安が貿易摩擦の再燃，企業のリストラの遅れ，物価上昇，そして景気失速を招く経路については，図表9-1の示す通りである。円安がさらに進んだり，長期化したりすると，企業経営，個人消費，通商，物価，景気等の面で大きな影響が生じ，日本が目指す経済構造・制度改革の戦略に支障を来たすことにもなりかねない。日本総合研究所の佐藤健裕の試算によれば，輸出企業の経常利益がゼロとなる損益分岐点は1ドル115円前

第9章　グローバル化・ボーダーレス化における制度転換と経済政策　229

後，他方，輸入企業の損益分岐点は128円である。野村総合研究所の試算によると，96年初めに1円の円安は，金融を除く全上場企業の経常利益を1％押し上げる効果があったが，97年初頭では0.4％程度であり，収益押し上げ効果は薄れており，株式相場が軟調な理由の一つになっているし，生産の海外シフトにも悪影響を及ぼしている。

　円安を止める手だては，これまでの誤ったポリシー・ミックスを変えることである。バブル経済崩壊後，金融緩和と共に，92年8月から95年9月にかけて総額75兆円（歳出や貸付けで58兆円，減税で17兆円）の経済対策が実施された。だが実際に経済対策で創出された需要つまり真水は，58兆円ではなく，25兆円程度に過ぎなかった。残りは主に，民間融資に代替した政府関連の融資や土地の取得費用であり，公共投資の乗数効果も以前に比べ相当，低下していると思われる。また減税は政府支出効果に比べ，その一部が貯蓄に回る分，刺激効果は小さい。ヒュー・パトリックも指摘するように，97年度の緊縮財政政策（従来通りの構造改革を伴わないバラマキ型）への政策転換は，不適で時期尚早であり，「緩やかな拡大型」であるべきであった。長期的に財政赤字を削減し，財政再建を進めていくためには，経済が3.5％から4％台の潜在成長力に近い速さで成長する必要がある。97年初頭の日本経済は，供給不足でなく需要不足であり，物価は国際的に見て超安定（95，96両年度の卸売物価の対前年比，−0.6％，0.6％，消費者物価0.4％，1.3％）といえる。ポール・クルーグマンが New's week 1997.1.29号や日本経済新

図表9−1　急激な円安が及ぼす悪影響

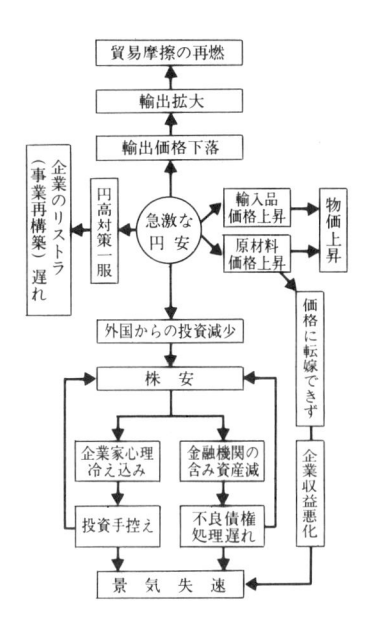

出所）「読売新聞」97年1月25日付

聞97年2月4日付に寄稿しているように，日本銀行が国債を買い取り，マネーサプライ（通貨供給量）を増やすべき時機に来ている。金利は非常に低いから，通貨供給量の大幅増があっても大きくは下がらない。市中に出回るマネーの増加は経済に流動性を加え，支出を直接に刺激する。輪転機を回すことによる紙幣の増刷がインフレを招くのは，消費者がそれを支出に回し，その支出が生産能力を上回る場合に限られる，というのである。日本のような先進国が慢性的な需要不足に苦しむのは，結局，政策決定者の無策ないし逆療法，つまり政策の失敗ということになるのである。

　その他，特別減税の制度減税への振り替え，土地政策，預金者保護，信用創造機能の回復等を視野に入れた公的資金投入と金融再編成，高コスト体質是正のための規制緩和等に前向きに対処していく必要があろう。そうでない限り，G7の為替安定合意も蜃気楼に終わり，超円安 ⟷ 超円高の制度化された乱高下の地獄を繰り返すことになる。広範な制度改革を必要とする日本の上空には，大競争の結果としての世界共通の2つの風と，日本特有の風が4つ，合わせて6つの風が吹いている，と真野輝彦は指摘する。世界共通の風として，①途上国の安い製品の氾濫風の持続，②先進国中心の雇用不安風。日本特有の風として，①賃金，資産価格上昇風の期待薄，②インフレを押え，実質購買力を高めた価格破壊風，③高齢化・少子化による貯蓄消滅風，④為替相場の調整効果風，がそれである。

　ある外国金融機関の調査によると，95年の産業労働コストは時間当たり，日本23.66ドル，アメリカは17.20ドルの開きがあった。だが円の最高値80円から97年初頭の安値115円台まで約40％以上の円安で労働コストを算出し直すと，日本の方が2ドル近く安くなっている。こうして円安は輸入品価格を押し上げると共に，海外との競争力を変化させている，という考え方は興味を誘う。対米競争力比較では労働コストは現状では日本優位なのである。各企業，家計が政府依存から自立し，6つの風へ対処を自らの制度転換として政府サイドも巻き込んで実行することが「制度疲労」から脱出し，自ら活性

化していく道なのである。

第2節　グローバル化（内外国際化），ボーダーレス化（脱国境化）と制度転換の政策的側面

　1996年第53回日本経済政策学会の共通課題は，「経済発展と制度転換」，サブタイトルは，「21世紀に向けての日本の進路」であった。数年前の共通論題であった「日本の社会経済システム」シリーズを受け，95年の「国際化時代の経済ルール」を踏まえながら，今回，「制度転換」というキーワードへの関心が学会内で高まったのは，次の理由によるものと推察される。その一は，これまでの官民による既得権・規制聖域，限界企業温存，外圧無定見譲歩型の「護送船団・ワンセット方式」による日本経済の「極大・安定」成長・発展路線が，グローバル化（内外国際化）とボーダーレス化（脱国境化）の潮流に背を向け，バブル不況に対する政策の失敗も重なって，失速・挫折する，という，いわゆる制度疲労によって景気低迷と競争力低下を招いてしまったことへの反省と，その原因究明である。その二は，こうした「制度不況」から脱するには，制度手つけずの後追いの旧態依然たる問題処理・緩和型の財政・金融政策から，これまでの「極大」，「安定」の他に，「最適」，「最悪回避」，「共生」等の政策基準も取り込んだ激動せる内外経済パワーと変化に即応しうる改革・開放志向の制度変革――制度転換と，そのためのマクロ・ミクロ両面にわたる政策効果とスピードのある政策発動を考えてみよう，という強い衝動である。

　この共通論題に関して重要な3つのサブテーマ，①制度転換と政策決定，②経済のグローバル化と制度転換，③制度転換とイノベーションが選定された。当日，①では，内外の大きな制度転換を受けての，日本の政策体系と政策決定システムの改革の方向が，②では，多国籍企業・NGOの台頭や行動と国家の政策，さらには制度転換した国家，企業，NGOの競合バランス体制が，③では，イノベーションを経済問題や経済政策に関連させながら，日

本の経済と産業・企業をめぐる環境条件の変化に伴う「制度転換」とイノベーションの結びつきが，論じられた。座長の野尻武敏から，「学会で制度論を取り上げたのは始めて。今，質に係わる議論が不可欠な，一つの転機に来ている」，また植草益（会長）からは，「21世紀の日本の進路を展望する上で，根底にある制度の姿が分かってきた。政策提言に必要なのは，基本的方向性に加えて，今や実行可能な具体論である」という指摘が印象的であった。ヒト・モノ・カネのグローバル化，ボーダーレス化に曝された激動の日本丸の21世紀に向けての進路にふさわしいテーマであった。

　グローバル経済化，リストラ（事業内容の再構築），情報革命等は，価格革命を制度的に持続させ，豊かな国の人びとにも失業，貧困，所得格差の拡大という困難を突きつけた。需要増に繋がる良い物価の下落つまり「価格革命」は今後も基調として持続するが，その背景には，国際的には，メガコンペティション（企業間・政府間の大競争）およびアメリカ再生とアジアの躍進が，国内的には，競争の激化，賢い消費者・生活者行動，さらには非貿易財にまで及ぶ「要素価格均等化」の浸透等が指摘できる。日本経済は，超金融緩和と財政刺激というマクロ政策を梃に景気は漸く上向いたが，アメリカに比べ日本の弱点は，マクロ政策に依存しすぎ，規制緩和・撤廃，市場開放志向の構造改革と制度改革を軽視したところにある。ここ数年間，アメリカに比し経済成長率，内外価格差，生産性，国際競争力等で遅れを取っている最大の原因でもあり，21世紀へ向けての超高齢化社会突入を前に，「企業の少子化現象」も招いている。

　最近，人口の高齢化がいちじるしく進む前に，日本が自ら制度変革を遂げなければ，日本の未来はない，と指摘する声が大きい。これまで政府は補助金，交付金，公共事業，規制等で衰退地域・産業の人びとを，企業も終身雇用・年功序列制度，企業年金・社宅・福祉制度で社員およびその家族を，守ってきた。しかし，こうした「日本風温室」を維持するには，膨大な財政赤字，規制による経済不振，高い法人税・所得税，低い企業利益率，高コスト

第9章　グローバル化・ボーダーレス化における制度転換と経済政策　233

・高物価といったコスト面で臨界点を迎えようとしている。桐渕利博のいうように，停滞する日本経済と躍進するアメリカ，アジア経済にあって，日本国民の危機意識を高め，改革を進めていくには，周到な配慮・予告をした上で計画的に寒風を温室に呼び込む，「計画的ショック療法」が必要な時機に来ているようである。

　97年4月より政府が，景気浮揚より財政再建をと，消費税5％引上げを始めとする緊縮財政予算を採り政府債務を削減しようとしているが，この政策は，景気回復の足を引張りかねない。再生アメリカに対し上記の遅れをカバーし，グローバル化とボーダーレス化の激流に対処し，生産性ないし効率と公正両面から経済を活性化しようとする「制度転換」努力にも水を差すことになろう。中長期的にみても，折角超物価安定下なのに需要不足型景気低迷を持続させることにより，税収減となり，財政再建にとってもプラスとはいいがたい。

　産業の空洞化を招来した80年代前半までは当初の円高対応姿勢は，中條誠一によれば，輸出主導型の経営の国際化であった。輸出企業は，競争力を喪失した工程や商品の生産を海外に移転するが，直接投資は輸出の補完・代替的意味合いでしかなかったのである。このため，円高下でもJカーブ効果で経常収支の黒字が持続した。だが80年代後半から地球規模で市場を眺めようとする，いわゆるグローバル経営を志向した直接投資主導型へと経営の国際化が転換したため，94，95年度を境に，超円高の時代は終わった。日本企業はアメリカ，アジアに多くの海外拠点を置き，産業の空洞化と引替えに生産を海外にシフトさせた。94年の全体の海外生産比率は94年で8％であるが，自動車や家電では20～30％台に達した。それと並行して，世界市場さらにはボーダーレス化（脱国境化）も視野に入れた原材料・部品・製品の最適な調達，生産，輸送，販売拠点作りが活発化し，拠点間でネットワーク型の国際ロジスティックス（総合的・戦略的物流効率化システム）が形成されつつある。そしてその中で日本全体の貿易に占める本社と海外拠点間の企業内貿易

の比重も92年で輸出が25％，輸入が8％となっている。こうしてみると，今後は円相場の動向をにらんで，グローバルな視点から内外拠点間の生産調整，つまり，円高期には海外子会社での増産，逆輸入増，円安期には国内での生産や輸出増，といった比較的弾力的な分業関係に基づく調整がなされていく，という中條の指摘は説得力がある。

　アメリカやアジアのマネーと優れた頭脳・技術を積極的に活用し，日本経済の活性化を計っていくには，ボーダーレス化（脱国境化）の中，「内なる国際化」の推進こそ不可欠であろう。ここで，国際経済学を広い意味での経済地理学ないし地域経済論の一部として捉えようとする脱「国境の経済学」の立場を取るクルーグマンによると，輸送コストが低下し，規模の利益が大きいと，産業が国境を離れて一地域に集中する。こうした地域集中化のプロセスは，地方政府（自治体）により阻害されない限りスムーズに進行する。また国の政策介入は私的経済活動を阻害し，国境を越えた地域集中化のメリットを享受させないことになりかねない。むしろ政府は，企業活動を円滑に進めるように規制緩和と便益供与に徹すべきである。企業活動が多国籍化した場合の貿易統計は，商品が単に国境をどちら側から通過したかを記録したものにすぎず，国の競争力とは無関係なのである。国民の生活レベルを左右するのは，世界市場における競争よりも，国内の生産性の向上という国内要因の方である，というのである。

　クルーグマンの所説は，ヒト・モノ・カネ，各生産要素等の広域的かつ国境を越えた地域的集中と循環を，いかに地域の経済活性化に結び付けていくかについて，そして外資や高技術，熟練労働力の積極的受入れ，自由貿易区・経済特別区の設置など制度変革を含む「内なる国際化」を進めていく上で，理論的整合性を与えてくれる。

　94年の日本へのFDI（対日直接投資）の合計は約41億ドルで，この数字は，同年の日本のGDPの0.1％，同じ年，日本からのFDI（対外直接投士）は400億ドルなので，その十分の一に過ぎない。アメリカに対するFDI

総額は，日本のFDIの約6.7％に上り，過去10年間における日本からアメリカへのFDIは，アメリカから日本へのFDIの約14倍と，アンバランスが目立つ。日本へのFDIを増やすことは，日本にとって，価格破壊を通して内外価格差を是正し，実質所得と輸入の増加，消費増につながるはずであり，また新たな投資機会や雇用機会を生み出し，さらに競争力のある新たなビジネス，技術，製品をもたらすことになり，経済再活性化に大いに寄与する可能性大なのである。

したがって，日本の場合，内なる国際化を進めていく際，ヒト，モノ，カネのグローバル化とボーダーレス化への対応のためには，外資導入の際の期限付輸送料金・使用料や租税の特別優遇（一種のビルド・イン・スタビライザーつまり景気自動安定装置）そのための財政的補塡も組込んでハブ（拠点）空港や，貿易・産業構造の変化に対処しうる港湾・交通インフラの整備，物流基盤のストック形成等を強化していく必要がある。そして，これと並行して，実のある金融・証券市場の制度改革と国際化を，早期実現へ向けて進めて行かねばならない。97年11月11日，橋本首相も，2001年を期限とする市場・国際・透明の新金融3原則を基本とし，外為法改正も含む金融システム改革構想を打出し，フリー，フェア，グローバルを柱とする競争促進を意味する日本版金融ビッグバン（英証券制度の大変革）が大きく動き出そうとしている。この金融改革は証券市場改革では完結しない。銀行制度改革，外為市場の自由化，税制改革等と足並みを揃えての改革でないと実効性はあがらない。大蔵省が97年度に着手することにより，99年度をメドに業態の垣根全廃，銀行系で株式業務，都銀や証券系の年金分野への乗入れ，株式委託売買手数料の自由化等が可能になり競争が激化し，金融再編成が進行するのは必至となる。これまで金融・資本市場の改革は遅れており，金融の空洞化さえ懸念されてきた。金融自由化の狙いは，旧来の護送船団方式から決別し，市場の国際化に対応して国内市場をオープンにし，競争の推進による効率化と多様化する機関投資家および個人投資家，預貯金者の要望に対応できる仕組

みを作ることである。したがって，多様な金融商品が開発され，顧客にとり選択の自由が増大し，効率的な資産運用が可能になったり，リスク分散の可能性が高まることが予想される。また外為法改正が実現すれば，中北徹の指摘にもあるように，日本の顧客ないし消費者は，通貨や決済サービスの面で世界市場とのアクセスを持つことにより，世界の競争圧力がストレートに国内市場に及び，この結果，銀行のチェックを受けることなく，従来とは割安の国際標準価格で財やサービスを購入することが可能となる。こうした展開が，周辺の関連市場に「価格破壊」という名の競争圧力を連鎖的に波及させ，規制の弊害や制度の歪みを白日の下に曝すことになるのである。次いで11月13日には，経済審議会の行動計画委員会が①情報・通信，②物流，③金融，④土地・住宅，⑤雇用・労働，⑥医療・福祉の6分野の経済構造改革に関するかなり踏み込んだ内容の報告書の素案を発表した。

　もとより，潮流としては，規制の緩和・撤廃が望ましく，早急な実施を，といっても，佐和隆光もいうように，規制のすべてが悪ではなく，安全，環境保全，弱者保護のための規制の多くは，なくてはならないし，市場経済のルール違反（脱税，インサイダー取引，規制当局・総会屋への利益提供等）を取締まる規制は強化されなければならない。したがって自由，透明，効率，公正な市場経済を作ることに焦点を当てて，撤廃すべき規制，緩和すべき規制，残すべき規制，強化すべき規制への仕分け作業が必要になってくる。

第3節　グローバル・スタンダード（国際標準化），ロー・コスト・エコノミー（低コスト経済），エコノミー・オブ・スピード（スピードの経済）志向による経済再生策とコンプレックス・システム－インスティチューショナルチェンジ（複雑系制度転換）

　規制とは，三菱総合研究所の奥山伸弘によると，政府とりわけ行政が「ある望ましい経済・社会状態」を目指し，それを達成し維持するために他の経

第9章　グローバル化・ボーダーレス化における制度転換と経済政策　237

図表9-2　日本経済を制約する要因

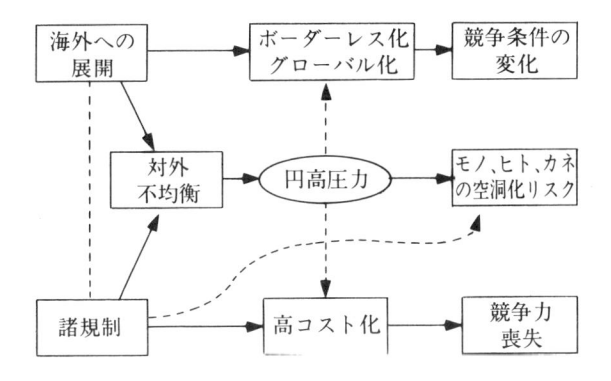

出所）奥山伸弘編『構造異変　日本経済のくしみと読み方』元就出版社，1996年，17ページ。

図表9-3　日本のマクロ経済も国際標準化の時代へ

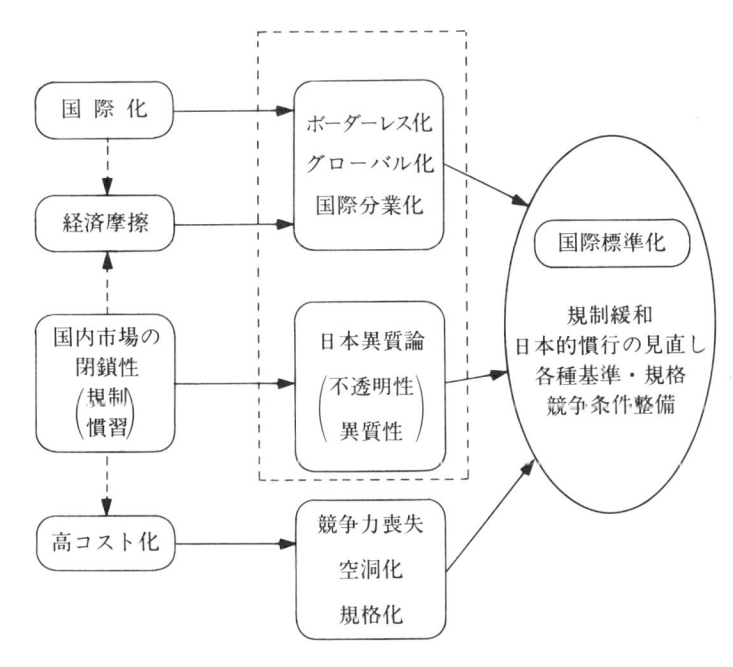

出所）同書，39ページ。

済主体(企業,家計等)の行動に一定の制約を課するものであるが,経済・社会環境や国際環境が変化し,特にボーダーレス化,グローバル化が進む中では,規制は既得権を擁護することになり,国内産業全体の競争力を奪いかねないし,高コスト・価格体質を制度化してしまい,それによる輸入制限・参入障壁は,相手国との貿易摩擦等を生じ,相手国からの報復措置を招くことにもなってしまう。これは,「ある望ましい経済・社会状態」が大きく変化しているわけで,それ自体が時代の要請,国益,国際的共生に沿って不断に見直され,必要に応じて緩和・撤廃されていく必要がある。奥山の描く,「日本経済を制約する要因」と,ボーダーレス化,グローバル化が進む中での「日本のマクロ経済も国際標準化の時代へ」のチャートについては,図表9-2,9-3に掲げておいた。

科学の「新しい統合」を目指す科学者たちがNPO(非営利組織)として設立したサンタフェ研究所(アメリカニューメキシコ州)が提唱した新しい学際的理念として,コンプレックス・システム(複雑系)がある。複雑系とは,「複雑系の経営」(1997年)の著者の田坂広志によれば,要素還元主義的な方法では研究できない対象を総称したキーワードである。またブライアン・アーサーによると,多くの要素があり,その要素が相互に干渉し,何らかのパターンを形成したり,予想外の性質を示す。そして,そのパターンが各要素そのものにフィードバックする。これが複雑系の概念である。したがって経済それ自体が,相互に干渉するエージェント(要素)からなり,それらのエージェントが相互に反応し合うようなパターンを形成するという意味で「複雑系」なのである。他の複雑系との違いは,経済における要素が「知的」すなわち人間であるという点である。どういう経済システム(さまざまな制度の集まり)にせよ,物事が複雑化すると,どこかで量が質に転化する,つまり新しい性質を獲得する瞬間がある,というのである。今,法則(law),予測(prediction),分析(analysis),設計(design),管理(control)といった発想が古い発想になりつつあり,集中,集積,規模等のキーワード群が,

根本的な発想転換を求められているのである。今，時代が求めているのは，これまでの科学技術と機械文明を支えてきた，収穫逓減，未来予測等で代表される，「古い知のパラダイム」から，生命や生態系の在り方に学ぶ，マイクロソフトのビル・ゲイツ等，ハイテクベンチャービジネスの起業家のような収穫逓増，未来創造などで代表される，「新しい知のパラダイム」への転換に他ならない。これからの「複雑性の時代」において，新しい複雑系の知は，政策作成者や企業に，経済と市場の動向の理解の手助けをしてくれ，経済・経営の戦略の方向とそのための発想の転換を教えてくれる，というのである。塩沢由典によれば，新古典派の経済学者にとっては，制度は基本的に制約としてしか理解できないが，複雑系の考え方からすれば，制度は，発見されるものであり，つまり制約から資産に評価が逆転する，というのである。しかも複雑系の経済学は，西山賢一も指摘しているように，従来の経済学で与件とされてきた技術と消費者の好みを重視し，コンピュータの中でこれらの変化をシュミレーションしてみるなどに，何とか経済学の中で考えようとする狙いももっている。制度転換により経済社会を活性化していく主な原動力は，生産に関係した技術のダイナミックスと消費者の好みのダイナミックスのこの2つなのである。

　20世紀を顧みるならば，田坂のいうように，機械的世界観と要素還元主義を車の両輪とした機会論パラダイムは，そのプラグマティック（実用主義的）な有効性ゆえに，多くの成果を残し，問題の多くを解決してきたが，いま峠を迎え，今，生命的世界観と全包括主義を両輪とする「生命論パラダイム」にその多くが取って代えられようとしている。そして，こうしたパラダイムの転換は，以下の10の視点の転換として整理が可能である，という。①「機械的世界観」から「生命的世界観」へ，②「静的な構造」から「動的なプロセス」へ，③「設計・制御」から「自己組織化」へ，④「連続的な進歩」から「不連続の進化」へ，⑤「要素還元主義」から「全包括主義」へ，⑥「フォーカスの視点」から「エコロジカルな視点」へ，⑦「他者としての

世界」から「自己を含む世界へ」，⑧「制約条件としての世界」から「世界との共進化」へ，⑨「性能・効率による評価」から「意味・価値による評価」へ，⑩「言語による知の伝達」から「非言語による知の伝達」へ，がそれである。

現下の日本経済の激動の制度転換期には，個人，企業の複雑か多様な行動が織りなす有機的生命体の姿を的確に認識する大局観つまり「生命論パラダイムによる景気認識」が問われる。

日本経済が景気は上向きつつあるとはいえ，将来への不透明感，制度疲労による景気閉塞感，制度改革・市場開放を要求する再生アメリカと世界の成長センター，アジアの挟撃，政策の失敗・効果薄が織りなす「複雑系景気」からの脱出が容易ではない現状にあって，上記の10の複雑系の経済学や経営の視点を可能な限り取り込んだ，いわゆる「制度転換」は，国際標準化，低コスト経済，スピードの経済，を重視する国際的魅力ある政策の発動によって可能となろう。

「複雑系景気」からの脱出を困難にさせている構造変化は，日本総合研究所の西村功によると，次の4つ，①世界的なメガコンペティション（大競争）を背景とするゼロインフレ・価格破壊の持続，②フルセット型からハーフセット型への産業構造転換，③未曾有の高齢社会への移行，④資産デフレの後遺症，であった。そして既得権に固執する行政・経済・社会システムの陳腐化，制度疲労等による構造変化への調整の無さ，ないし遅れが，①国内経済活動を阻害し，海外流出を促進する高コスト構造，②市場構造変化や社会ニーズに対応できない行政や賃金・雇用慣行とのミスマッチ，③起業家マインドの萎縮や金融・証券市場での無力感——など日本経済の活力低下を招来している，という。

日本が経済構造改革を行い，経済構造をグローバル・スタンダードに合わせていくというのなら，株価も地価も金利も，その他の諸物価，そして生産性もグローバル・スタンダードに収斂されていくのは当然である。したがっ

て自律回復へ向けての第一の進路は，グローバル・スタンダード（国際標準化）志向による経済再生策と複雑系制度転換である。

　日本経済の構造改革を考える際，内なるグローバル化の推進は避けて通れない。産業界では折しも，標準化の動きがグローバル・スケールで強まっている。この動きには，小野寺英機によると，以下の3つの異なる流れがある。①経済のグローバル化による世界貿易機関（WTO）や国際標準化機構（ISO）あるいは国際会計原則など競争ルールの標準化，②情報関連部門を中心とする製品やサービスの標準化，③ビジネスインフラの標準化，がそれである。知識情報産業では製造業と異なり，業界標準を握るものがすべてを獲得する傾向が強いため，競争の焦点は業界標準の奪い合いになる。アーサーは，収穫逓増理論によって，これを説明している。現在，情報産業市場では英語文化がデファクトスタンダード（市場が決める事実上の標準）になっている。日本経済にとり，国際標準化の枠組みは，①規制緩和，②日本的慣行の見直し，③各種基準・規格，④競争条件整備であるが，今日，競争と協調が併存する競争構造が生まれつつある。

　経済の活力源は，いまや輸出競争力よりも内外からの投資を呼び込む市場の魅力度に重点が移っている。したがって，外への国際化と内なる国際化の両視点からの参入の自由および行政権限の透明化があれば，先端産業分野等を中心に，グローバル・スタンダードへのキャッチアップを計ると共に，漸新かつ合理的なグローバル・スタンダードを発信する必要があるという考え方は一考に値する。パソコン市場等でみるように，高いシェアを占めた者が事実上の国際標準を獲得するが，優位に立ち，他方，いくら多額の国際標準に的をしぼった開発投資をし，優れた製品を出しても，それが国際標準化競争に敗れれば市場からの撤退を余儀なくされるのである。消費者満足度（CS）の向上のための具体的な改革の目玉として，西村は，「金融・証券・大蔵改革」，「地方主権の確立と税制の大改革」，「参入規制撤廃と大胆な民営化」という3つのビッグバンを主柱に据えるべきである，と提言している。

国際標準も，これまでの製品の構造や性能を定めるものから，最近では業種横断的なものが登場し，対象業種が拡大してきている。ISO（国際標準化機構）における品質管理や環境管理がそれであり，たとえば9000シリーズは，一部の公共事業や経済協力プロジェクトの入札価格の条件にされるなど，企業にとって死活的な問題になりつつある。だが，上記の法人税軽減，参入規制緩和・撤廃と構造改革・制度転換への信頼と実行が定着すれば，流通革命をリードする大型SC建設など「独立投資」と，携帯電話，デジタル衛星放送にみられる新市場の出現等による「独立消費」の両面の「独立需要」は，着実に増大し，さらに，ハード面での2D以上のハイテク分野でのデファクトスタンダード（事実上の国際標準）を握る製造業の設備投資・輸出増にも支えられて，98年以降の本格回復への素地が固まろう。

　自律回復の第二の進路は，ロー・コスト・エコノミー（低コスト経済）志向による経済再生策と複雑系制度転換である。

　ワールド・エコノミック・フォーラムの96年競争力ランキングでは，日本は49ヵ国中13位，アメリカ4位，これに対してアジアのシンガポール，香港が1位，2位と上位を占めた。同フォーラムでは，競争力を「一人当たりGDPの高い成長を継続的に維持する能力」と定義し，ランキングの評価基準として，①労働市場の弾力性，②金融セクターの効率性，③政府の役割，④対外開放度，を用いている。いずれも経済の効率性に関連した尺度であり，複雑系制度転換を必要としている日本にとって，ロー・コスト・エコノミーの達成度が問われている，といえる。日本企業の収益性低下の要因として，日本のハイコスト・エコノミー（高コスト経済）化によるコスト面からの圧迫があり，日本企業は海外立地を選択しているのに，外国企業は日本を避け，ジャパン・パッシング（日本素通り）現象が見受けられるようになっている。日本のコスト高の要因として最大のものは，労働コストと不動産コストであり，後者は開業コストの75％を占め，国際的に割高で開業抑制効果がある（『経済白書平成8年版』）。その他には，サービス産業，公的セクターの低生

産性から来る高コスト,非能率,そして税コストがある。ハイコスト・エコノミーの内容について,野村総合研究所では,①人件費負担の増大,②低生産性から来る国際的に高いインフラコスト,サービスコスト負担(国際的なネットワーク化を進める多国籍企業にとり輸送・情報コストと利便性は極めて重要),③税負担の増大(法人所得課税率が国,地方合わせて49.98%と世界最高で起業を抑制)などをあげている。

最近の日本での規制緩和論の高まりは,R.A. フェルドマンもいっているように,規制緩和により企業コストを引き下げることで全体として生産性を上げ,供給を増やすことに中心的な意味がある。日本の企業コストの中,地代,税金,電力料,賃金,物流費,通信費等は先進国中,もっとも高い水準にある。西村清彦によると,低生産性・高コスト体質で問題視される流通業と同じく,製造業もまた高コスト構造をもち,それが収益性の低さと生産性上昇率の長期的な低下の要因になっている。ただ日本の製造業の場合,工場での省力化への取組み努力によるリストラとは対象的に,研究開発の他,購買・販売・管理部門の人員を抱え込むことによる間接部門の高コスト化が競争力低下の主要原因なのである。したがって日本の製造業には,企業間の長期的安定的な需要者・供給者関係で成り立っている管理・流通コストを,「価格破壊」にみられるように削減していく動き,端的にいえば間接部門の効率化,リストラ化の動きが出てくるなら,西村も指摘しているように,生産性上昇・国際競争力強化の大きな源泉が残っていることになる。参考までに,現状では,製造業常時従業者の中,流通関連従業者の占める割合は,製造業全体で14.5%,飲料・飼料・たばこで40%を越え,衣服その他で26%,化学工業で23%(西村調べ)となっている。制度改革による管理・流通の合理化,近代化は,ハイテク機器の活用および外資系企業の進出と共に加速する可能性が高い。さらに,行政改革の流れは企業に対する「政府コスト」を減少させていくであろう。

自律回復の第三の進路は,エコノミー・オブ・スピード(スピードの経

済) 志向による経済再生策と複雑系制度転換である。

　今日, 情報化・サービス化と並んで, 業際化の動きが進展している。ここでいう情報化は, 情報のネットワーク化であり, また業際化は, 情報を媒介とする業際化である。宮澤健一によると, 業際化の実体である, 競争を伴ったフュージョン化(融合化・融業化)の動向を推進するものとして, かつての「規模の経済」に代わって, 情報ネットワーク化など単一主体の立場から製品の範囲を拡げる多角化による「範囲の経済」と, 複数の主体間のネットワークの結びつきが生む「連結の経済」が登場する。だが, 高度情報通信革命の展開に伴って, これまで競争力の源泉であった上記の①規模の経済, ②範囲の経済, ③連結の経済, のいずれの場合も「スピードの経済」の利益を重視する時代が到来している。改革にはスピードが不可欠であり, 相手に追い付き, 一気に追い抜く動体視力が求められる。前述の西村によれば, 構造改革でも, 英米を先駆けとして既に国際的なスピード競争が始まっている。他国に先んじて構造改革ないし制度転換を断行し魅力的な市場創出に成功すれば, それだけ経済の活性化も早く達成される。サンタフェ研究所のアーサーが指摘しているように, 経済が, 物質的資源に依存した大量加工から知識主導型のデザインと再生産へとシフトしてきたように, 収穫逓減から収穫逓増へとその基盤はシフトしているのである。そして収穫逓増は熾烈なスピード競争の中で成功するものは一層, 隆盛する傾向, 優位性を失ったものはますます, 優位性を損なうギャンブルのような傾向であり, 秀逸な戦略によって成功したものは, スピードの経済を重視した時代への対応として, その製品なり, 企業なり, テクノロジーが, その市場にロックインを続けていくことになるのである。収穫逓減のメカニズムが経済の伝統的分野すなわち多くの製造業においてまだ支配的であるのに対し, 収穫逓増のメカニズムは経済の新しい分野すなわち知識主導型の産業(一部の製造業も含む)を支配するのである。

　スピードの経済の時代に符号するかのように, 田坂の言によれば, インタ

第9章　グローバル化・ボーダーレス化における制度転換と経済政策　245

ーネット革命は，企業や市場や社会の複雑系としての性質，とくに創造性と自己組織化を強めていくし，イントラネットは，自由に情報にアクセスできる「情報バリアフリー革命」，情報を発信する「草の根メディア革命」，単なるデータでなく「ノレッジ（知識）・コミュニケーション革命」をもたらし，コヒーレンス（共鳴）を実現さす。この結果，ベンチャー・キャピタルの十分な提供さえあれば，一人のアントレプレナー（起業家）の生み出すミクロのゆらぎが周囲の人びとの共鳴を生み出し，マクロの大勢を支配する。いま，過剰な間接部門を抱え込み適正規模を越えるような総合企業が制度疲労を来たしているのと対象的に，業界ナンバーワンの商品や技術を1つもっている，つまり専門能力に優れ，戦略的提携能力もあるベンチャー企業群が脚光を浴びつつある。その方が，ベスト・オブ・エブリシング（すべてにおいて最良）のドリーム・チームが結成でき，特定の市場に圧倒的競争優位の状態で参入でき，これを制覇できるからである。

　複雑系で読む日本経済の危機の1つが，予算の単年度制とそれに伴う行政の非効率にあるとして，逢沢明が半年予算制を提言している。その要旨は，半年予算制では，予算の執行を早め，その還流速度を逓増させて，GNPに対する寄与分を高める効果が期待できるほか，最大の効果として行政の効率化，国際化を促し，景気は活性化する，というのである。スピードの経済つまり改革の速さの重要性の視点からの1つのビルトイン・スタビライザー（景気自動安定装置）と理解したい。小島明によれば，いま世界は制度の改革・転換競争ともいうべき様相を早しており，企業は日々，自己改革でこの「速さ」に挑戦している。その競争の中で悪い制度は捨てられる。企業が生き延びるための制度（国）選択は現実に，もう始まっている。そこで制度改革・転換の方向が問題になる。今後，多様な価値と「異質」，「共生」を受け止めうる制度が必要になる。企業が競争力を確保するには，コストで勝負するか，非価格競争力を確保するしかない。新技術，新製品・サービスを開発できれば，独自の価格で市場を手中にすることもできる。

以上，国際標準化，低コスト経済，スピードの経済が日本経済の再生，自律回復にいかに必要か，そのための政策課題，さらには複雑系経済学・経営戦略も織り込んだ制度変革・制度転換について論じてきた。確かに，こうした複雑系制度転換とそのための政策発動・経営戦略の動きは，今回，ハイテク産業を中心に，金融産業，サービス・流通産業等，業種・業態の垣根を越えて進行中である。

　経済成長の要因には，①土地・労働・資本の生産要因と②生産性がある。それと今日の日本経済の場合，成長を抑制している最大のものは需要不足であり，コスト削減と市場を求めてのヒト・モノ・カネのボーダーレスな動きによる国際的低インフレ体質の恩恵を受けており，97年時点で1,200兆円の個人金融資産を有しており，高貯蓄・高投資，物価は超安定，低失業率の状況であり，成熟した債権国の道を辿ろうとしていることである。アメリカの場合，マクロ的には成長持続でドル高，株高，財政赤字縮小の好材料はあるものの，飯田経夫の指摘にもあるように，他方，①所得分配の不平等化，②貿易赤字悪化傾向，③好況つづきの割に労働生産性の低迷が持続していることである。今日のアメリカでは，リストラと規制緩和を進め，新規ベンチャー産業の活力で起業家と資産をもつ人は潤っているが，国民の8割は経済再生の過程で落ちた生活水準が上がっていないし，また知識産業においては，確かに株価次第で大きな収入を手にできるストック・オプション（自社株購入権）が従業員に与えられてはいるが，株価を上げるためのダウンサイジングの対象になる恐怖もあるなど，貧富の二極化現象を示している。「資本主義の未来」(1996年)の著者であるレスター・サローのいうように「80年代に所得が増えたのは，所得上位20％の人たちだけであり，増えた所得の64％が上位1％に集中しており，これだけの不均衡がさらに拡大していけば，いずれシステムは崩壊する」危険性もないとは限らない。こうしたアメリカの所得分配の極端な不平等化は，サローの描く5つのプレートのうちの2つ，経済のグローバル化と頭脳産業（情報化）の時代の到来が原因になっている。

第9章　グローバル化・ボーダーレス化における制度転換と経済政策　247

　これに対して日本の製造業は，吉富勝も指摘するように，生産工程の技術革新や異業種の技術融合は得意で，高度な資本財，耐久消費財部品，素材の供給は，超円高でない限り，ますます，比較優位化している。96年3月に公表された日本の製造業の海外生産額は約41兆円，これは日本の製品輸出額を抜く数字（参考までに韓国のGDPは37兆円）。平成不況の89年から93年までの5年間の国内生産は約300兆円で伸び率はわずか0.5％だが，これに海外生産の数字を加えると，伸び率は約13％になり，唐津一もいうように，マイナスイメージの空洞化とはいいがたいのである。ハード型ハイテク分野におけるデファリトスタンダードを握る可能性については既述したが，ROEも，西室泰三（東芝社長）や海津政信（野村総合研究所）の指摘にもあるように，大企業に過度な雇用責任を押し付ける日本と過度な収益を強いられるアメリカとの社会の違い，日米の法人税と長期金利の差の現状などを考慮すると，アメリカの14～15％に対し，日本では3，4％の低水準を脱し，将来，10％に改善されれば国際的に通用するものと考えられる。コスト面でも，自動車は1ドル100円でアメリカビッグ3とコスト競争力が均衡し，それ以上の円安では逆転，また自動車の他，鉄鋼，造船，工作機械でも韓国，台湾などと再逆転など，永岡文庸のいうように，製造業の強さが復活，株式，円の「日本買い」の余地はある。96年度第4・4半期，自動車，情報通信，エレクトロニクス，造船などで過去最高益となる企業は上場会社の約2割，他方，制度疲労を来たした金融，建設，電力など規制業種は株価低迷で，これからが規制緩和，市場開放へ向けての制度変革，制度転換の正念場となる。
　そこで，問題は，収穫逓増型のソフト面のハイテク産業で，専門能力と戦略的提携能力のある起業家が輩出する土壌がやや欠けていることである。金融機関，投資機関家，個人投資家によるベンチャーキャピタル市場の育成・活性化と研究開発型人材の内外からの登用が望まれる。もう1つは，規制緩和と市場開放，構造改革の結果，企業の間接部門，建設，流通，金融，公益事業も含めた規制業種であった非製造業からはみ出した余剰人員を吸収しう

るに足る成長産業と新規産業による雇用機会の創出である。そこで，山川哲史も指摘しているように，物流，金融，住宅関連で生産性を長期的に伸ばすような内外にわたる規制緩和（成功例は小売りでの大店法緩和）や低コスト化が行われれば，これまで低迷してきた非製造業の生産性の伸びが製造業の水準に収束ないしこれを凌駕する展望も開けてこよう。産業構造審議会は96年11月中旬，今後，成長が期待できる日本再生の産業分野として，①住宅，②医療・福祉，③生活文化，④都市環境整備，⑤環境，⑥新エネルギー，⑦情報・通信，⑧流通・物流，⑨人材，⑩国際化，⑪ビジネス支援，⑫新製造技術，⑬バイオテクノロジー，⑭航空・宇宙の14業種をあげたが，三橋規宏の指摘にあるように，その大部分は家計部門と密着した分野で，これまで既得権益擁護のため規制が多く，生産性も低かった分野である。これからの景気対策の柱として，個人消費と住宅投資を両輪とする，GDPの65％を占める家計部門の活性化が必要であり，そのための政策手段には，①低企業コスト，供給増につながる「規制緩和」，②利子所得増→個人消費拡大ルートにつながる「超低金利是正」（現行の0.5％から1.5〜2.0％へ），③消費税5％アップに伴う一定期間の所得税率引下げ，住宅ローン金利の課税所得からの全額控除等の「制度減税化」（好況時の自然増収でカバー）等が考えられる。この制度減税も，ビルトイン・スタビライザーの1つであると解したい。これにより，1,200兆円の個人金融資産（2020年には2,500兆円）という国富を一部切り崩し内需拡大に振り向け，日本の再生に生かすことが可能になる。

現在の日本の経済状況からみれば，家計と企業が貯蓄超過であり，逆に政府と海外が投資超過となっており，これが日本経済の弱い背景であるとすれば，加藤進もいうように，財政引締めによる赤字抑制と金利引上げによる家計・企業の金利収入拡大の方が，景気に好ましい条件であることになる。円高で外国人がコストの高い日本市場から出ていった現象に加え，今度は円安と低金利で日本の投資家が海外へ逃げてしまうことによる日本市場の空洞化は避けねばならない。需要不足が基調の日本経済にあって，高い投資水準と

強い円を両立させる場合にも，また高い投資水準と経常黒字の持続的安定（GDP比率1.5〜2.0％）を両立させるにも，そのいずれの場合も高貯蓄率を維持する直間比率の是正策（直接税から間接税へ）と労働生産性を高くする政策の双方が必要となろう。また，これに関連して，銀行危機を克服し，信用創造力を高め，国際競争力のある金融自由化・再編成を進めていく上にも，また預貯金者，最終ユーザーの利益を守るためにも，不良資産償却のための公的資金投入と土地の流動化政策は当面不可欠である。このうち公的資金投入は，ビルトイン・スタビライザーの１つと考えたい。

80年以降，世界の金融を動かしてきたのは，竹中平蔵によれば，「国際化」と「機関化」の２つのコンセプトであり，前者は，通信ネットワークなど技術の発展と相まって進み，後者は，保険や年金などの巨大な資金を，機関投資家という組織が積極的に動かすようになった。吉野俊彦によれば，貿易収支，経常収支の黒字が減少し，その結果として極端な円高が是正されるのは，いわゆる「良い円安」だが，日本の金融システムの安全性を懸念する中での「悪い円安」では，資本は海外に流出し，金利差がそれを加速する。日本人は，外債や株に投資し，為替でも儲かる。逆に外国人は日本に投資しなくなる。そうなると，日本では，株安と円安が悪循環を引き起こし，株安は不良債権を抱え込んだ金融機関の経営を一層，悪化させ，景気回復の足を引張る。さらに円安が進むと輸入物価は上昇し，公共料金にも波及し，やがてはインフレの種を孕むだけでなく，実質金利をマイナスにしてしまうのである。こうみてくると，現時点でも，円高甚調は変わらず，今の円安は，基本的には超円安の是正である，という判断は正しい。

円高，円安を問わず，為替変動に左右されないために，いわばビルトイン・スタビライザーとしての役割を果たす「円の国際化」が必要な状況は，まったく今日も変わっておらず，したがって，日本としては，円がアジアにおける基軸通貨として機能するような環境と条件整備が重要で，円の保有や調達・運用のコストと効率についてもドルやユーロ並みに整備すべき時期に

来ている,とする見方が多い。規制撤廃,金融ビッグバン,税制,国際会計原則の整備が急がれるのは,そのためである。行天豊雄の指摘にもあるように,アジア諸国は,円ドル相場の急変を歓迎しない。つまり,円がアジアでより広く利用されるためにも,円ドル相場の安定が望ましい。そして現在の状況下では,円相場,特に円・ドル相場の安定で最も利益を得るのは日本なのである。

経済のアジアシフトが進む過程では,野村総合研究所の関志雄が指摘しているように,貿易や投資の過半を占めつつあるアジアとの取引を円にリンクする円圏が出来ていけば,実効為替レートが安定するはずであるから,金融ビッグバンの中で円の国際化を大きな課題として位置付けるべきであると考える。

日本経済研究センターがまとめた日本経済中期予測(96－2001年度)では,21世紀初頭には,高齢化が進むため,家計の消費性向は94年度の86.8％から2001年度には88.7％まで上昇することなどもあって,図表9－4にみるように,貿易収支の黒字をサービス収支の赤字が相殺する形で貿易・サービス収支が均衡する。この間にも日本の対外純資産は積み上がり,2001年には90兆円を超えるため,利子・配当などの所得収支の黒字が7兆円を超える。こうして日本は,中村洋一も指摘するように,「成熟した債権国」への入り口に立つことになる。こうした均衡をもたらす円相場は,ファンダメンタルズ

図表9－4　国際収支主要項目と為替レートの推移

(単位,億円,96年度移行は予測。▲はマイナス,対外純資産は暦年末値)

	1995年度	1996	1997	1998	1999	2000	2001
経常収支	94,817	70,167	75,406	87,942	74,317	69,370	68,611
貿易・サービス収支	58,773	20,631	22,837	35,704	18,660	8,360	2,695
貿易収支	115,242	83,232	87,772	98,982	83,151	74,302	70,727
サービス収支	▲56,469	▲62,601	▲64,935	▲63,278	▲64,491	▲65,942	▲68,032
所得収支	44,487	58,298	61,701	61,979	65,948	71,842	77,343
経常移転収支	▲8,441	▲8,762	▲9,131	▲9,741	▲10,291	▲10,832	▲11,428
対外純資産	769,910	818,260	848,253	831,913	847,635	868,136	902,514
経常収支／名目GDP(％)	1.9	1.4	1.5	1.6	1.3	1.2	1.1
為替レート(円／ドル)	96.5	109.5	108.6	101.5	99.5	98.1	98.0

出所)日本経済研究センター,日本経済中期予測(96－2001年度)
「日本経済新聞」1996年12月5日付

(経済の基礎的条件)を反映するとみてよいので，円は海外との物価上昇率格差に応じて円高の方へ向かい，2001年度の平均で1ドル98円と予測している。

96年の経済白書は，景気の本格的回復の条件として，制度疲労に陥った経済構造・システムの再構築が必要と判断している。この認識に立って日本経済の活性化と制度転換を行うためには，1）自己責任原則と透明な市場原理に立脚したリスクテークな企業行動の必要性，2）自由で革新的な創造力を発揮しやすいソフトなシステムへの転換，3）行財政改革，地方分権化，財政のアウトソーシング(民間への外部委託)等，公的部門の制度改革，4）世論のフィードバック・メカニズムを保障し，非効率・過大な政府をチェックしうる総合調整可能な政策決定システム刷新，政府内政策形成メカニズムの再生および経済のスピードに即応できる活力ある重点予算編成と執行，5）高コスト体質，各種の規制・保護・助成措置等に依存する「重層型産業構造」(高生産性を有する製造業比較優位産業，低生産性の製造業比較劣位産業，総じて生産性の低い非貿易財産業)の内外・内内価格差是正へ向けての改変，6）情報・福祉・環境・サービス産業等，各種ベンチャー・ビジネスを中核とした新産業創出による経済活性化と雇用吸収，7）金融・証券業界でのベンチャー・キャピタル市場育成を通しての起業家支援，内外自由化，ディスクロージャー(企業情報開示制度)，企業への資金供給産業だけでなく国民の財産を預かる資金運用産業，へ向けての自覚と積極的企業行動，および投資家サイドの自己責任の受容，日本型金融ビッグバンの早期実現，が不可欠であると考えられる。

地域経済論の視点も加味すれば，対内外拡大均衡・広域循環(ヒト・モノ・カネ)を志向する経済システムと経済政策の方向は，①高生産性・高付加価値，低コスト，②外資導入大国への戦略，③公的資金投入，外資導入優遇，制度減税，半年予算，円の国際化とりわけアジアでの基軸通貨化等，複雑系持続成長へ向けてのビルトイン・スタビライザー(景気自動安定装置)の拡

張化,へ向けてのソフトランディング（軟着陸）ということになろう。

　もし,今日の複雑系国際経済の中において,日本がスピードある意思決定で制度改革・制度転換を行うなら,R.クーもいうように,経済再生はおろか高めの経済成長率をこれからも実現する可能性がどこよりも残っていると断言できる。規制を残してきた,そして余剰労働者を抱えている日本の企業は,逆に高投資国,勤勉さの特性を生かして生産性や競争力の上昇,収穫逓増型ベンチャー・ビジネスの湧出等,改善の余地も大きい。個人所得や個人金融資産も大きいので,需要喚起がしやすい。政令都市活性化調査での印象だが,地方分権・地域活性化の潮流の中で,広域的に一体となり,複数の都市がアジア等の複数の都市とヒト・モノ・カネの交流・交易を通して脱国境化し,市場アクセスの開放を相互に競い合い,ビジネスルールを国際標準に近づけ,自治体,企業,家計の三者で地域経営していく,いわゆる新しいリージョン・ステートの時代も到来しつつあるようである。エーモン・フィングルトンのキャッチ・フレーズ,「見えない繁栄システム」（かれの訳本のタイトルでもあるが）を,日本はビルト・インしているのかも知れないし,資本主義を超えた新しい日本型経済システムないし制度が,日本から生まれ,アメリカを追い越すかも知れない。

第4節　市場原理のメリットと二極化是正型,協調・協力型,循環・共生型経済社会の制度化を活かしたマクロ・ミクロ経済改革と制度転換への道

a　「失われた10年」とつくられた回復・自律回復の意味——転機のマクロ経済政策——

　日本経済の90年代も「失われた10年」となった。しかし終わってみれば,実質成長率年平均1.4％,経常収支の黒字年平均1,000億ドル,外貨準備高は3,500億ドル,対外純資産残高約150兆円の世界最大の純債権国であり,個人金融資産も1,300兆円に達した。このうち約7割は65歳以上の高齢者保有で

ある。また貿易額で加算した円の実効相場はこの3年間で40％近く上昇，実効為替レートで算出すれば，GDPも国民所得も円の購買力も年平均10％台となっていた。直接投資の実績については，2000年度上半期で対日が外資による「日本買い」が続き，1兆8,901億円（前年度同期比42.1％増），対外が2兆7,879億円（同48.9％減）と数年前の1対10に比べると1対1.5と格段の改善がみられる。後者の対外直接投資では，日本企業の方で海外の製造拠点を整理統合して経営効率を高めようとする動きが広がり，製造業で82.8％減と落ち込んだ。ただ物価指数については，内外価格差問題を温存しているものの卸売，消費者共，超安定，とりわけ消費者物価の継続的下落（99年0.3％，2000年0.7％）は景気回復に悪影響，2000年には実質成長率は2％を超えたものの，名目成長率はマイナスに転ずる見通しである。

他方，成長率と並んで回復の足取りが遅く低迷している指標としては，完全失業率は99年，2000年2年連続4.7％でアメリカ（4.0％）を上回り，失業者数は320万人と過去最多。99年度の国・地方の財政赤字は対GDP比率で10％。また長期債務残高も2000年度末でGDPを約30％も上回る約645兆円。2000年（暦年）の消費支出は，平均消費性向が99年より0.6ポイント高い72.1％と2年連続で改善したものの，1世帯当たりでみると月平均340,977円となり，前年比0.6％減少で下げ止まりの傾向はみられるが，3年連続減少となっている。株価は13,000円台にとどまり，上場証券会社20社の2000年9月中間決算は株安，手数料下げが響き大幅減益。またロンドンビジネススクール調べ（2000年）での世界主要21ヵ国の「起業度」ランキングでは，日本は20位で日米格差10倍であった。

さて「失われた10年」は，86.12〜91.2のバブル景気（51ヵ月）の最後の14ヵ月，91.3-93.10の第1次平成不況（32ヵ月），93.11〜97.3の公共投資・減税等の財政出動によるつくられた好況，97.4〜99.3の第2次平成不況（24ヵ月）と，99.4以降の緩やかな回復に区分される。第2次平成不況の引き金になったのは，97年4月の選挙公約でもあった財政構造改革路線に沿った消費

税5％への引上げ，特別減税廃止，医療保険見直しに伴う患者負担増（民間消費300兆円の3％，9兆円のデフレ効果）等，橋本内閣での政策の失敗による，というのが定説になっている。だが，96年度末の駆け込み消費，アジア経済危機に伴う輸出減少，不良債権と過剰債務・設備・雇用処理の遅れが小渕内閣による構造改革を先送りにし景気浮揚を先行させたつくられた大型総合・緊急経済対策にもかかわらず，2年間，日本経済を不況局面にとどまらせたのである。第1次不況時も含めると92年8月から98年11月までの7回にわたって投じられた総事業費は，100兆円，99年11月には，経済新生対策として17兆2,000億円が投じられている。

　さしもの大型不況も99年度に入ると，IT関連の設備投資需要増，個人消費の下げ止まり，企業収益の改善などで，99年度実質成長率は前年度比0.5％，2000年度も1.5％の成長が期待されている。だが，これらは，上記のように財政支出や輸出といった外生需要であった。こうした外生的需要増が企業の過剰在庫，過剰設備，過剰雇用の調整を，そして公的資金の供給が過剰債務の処理を，大きく後押しした。ただ，これらの有効需要は政府によってつくられたカンフル注射であり，自律的回復にはつながらない。とりわけ赤字国債を駆使しての財政支出は，将来への借金返済となるわけで，いまや許容限界に近づきつつある。自律的回復には民間レベルでの投資需要と消費需要の高まりがなければならない。そのためのマクロ，ミクロ経済改革と制度・組織変革に向けての政策の転換が必要である。その際，市場主義一辺倒で良いのであろうか。ポスト市場主義への模索を試みてみたい。

b　21世紀へ向けての自律回復のためのマクロ経済改革と大胆なミクロ経済改革・制度変革の必要性

　グローバル化・ボーダーレス化の下で制度ないしシステムを変革させようとする複雑系思考を取り入れれば，日本経済の自律回復へ向けての経済再生策進路は，上記，第3節で提言したように，①国際標準化志向，②低コスト経済志向，③スピードの経済志向ということになるが，まず21世紀へ向けて

の自律回復のための転機となるマクロ経済改革は，財政・金融にどのような役割分担をさせていくべきなのか。

それには，従来の財政が主，金融が従という景気安定に向けたポリシーミックスの主従関係を改める必要がある。斉藤誠・岩本康志の言を借りれば，基本的には財政政策は資源配分という本来の機能に特化し，金融政策は安定化機能の主役を担うべきである。私見では前者の「資源」配分という時の資源は，人的・物的資源の双方を含むべきである。したがって金融・財政政策は，共に，これまでの極大・安定の他に，効率・公正・共生・最適・最悪回避の多様な政策基準を可能な限り充たし，持続的成長へ向けてこれまでの累進所得税，社会保険負担等にとどまらない拡張された広義のビルトイン・スタビライザー（景気自動安定装置）を包含したものでなければならない。

こうした広義のビルトイン・スタビライザーには，前節で提示した①単年予算制，②消費税，法人税等の弾力的運用などの制度減税化（好況時の自然増収でカバー），③公的資金投入，④円の国際化，の他に，⑤インフレ・ターゲティング（物価変動率の目標設定），⑥民間活力，遊休労働力・マネーや民間資源等を活かし，財政危機にも有効なNPO（非営利組織）やPFI（プライベート・ファイナンス・イニシアティブ）の積極的活用，等が挙げられる。さらに，八田達夫の唱える「自動的（財政）余剰創出装置」も有効であろう。

これは財政・税制を景気感応度により有効に機能させたものである。そこでは所得税，減税，住宅ローン控除を景気動向，失業率に連動，また都市内の交通アクセスの改善コストについては，利便性を高めた場所（居住住宅以外）の固定資産税に連動させるなど興味ある提案がなされている。

これに対し，「政策手段はそれが政策目標の達成について，比較優位に立つ政策目標に割り当てるべき」とするR.A.マンデルの「政策割当接近」に依拠する横山将義によれば，財政政策と金融政策には共に景気対策としての役割を果たすことになるが，個別的には金融政策に為替レート調整政策の役割が，財政政策には経常収支の不均衡是正策の役割が付与されるのである。

そして資本移動性が高い場合は，金融政策を国内均衡に，財政政策を対外均衡に割り当てるという調整方法も考えられるという。その限りにおいて実に的を得ている帰結といえる。

しかし資本移動性が高く，大幅な財政赤字を抱えた日本経済の場合，私見では金融政策は主として，金利を通して対外では為替レート調整，対内では景気安定機能に，財政政策は主として，対外では経常収支の不均衡是正，対内では情報・教育・環境・福祉・インフラ整備等，多岐にわたる資源配分機能に特化した方がベターであろう。

だが，持続可能な自律回復を，そして成長を実現するには，マクロ経済政策だけでなく，「競争と効率化」，「ポスト市場主義に立つ協調・協力と共生」の二兎を追う大胆なミクロ経済改革と制度転換が必要不可欠である。二兎の共通の基盤は，IT革命とITの産業化を受容した規制緩和と新規需要の創出である。

前者の「競争と効率化」に関連して，チャールズ・カロミリスは，過去6年余りの間，日本経済の回復は，金融システム，財政，為替の3つの政策の「ワナ」に妨げられてきた，という。①金融システムのワナ，②財政のワナ，③為替のワナ，がそれである。そして第1のワナは，公的資金注入や破綻処理が政治的に容易になったことで，第2のワナは，これ以上財政赤字を既得権に群がるムダな公共投資，非効率な助成，資源の浪費に充てることが困難になったことで，そして第3のワナは，日銀の市場からの国債購入拡大等の量的緩和の実施で円が下落，実質金利が低下したことで，脱出できたと説くのである。わけても，吉川洋の指摘にもあるように潜在的需要を「技術」と結びつけて，「縮小均衡」のワナから脱却するために，世代間，業態間，地域間の再分配をバラマキではなく内容や効率性を十分，吟味した「財政政策」は重要な役割を担っている。

今回の不況は，需要喚起を求める循環的不況の要因よりも，資産デフレという構造要因が強かった。バブル崩壊で，国富の目減りは，90年末から98年

第9章　グローバル化・ボーダーレス化における制度転換と経済政策　257

末までの8年間で936兆円，99年も180兆円目減りで合わせて1,100兆円，GDPの2年分に相当する。その穴埋めの貯蓄が9年間で700兆円。99年末で損失の済んでいない国富の目減り435兆円であった。

　折しも，クリントン政権時代のIT革命で象徴されたニューエコノミーの成果（実質経済成長率94年3.7%，95年2.6%，96年3.6%，97年3.9%，98年4.4%，99年4.2%，2001年1月の失業率が4.2%と1年4カ月ぶりに高水準に上昇，株価NYダウ99年11,497ドル）も2001年ジュニア・ブッシュの新政権誕生の先行きを憂うかのように，2000年10月〜12月期の実質成長率が前年同期比1.4%と5年半ぶりの低い伸びになり，世界経済を支えてきたアメリカの内需にブレーキがかかったことが鮮明となった。家計部門の貯蓄率がマイナスに陥り，企業部門の債務や銀行の不良債権も増加傾向のなか個人消費は株安，エネルギー価格の上昇で急速な落ち込み，企業収益の悪化で情報技術（IT）関連の設備投資も減速，レイオフも急ピッチ。2001年1月31日，公定歩合0.5%引き下げて年5.0%，1月3, 4日の緊急利下げに続き，1ヵ月の間に1%利下げという景気後退入りを織り込んでの異例の緩和措置となった。年間2.5%前後の成長を維持すべくブッシュ政権の減税策などマクロ経済運営が重要な局面を迎えることになりそうである。

　加えて，小林至も言っているように，アメリカでは，富める者とそうでない者の二極化，かって20世紀の主役を演じた中産階級の崩壊の10年であったわけで，そこから発生する問題を解決するには膨大なコストが必要な現状である。UNDP ; Human Development Reportによると，所得上位20%を下位20%で除した数値は，8.9でブラジル，フィリピンに次いで第3位（日本は3.4で16番目の最下位）と，先進国では最不平等国，貧困線以下の人びとの割合は14.1%，およそ3800万人余りでオランダに次いで第2位（日本は3.7%で12ヵ国中第10位）である。ニューエコノミーにより，技術・企業行動・経済政策運営の3者が結びつき，極めて高い経済的成果を生んだのであるが，グローバリズムによる一人勝ちゲームは必然的に上記のような経済・

社会の二極化を惹起したのである。

　インフレなき持続成長すなわち需給の安定的拡大均衡化という観点から，日本経済の自律回復の可能性を探ると，総需要サイドのY＝C＋I＋G＋X̄(X-M)を，供給サイドの資本，労働，土地，輸入と前二者の生産性（全要素生産性）から推計する潜在成長力に近づけるべく，需要の換起，とりわけC＋Iの内需の換起と，これを支え，雇用増にも寄与するITの産業化と新産業の湧出，マクロ面から補完する金融・財政政策，さらにはこれらを方向づけする大胆なミクロ経済改革と制度転換ということになろう。産業の活性化につながる規則緩和と福祉・環境・快適・外資導入ニーズの掘り起こしと，インフラ整備，これにモノ・カネ・ヒトの内外広域循環のスピード化が進めば，潜在成長力3～4％の実現は可能と考える。それにしても1,300兆円にも上る個人金融資産が国内に還流し，かなりの部分がIT，福祉・環境・快適産業などベンチャー起業を支援するベンチャーキャピタル市場に投機され，またこれらの産業が創出するモノ，サービスへの消費に向かうようにするには，超低金利の是正（欧米並みの実質3～4％）が必要不可欠であることはいうまでもない。

　c　経済・社会の二極化を是正し，ポスト市場主義を志向する協調・協力・共生社会（第三の道）構築と制度転換の方向性

　市場原理・競争原理のメリットは，収穫逓増型のIT革命やITの産業化であり，規制緩和・撤廃の推進の下，高金利・高株価でベンチャーキャピタル市場，ベンチャービジネスを活性化させると共に，技術進歩や生産・流通面での革新的な事業展開により生産性を高め，成功企業の超収益増とマクロ的にはGDPの高成長に，そして良い物価下落と消費需要増，新規産業の湧出につながったことである。収穫逓増とは，新技術の取り込み，規模の経済，範囲の経済，連結の経済によって生産・研究開発・流通・販売等で得られる効率性である。

　ただ，持てる者と持たざるものとの著しい格差が経済と社会に不安な状況

を醸成していることは事実で，こうした二極化がアメリカ型グローバリズムといわれる由縁でもある。最近では，株価，景気共，IT産業でも先行き不透明で，雇用面でも大型リストラの動きも出ている。

これについて興味をひく論文は，ヤマムラ・コウゾウの「日本経済が生きる道」（Voice Oct. Nov.2000）である。村上泰亮の「反古典の政治経済学」（1997）の仕事を引き継ぎ，アメリカ資本主義の盲信に警告を発し，ニューエコノミーによる永遠の繁栄論を暴く画期的論文〔佐伯啓思解説〕といえる。そこでは，市場重視型資本主義は，協調資本主義より労働市場と資本市場において価格が柔軟性をもち，高い経済成長を達成しうるという制度上の比較優位は有している。しかし，そのことが所得格差の拡大，不平等の拡大といった社会的コストも大きく，過度の訴訟社会がこれに拍車をかける。そして景気下降局面では，財政的にも支えきれなくなる。加えて，情報と金融グローバル化の下で，佐伯啓思も説くように，ボーダーレスな短期資本の自由な流動を中心として資本の流出入は，利益機会を求めて国際市場（為替・株式・金融）で当該国・地域の景気と経済を混乱させる。

また市場主義者は，政府による規制，福祉政策，財政政策が市場の展開を阻害するものだとみている。こうして，ナショナルインタレスト（国家の利益・関心）とマーケットインタレスト（市場の利益・関心）は矛盾し，対立する。とりわけ不況期の過度の市場主義は，小野善康の指摘にもあるように，生産効率上昇を促す一方で，需要を減少させ，需要不足を助長しかねない。そのため，株価急落と市場主義の台頭する経済にとっては，もっとも危険なゲームとなる。

これに対し，「合意・協調」は，短期的には有利だが長期的には高くつく選択を避け，高い持続可能な経済的パフォーマンスと社会契約を実現しうるような知的政策を取り入れようとする。80年代後半から90年代にかけての日本は，日米貿易摩擦の中でアメリカからの外圧下，「前川レポート」による内需拡大，金融緩和による過大なマネーサプライでバブルを到来させ，時期

尚早な「構造改革論」によって長期の経済低迷に突入した。したがって，21世紀に入った日本経済の最大の選択は，佐伯啓思の言葉も一部借りれば，次のようになる。IT革命，産業のIT化等，限られた領域については，グローバルスタンダードに合わせた市場原理と大胆な規制緩和により短期的に高い経済成長を志向する戦略が必要であるが，長期的には，低成長，人口減少，高齢化，雇用，消費意欲の減退を前に，文化的な意味も含めて日常生活の確実な基盤を作りあげておくためには，宇沢弘文のいう「社会的共通資本」とローカルアメニティの整備が求められるのである。社会的共通資本は，1つの国ないし特定の地域に住むすべての人びとが，豊かな経済生活を営み，優れた文化を展開し，人間的に魅力ある社会を持続的，安定的に維持することを可能にするような社会的装置を意味する。そして構成要素は，①自然環境，②社会的インフラおよび③教育・医療・司法・金融制度等の制度資本である。職住近接の個性ある都市・マチづくりには，強力な行政指導と規制が必要となる。

このように，不確実性と高リスク社会に適応していくためには，佐和隆光も唱える市場主義と反市場主義を止揚する第三の道の制度転換が求められる。アンソニー・ギデンズによると，第三の道の政治は，平等（教育・医療・福祉・雇用の機会の平等）を包含し，不平等を排除と定義している。旧来の制度・慣行の非効率を正すのには，市場主義改革の推進は，必要ではあるが十分ではない。市場主義改革の遂行により効率性を高め，パイを大きくしつつ公共性と公正が排除されない二極化・格差・不平等のない社会の実現を同時にめざすのである。アルマティア・センは，効用だけを最大化する家計，利潤だけを最大化する企業を，「合理的な愚か者」とした上で，他に使命感と共感を優先させるのがベターであると主張している。ギデンズによれば，「資金でなくリスクを共同管理する」のがポジティブな福祉国家であり，資本主義経済の活力を高めることになる。佐和隆光も指摘するように，できるだけ多くの資金を，人的資本への投資――人びとの能力や技能の向上――に用立

第9章 グローバル化・ボーダーレス化における制度転換と経済政策　261

てるのが，ポジティブな福祉なのである。

　次に，競争原理を乗り越える「協力社会」を提言する神野直彦は，財政学のパラダイムから市場原理主義と中央集権型政治の限界を指摘する。そして，地方自治，税制，社会保障体制等の制度改革を通して人間の絆で結ばれた分権型社会への道筋を示す。協力社会では，人間の能力を高め，人間の生活を守ることに財政が動員される。そして財政再建の過程で，分権型の制度変革のなかで，教育・研究開発・環境・ITインフラ・福祉に財源が重点配分されるべきと説くのである。

　最後の「共生・共存」については，佐伯啓思の挙げる，官と民，政治と経済，ローカルな生活と雇用の共生の他に，人間と環境・人間と文化・環境と福祉，地域の固有性・多様性の相互容認と公共空間・創造環境の構築，多様な資本主義の共存と参加の条件としての「公正」公準の充足，等が考えられる。このうち，「人間と環境」については，三橋規宏の「21世紀の日本のデザイン」を紹介しておこう。それは，①資源循環型の社会，②環境負荷の少ない社会，③ゼロ成長やマイナス成長でない，持続可能で安定した発展が保証される社会，の構築である。そしてストック重視型の経済こそ優先されるべきで，その方向での政策，行動規範が求められる，としている。キーワード群は，安定成長，適正生産，耐久性，製造業のサービス化，内需主導，環境保全，地上資源活用および地方分権である。

　だが，共生契約をめざす経済・社会構想として体系的に取り上げ，政策提言したのは，住沢博紀である。かれの提起した「共生」の4つの構成要件は，①ケアし，ケアされる存在としての人間，②日々に課題として現われる克服が困難な現実の存在（競争，差別，排除，支配，闘争，対立等），③さまざまなレベル（家族，地域社会，企業，社会，民主主義，国家）での契約，④社会的共通資本，多元的経済社会等の概念による制度化，である。このうち「グローバル化」の経済社会システムとしてのキーワードは，規則廃止・ニューエコノミー，IT革命・金融革命，グローバル地域経済圏と電子商取

引,リストラと能力給,雇用形態の柔軟化・多様化であり,「共生契約の制度化」の経済社会システムとしてのキーワードは,社会的共通資本（持続可能な経済システム）,多元的経済システム（社会サービス業の発展・地域経済の自立と結合）,市民生活給と可処分時間,共生契約型企業,である。そして,同氏によると,社会の市場化とは,社会資本の民営化のみならず,制度資本も市場の論理にしたがって編成しようとするものであり,共生契約の制度化とは,市場経済の領域と社会的共通資本の領域を明確に区別することを要求するものである。

産業社会の再構築は,循環型経済社会を目標に既に始まっており,環境・福祉・交通アクセス政策と経済政策の統合ないしこれらをすべての政策の目標にかかわらしめていくことが必要である。特にマイカーに依存しなくてすむ交通アクセス・医療サービスの利便・快適性は衣・食・住の豊かな享受とあいまって,内外価格差の是正と適切な優遇措置がなされれば,海外から多くのリッチな長期滞在型高齢者階層を呼び込むことになろう。

こうしてみると,相互信頼を前提とする「協力の領域」があって始めて「市場競争の領域」もうまく働くのである。そしてこの信頼や協力の制度に当たるのが,金子勝がいう,リスクを社会全体で分かち合うセーフティーネットである。私見も加えれば,グローバルスタンダードの強制による市場の不安定化,経済の二極化に伴うリスク増大を社会全体でシェアし（分かち合い）競争を促進するためのセーフティネット（個人の安全の拠り所,福祉・年金・医療等）を起点にした制度改革さらには制度転換なる戦略は参考になろう。またK・E・ボウルディングが『変革の評価』(1972) のなかで,社会・経済・政治機構制度の最高目標 (the goal) として,〈高い資質の人間の育成〉という人間ストックないし精神的資本の充実は,ポスト市場主義を志向する協調・協力・共生社会（第三の道）構築の有力な上位目標といえよう。そして経済・社会の二極化を是正し,持続成長を志向するには,これらを包含した新たな基本的目標の構築と,その実現のための目的・手段の体系化および

それらの実施に向けての効率的な社会経済システムの改変さらには政策決定過程の改善が必要であろう。

参考文献
本章執筆に当っては，主に以下の文献を参照した。
P. クルーグマン『脱「国境」の経済学』東洋経済新報社 1994年
R. クー『良い円高 悪い円高』東洋経済新報社 1994年
関 志雄『円圏の経済学——アジアにおける通貨統合の展望』日本経済新聞社 1995年
守谷基明「日米経済の動きと経済政策」『関西大学経済・政治研究所第126回産業セミナー（94.11.24）』1995年
守谷基明「地域経済論から見た大阪活性化のデザイン」『関西大学経済論集』（第45巻第4号）1995年
経済企画庁編『平成8年版経済白書』大蔵省印刷局 1996年
太田 宏・杉町達也『この一冊でわかる日本経済』元就出版社 1996年
奥山伸弘編『構造異変 日本経済のしくみと読み方』日本実業出版社 1996年
大前研一・織山和久『アジア合州国の誕生』ダイヤモンド社 1995年
大前研一『アジア連邦の世紀』小学館 1996年
稲葉陽二『「中流」が消えるアメリカ』日本経済新聞社 1996年
佐久間潮『アメリカ経済論——怒りと苛立ちの経済構造』東洋経済新報社 1996年
高橋乗宣『高橋乗宣の'97日本経済』ダイヤモンド社 1996年
野村総合研究所『日本の優先課題'97』野村総合研究所 1996年
日本興業銀行調査部編『1997年日本経済はこう変わる』NHK出版 1996年
R.A. フェルドマン『日本の衰弱』東洋経済新聞社 1996年
赤羽隆夫『日本経済探偵術』東洋経済新報社 1997年
関満博『空洞化を超えて』日本経済新聞社 1997年
E. フィングルトン『見えない繁栄システム』早川書房 1997年
週刊ダイヤモンド編集部，ダイヤモンド・ハーバード・ビジネス編集部『複雑系の経済学』ダイヤモンド社 1997年
田坂広志『複雑系の経営』1997年
日本経済政策学会編『経済発展と制度転換——21世紀に向けての日本の進路（日本経済政策学会年報XLV)』勁草書房 1997年
ボウルディング『変革をどううけとめるか』日本放送出版協会 1972年
守谷基明編『新版・現代の経済政策』中央経済社 1981年
アルマティア・セン『合理的な愚か者』勁草書房 1989年
村上泰亮『反古典の政治経済学（上下巻）』中央公論新社 1992年

佐伯啓思『「欲望」と資本主義』講談社現代新書　1993年
佐伯啓思『ケインズの予言－幻想のグローバル資本主義（下）』PHP新書　1999年
アンソニー・ギデンズ『第三の道』日本経済新聞社　1999年
金子勝『セーフティーネットの経済学』ちくま新書　1999年
原田泰『日本の失われた十年』日本経済新聞社　1999年
富士総合研究所『2001年日本経済の進路』中央公論新社　2000年
小林至『僕はアメリカに幻滅した』大陽企画出版　2000年
三橋規宏『日本経済グリーン国富論』東洋経済新報社　2000年
富士総合研究所『2001年日本経済の進路』中央公論社　2000年
山口定・神野直彦編『2025年日本の構想』岩波書店　2000年
イエスパー・コール『日本経済これから黄金期へ』ダイヤモンド社　2000年
宇沢弘文『社会的共通資本』岩波新書　2000年
佐和隆光『市場主義の終焉』岩波新書　2000年
松原隆一郎『消費資本主義のゆくえ』ちくま新書　2000年
リチャード・クー『良い財政赤字，悪い財政赤字』PHP　2001年
神野直彦『「希望の島」への改革』NHKブックス　2001年
『エコノミスト』(96.12.17)，(97.2.11)，(97.2.18)，(97.2.25)，(97.3.4)，(97.3.11)
『東洋経済』(97.2.22)，(97.3.12〔臨増〕)
『NIRA』(Vol. 9. No.10, 1996)
『週刊ダイヤモンド』(97.2.22)
『ESP』(97.2. No.298)
『金融ビジネス』(97.4. No.143)
『Voice』(97.1. No.229)，(97.3. No.231)
Regional Research Institute, West Virginia University, *International Regional Science Review*, Vol.19 No. 1 & 2 , 1996.
他に，日本経済新聞，日経金融新聞，読売新聞，産経新聞など
（付記：本稿第11章第1・2・3節は，1996年度関西大学研修員として研究助成を，および第4節は1999年度関西大学経済学部共同研究費を受けたその成果の一部である。）

第10章　資源・環境政策

第1節　資源・環境問題の現状

　地球の資源問題と環境問題については，まず資源問題が先に注目されるようになった。この問題に注目すべき警鐘を鳴らしたのは，1972年のローマクラブによる『成長の限界』であった。この書物は，第2次世界大戦後の高度経済成長の継続を，資源と環境の2つの制約により困難であるとみなした。この書物の影響を受け，世界中の人びとは，人類の生存のためにはこの資源と環境という2つの問題を解決することがきわめて重要であるという認識を，もつようになった。

　そのようなとき，1973年10月に第4次中東戦争を契機に，石油の価格が短期間に4倍になるという，第1次石油危機が発生した。さらに1979年にも，その価格が同様に短期間に2倍になる第2次石油危機が発生した。この2つの石油危機の発生により，世界の多くの人びとは，石油だけでなく他の資源を含めた地球資源の枯渇化の問題を，真剣に考えねばならなくなった。石油危機までは，貿易を通じて安価な資源が外国から容易に獲得できるものと考えられていたが，この石油危機によって，石油の価格が上昇するだけでなく，その必要な量を確保することも困難となった。このため，日本など非産油国は石油の確保のために，世界中を駆けめぐらなければならない状況になった。

　この第1次石油危機が発生するまでは，高度経済成長により，世界の資源消費量の増加率も大きくなっていき，いわば幾何級数的に増加した。『成長の限界』によれば，資源消費量のこの幾何級数的な増加が続いた場合に，主な地球資源が現存埋蔵量で持ちこたえる年数を示す幾何級数的耐用年数は，アルミニウム31年，鉄93年，銅21年，金9年，銀13年，亜鉛18年，天然ガス22年，石油20年，石炭111年というものであった。資源の確認埋蔵量の大幅な増加がないかぎり，人類はほとんどの地球資源を21世紀を迎える時期には

ほとんど枯渇し尽くすことになり，地球資源について，『成長の限界』はきわめて悲観的な予測を行っていた。

だが，現実には30年後の21世紀を迎えても人類は地球の主な資源を完全に枯渇し尽くすことなく，経済活動を維持している。その要因としては，まず資源の探査技術の向上あるいは採掘技術の向上による，採掘可能な確認埋蔵量の大幅な増加があげられる。おそらくこの埋蔵量は1970年当時と比較して，各資源とも2，3倍は増加しているものと考えられる。また，生産工程において省エネ・省資源のための技術が向上したこと，省エネ・省資源に向けた産業構造への転換が行われたことにより，資源消費量が，当時考えていたような幾何級数的値で増加することなく，その予測より少なかったことである。

なお，国連エネルギー統計などに基づく西山孝氏の『資源経済学のすすめ』によると，1990年の資源の埋蔵量を1年間の消費量で割った1990年の資源の耐用年数は，アルミニウム192年，鉄67年，銅39年，金23年，銀19年，鉛20年，天然ガス53年，石油45年，石炭148年，ウラン44年となっている。この数値は資源ごとに異なるが，『成長の限界』の予測の20年経過後も天然資源の耐用年数は，その予測値とほぼ同程度となっている。

『成長の限界』の予測と現実の経済の動きが異なり，人類は21世紀を無事迎えることができたとはいえ，現在も資源の消費量は増加していることに変わりはない。この資源の消費量と確認埋蔵量の関係から，大幅な技術革新がない限り，21世紀中には天然資源を枯渇し尽くす可能性がある。このことから，現在の世代が残り少ない天然資源を，後の将来世代のことも考えて，いかに効率的に利用するかがきわめて重要になる。

他方，地球の環境問題は資源問題以上に深刻であり，今後の人類の持続的発展のためには，世界各国が一致協力してその保全に努めることが，現在緊急の課題となっている。この地球の環境問題には多くの問題があるが，もっとも関心の高いのが，地球の温暖化問題である。この地球の温暖化をめぐって，1997年12月に「気候変動枠組条約第3回締約国会議」が京都で開催され，

さらに2000年にもハーグでこの国際会議が開催された。だがその会議では関係国の利害対立が顕著となり，抜本的な解決方法には合意が得られないままとなっている。この国際会議開催の目的は，気候に人為的な影響を及ぼすことがないように，大気中の温室効果ガス（とくに二酸化炭素）の濃度を安定化させることである。

　約200年前までは，大気中の二酸化炭素濃度は280ppmではほぼ一定であった。だが，その後工業化の進展とともに石炭，石油などの化石燃料の使用により二酸化炭素の排出量が増加し初め，1999年にはその濃度は369ppmとなっている。この大気中の二酸化炭素濃度は，ただ増加するだけでなく，その増加率が大きくなっており，いわば幾何級数的増加となっている。このため，はっきりしたことは分からないが，100年後の21世紀末にはこの濃度は約560ppmあたりになるとの予測もされている。この大気中の二酸化炭素濃度が2倍になると，地球の気温は約2.5度上昇すると考えられており，さらにその気温の上昇は地球全体の気候変動をもたらす可能性が高い。

　この気候変動は具体的に明らかではないが，これまで降雨量の多かった地域では一層雨が多くなり，逆に降雨量の少なかった地域では一層雨がすくなくなると予想され，乾燥地域では砂漠化が一層進むことになる。この結果，現在の農業と漁業が大きな影響を受けることは不可避である。たとえば現在世界の穀倉地帯であるアメリカの中南部ではこの砂漠化のため，現在のようには穀物の生産ができなくなり，世界の食糧危機が発生する可能性がある。

　また地球の温暖化により，気温が地球の表面で一様に上昇するのではなく，高緯度地域でより顕著になると考えられている。このため南極やシベリア，グリーンランドなどの氷が解け，海水面が上昇すると予測される。21世紀末には海面が1メートル近く上昇するという予測もあり，その結果世界の多くの都市や海面からわずかの高さしかない，西インド洋の諸島のような所では，浸水や海面下に水没の可能性がある。

　また，石炭や石油のような化石燃料の使用は，大気中に二酸化炭素以外に，

二酸化硫黄（SO_2）と窒素酸化物（NO_X）を放出し，そのことと関係する酸性雨の問題も発生している。この二酸化硫黄と窒素酸化物は大気中のガス状成分や微粒状成分を酸化し，これが水滴に溶解することにより，酸性雨となるのである。この酸性雨の影響はヨーロッパや北アメリカで深刻となったが，近年二酸化硫黄と窒素酸化物の除去の技術の発達とその排出規制が強化されたことにより，その影響は少なくなっている。だが，アジアなど発展途上国の地域では急速な工業化の進展にも関わらず，その除去の設備が不十分で，その排出規制も弱いことから，酸性雨の影響が今後強くなることが予測されている。

　これらの地球環境の悪化の問題以外に，オゾン層の破壊，熱帯林の消失，野生生物種の減少などの問題があげられている。地球の資源・環境問題の解決に向け，現在取組が行われている。その方法には自然科学的なもの，社会科学的なものとさまざまな方法がある。地球の資源・環境問題は極めて難しくまた複雑であるので，どの方法も単独ではその課題解決には不十分であり，これらの方法を組み合わせ，総合的に問題解決に取り組まなければなければならない。

　なお，社会科学的方法の中の経済学を使った解決の方法には，費用便益分析，炭素税のような課税によるもの，二酸化炭素の排出権取引のような市場原理を導入するものなどの方法があり，それらに基づき政策提言も行われている。本稿では経済学の中でも，とくに最適経済成長論という分析方法を使う。この方法は，将来世代をも含めた効用最大化を行うためには，いかに効率的に資源を利用するかという観点から，資源・環境問題に対する経済政策の基本的な考え方を述べるものである。

第2節　枯渇性資源と最適消費政策

　地球の資源には石油のように使えばなくなる枯渇性資源と，森林のように資源が自然に回復する再生可能資源があるが，ここでは枯渇性資源について

のみ取り上げる。この枯渇性資源については，石油，石炭，鉄など多くの資源があるが，マクロ経済学的にそれを1つのものと考える。またこの資源については，石油のように探査技術の向上によりその確認埋蔵量が増加しているが，この確認埋蔵量を所与のものとして考える。

経済学では普通，この初期の資源は生産関数に入り，資本と労働により生産物に変換され，その生産物が消費と投資に使われると考える。だがここでは議論を簡単にするため，この資源がこのような生産過程を経ず，直接消費のために使われるケーキイーティングモデル（cake eating model）を考え，人びとはこの消費により効用を得るものとする。このとき，政策当局の時間的視野が無限大である場合，どのようにこの資源を使っていけば将来の人びとも含めた効用の最大化になるのか考える。有限の枯渇性資源ストックにより，政策当局が将来にわたる効用の最大化を考える問題を分析するために，ここでは主として Dasgupta, P. and G. Heal〔10〕と Heal, G. M.〔12〕に基づいたマクロ分析的方法で述べる。

まず，人びとは効用を消費から得るものとし，その効用関数を(2.1)で示す。

$$U = U(C_t) \quad \cdots\cdots\cdots\cdots\cdots\cdots\cdots\cdots\cdots\cdots\cdots\cdots (2.1)$$

この効用関数の性質については，(2.2)を仮定する。

$$U_c(C_t) > 0 \quad U_{cc}(C_t) < 0 \quad \lim_{c_t \to 0} U_c(C_t) = \infty \cdots\cdots\cdots\cdots (2.2)$$

また，時点 t での資源ストックを S_t とし，この資源は生産過程を経ず，消費のために利用される。この資源ストックから時点 t での消費 C_t のために，この資源の利用 r_t が行われるものとする。このことは(2.3)の関係になり，これがケーキイーティングモデルを特徴づけている。

$$\dot{S}_t = -r_t$$
$$\dot{S}_t = -C_t \quad \cdots\cdots\cdots\cdots\cdots\cdots\cdots\cdots\cdots\cdots\cdots\cdots\cdots\cdots (2.3)$$

次に，政策当局の時間的視野が無限大で，初期の資源ストック S_0 が S^0 で

与えられているとき，将来にわたる効用最大化の課題を考えてみる。この課題を(2.5)と(2.6)の制約条件の下で(2.4)を最大にすることであると示すことができる。δ は後の世代の人びとの効用に対する割引率であり，$\delta > 0$ と仮定する。

最大化　　　$\int_0^\infty U(C_t) e^{-\delta t} dt \qquad \delta > 0$ ・・・・・・・・・・・・・・・・・・・・・・・・ (2.4)

制約条件　　$\dot{S}_t = -C_t$ ・・・・・・・・・・・・・・・・・・・・・・・・・・・・・・・・・・・・・・(2.5)

　　　　　　$S_0 = S^0$ ・・・(2.6)

この(2.4)を最大にするためには，積分の値を最大にする数学であるポントリヤーギンの最大値原理を使う。このポントリヤーギンの最大値原理を使うには，まずハミルトン関数を次の(2.7)のように定める。

$$H = U(C_t) e^{-\delta t} + p_t e^{-\delta t} (-C_t)$$ ・・・・・・・・・・・・・・・・・・・・・・・ (2.7)

また，次の(2.8)の横断条件が存在する。

$$\lim_{t \to \infty} p_t e^{-\delta t} S_t = 0$$ ・・・・・・・・・・・・・・・・・・・・・・・・・・・・・・ (2.8)

このハミルトン関数では，消費 C_t がコントロール変数となる。この C_t でハミルトン関数を最大にすることによって，(2.4)が最大となる必要条件の1つは求められる。このハミルトン関数の最大化を求めると(2.9)になる。

$$H_c = U_c(C_t) e^{-\delta t} - p_t e^{-\delta t} = 0$$

$$p_t = U_c(C_t)$$ ・・・・・・・・・・・・・・・・・・・・・・・・・・・・・・・・・・・・・・・ (2.9)

p_t は数学的には補助変数であり，経済学的には時点 t の資源のシャドープライス，つまり計算上の価格と解釈される。この(2.9)から，(2.4)の効用を最大にする1つの必要条件は，このシャドープライス p_t が消費による限界効用に等しくなることである。

また，次の(2.10)は(2.4)が最大となるためのもう1つの必要条件になっている。

$$\frac{d(p^t e^{-\delta t})}{dt} = -H_s$$ ・・・・・・・・・・・・・・・・・・・・・・・・・・・・・ (2.10)

この(2.10)から (2.11) を得ることができ，$\delta>0$ であるので，資源のシャドープライス p_t は δ でもって大きくなっている。

$$\dot{p}_t e^{-\delta t} + p_t(-\delta)e^{-\delta t} = 0$$

$$\frac{\dot{p}_t}{p_t} = \delta > 0 \quad \cdots\cdots\cdots\cdots\cdots\cdots\cdots\cdots\cdots\cdots\cdots\cdots \quad (2.11)$$

(2.9)と(2.11)から(2.12)を得る。

$$\dot{C}_t = \frac{\delta U_c(C_t)}{U_{cc}(C_t)} \quad \cdots\cdots\cdots\cdots\cdots\cdots\cdots\cdots\cdots\cdots \quad (2.12)$$

効用関数の性質を示している(2.2)から，$U_c(C_t)>0$, $U_{cc}(C_t)<0$ であるので，消費の変化 $\dot{C}_t$ は(2.13)で示すように $\dot{C}_t<0$ となり，(2.4)を最大にする時点 t での最適な消費は減少している。

$$\dot{C}_t = \frac{\delta U_c(C_t)}{U_{cc}(C_t)} < 0 \quad \cdots\cdots\cdots\cdots\cdots\cdots\cdots\cdots\cdots \quad (2.13)$$

また，(2.12)で η を使うことにより，(2.12)を(2.14)に置き換えることができる。η は消費による限界効用の弾力性である。つまり，限界効用の増加率を消費の増加率で割った値である。η は $U_c(C_t)>0$, $U_{cc}(C_t)<0$ であることから，$\eta>0$ となる。またここで η は定数であると仮定する。

$$\frac{\dot{C}_t}{C_t} = -\frac{\delta}{\eta} < 0 \quad \text{ただし} \quad \eta = -\frac{U_{cc}(C_t)}{\dfrac{U_c(C_t)}{C_t}} > 0 \quad \cdots\cdots \quad (2.14)$$

この将来にわたる効用(2.4)を最大にする，動学的最適条件(2.14)から，最適な消費の変化率は効用の割引率 δ と消費による限界効用の弾力性 η に依存することになる。つまり，効用の割引率が大きければ，消費の減少率は大きくなり，現在世代が多く消費し，将来世代があまり消費しないことになる。逆に消費による限界効用の弾力性が大きくなれば，消費の減少率は小さくなる。

また，(2.11)から資源のシャドープライス p_t は時間の経過とともに大き

くなり，その変化率は δ である。この p_t が大きくなっていけば，(2.9)から消費からの限界効用も大きくなる。(2.2)からその限界効用が大きくなるのは，消費がゼロに近づいたときであり，時間の経過とともに最適な消費はゼロに近づくことになる。

さらに，(2.11)から(2.8)の横断条件の，$p_t e^{-\delta t}$ は時間の経過にもかかわらず正の一定の値となるので，横断条件を満たすためには，無限時点の資源ストックは(2.15)となり，ゼロにならなければならない。つまり政策当局の時間的視野が無限大であるならば，(2.16)のように消費により資源ストックを枯渇し尽くすことが最適になる。なお(2.16)の S_0 は初期の資源ストックである。

$$\lim_{t \to \infty} S_t = 0 \quad \cdots\cdots\cdots\cdots\cdots\cdots\cdots\cdots\cdots\cdots\cdots\cdots (2.15)$$

$$S_0 = \int_0^\infty C_t dt \quad \cdots\cdots\cdots\cdots\cdots\cdots\cdots\cdots\cdots\cdots (2.16)$$

以上(2.14)および(2.16)から，初期の資源ストック S_0 が与えられるならば，(2.14)に従って消費を行い，最終的にこの初期の資源ストックを枯渇するように初期の消費 C_0 を決定することが政策当局の最適な資源の使用の政策となる。

この初期の消費 C_0 と初期の資源ストック S_0 の大きさとの関係を数学を使って調べ，この初期の消費 C_0 の値を求めることにする。この(2.14)を(2.17)のように積分すると，t 時点の消費 C_t を次の(2.18)で示すことができる。この(2.18)の A は積分定数である。

$$\int_0^\infty \frac{1}{C_t} \frac{dC_t}{dt} dt = \int_0^\infty (-\frac{\delta}{\eta}) dt \quad \cdots\cdots\cdots\cdots\cdots\cdots (2.17)$$

$$\log C_t = -\frac{\delta}{\eta} t + A$$

$$C_t = e^{(-\frac{\delta}{\eta}) t + A} \quad \cdots\cdots\cdots\cdots\cdots\cdots\cdots\cdots\cdots\cdots (2.18)$$

初期の消費 C_0 は (2.18) に $t=0$ を代入することから得られ，$C_0 = e^A$ と

なる。この C_0 を(2.18)に代入すると，時点 t の消費は(2.19)になる。

$$C_t = C_0 e^{-\frac{\delta}{\eta}t} \quad \cdots\cdots\cdots\cdots\cdots\cdots\cdots\cdots\cdots\cdots\cdots\cdots\cdots\cdots\cdots\cdots\cdots (2.19)$$

この(2.19)を(2.16)に代入すると，(2.20)になる。

$$S_0 = \int_0^\infty C_0 e^{-\frac{\delta}{\eta}t} dt \quad \cdots\cdots\cdots\cdots\cdots\cdots\cdots\cdots\cdots\cdots\cdots\cdots\cdots (2.20)$$

ここで，政策当局の時間的視野の期末を T として，(2.20)の右辺の積分を求めると(2.21)になる。

$$\int_0^T C_0 e^{-\frac{\delta}{\eta}t} dt = \left[\frac{1}{-\frac{\delta}{\eta}} C_0 e^{-\frac{\delta}{\eta}t}\right]_0^T$$

$$C_0 = \frac{S_0}{\frac{\eta}{\delta}(1-e^{-\frac{\delta}{\eta}T})} \quad \cdots\cdots\cdots\cdots\cdots\cdots\cdots\cdots\cdots\cdots\cdots (2.21)$$

(2.21)の分母において，期末 T は大きいので，$1-e^{-\frac{\delta}{\eta}T}>0$ となる。さらに T が無限大であるときには，(2.21)は(2.22)になる。

$$C_0 = S_0 \frac{\delta}{\eta} \quad \cdots\cdots\cdots\cdots\cdots\cdots\cdots\cdots\cdots\cdots\cdots\cdots\cdots\cdots\cdots\cdots\cdots (2.22)$$

(2.22)から政策当局の時間的視野が無限大であるときには，初期の資源ストック S_0 が分かっていれば，この S_0 によって最適な初期の消費 C_0 が決定されることになる。

図表10-1は資源ストック S_t と(2.4)の効用を最大にする最適な消費 C_t の関係を示している。横軸は資源ストック S で，縦軸はその最適な消費 C である。横軸に初期の資源ストック S^0 が与えられれば，(2.22)より最適な初期の消費 C_0 が決定される。矢印の最適経路は，この (S^0, C_0) の座標から資源ストックと消費がゼロとなる原点に向かう。この経路では(2.19)により最適な消費が行われるのである。

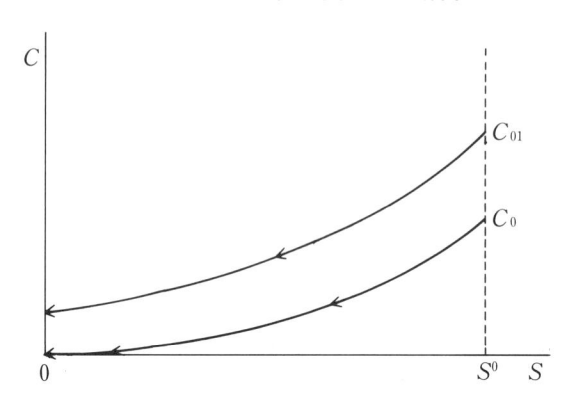

図表10-1 枯渇性資源と最適消費

また，(2.22)から所与の初期の資源ストック S_0 に対して，効用に対する割引率 δ が大きければ，初期の消費 C_0 が大きくなる。逆に消費による限界効用の弾力性 η が大きければ，初期の消費 C_0 は小さくなる。

このような議論は政策当局の時間的視野が無限大の場合だけではなく，有限の場合にも成立する。政策当局の時間的視野が有限の場合には，経済政策の課題は(2.5)と(2.6)の制約条件の下で，(2.23)の積分の値を最大にすることである。

$$\int_0^T U(C_t)e^{-\delta t}dt \quad \delta>0 \quad \cdots\cdots\cdots (2.23)$$

この積分の値を最大にする必要条件は時間的視野が無限大である場合と同じで，(2.9)と(2.11)になり，この2つの必要条件から(2.14)を得る。この(2.14)から(2.19)の時点 t の最適な消費 C_t を得る。政策当局の考える有限の時間的視野 T の期間に，消費により資源ストックが枯渇されることから，この期間での消費 C_t と初期の資源ストック S_0 の間で(2.24)の関係が生ずる。この積分を解いて求めたのが(2.21)である。

$$S_0 = \int_0^T C_t dt \quad \cdots\cdots\cdots (2.24)$$

(2.21)は初期の消費 C_0 を示しており，政策当局の時間的視野 T が大きくなれば，(2.21)から分母の $1-e^{-\frac{\delta}{\eta}T}$ の項の値が大きくなり，所与の初期の資源ストック S_0 に対応する最適な初期の消費 C_0 が小さくなることが分かる。逆に政策当局の時間的視野 T が小さくなれば，初期の消費 C_0 を大きくすることが最適な政策になる。

このことを図表10-1の位相図によって示せば，政策当局の時間的視野が小さいときには C_0 の値を大きく C_{01} に定め，そこから矢印の付いた最適経路に沿って資源を使って消費を行うのが最適な消費政策になる。この経路では消費 C_t が大きいので，(2.3)から $\dot{S}_t$ の値が小さくなり，資源ストックの枯渇が速くなる。このため短期間に資源ストックを枯渇することになる。また期末の消費 C_T はゼロになるとは限らない。

第3節　技術進歩を考慮した資源と最適消費政策

発展途上国を含めて現在の経済発展が続けば，2050年には人類はエネルギーの消費量が現在の3倍を超え，石油など化石資源を枯渇し尽くし，素材の生産量に匹敵するほどの廃棄物が地球上にあふれ，大気中の二酸化炭素の濃度は産業革命以前の2倍を超える可能性がある。このような状況に陥ることを阻止するために，小宮山宏教授は『地球持続の技術』で次のような政策提言をなされている。(1)エネルギーの利用効率を3倍にする。(2)物質循環のシステムをつくる。(3)太陽光，水力と風力，地熱と潮汐など自然エネルギーを2倍にする。

これらの政策はすべて技術革新と関係しており，とりわけ(1)エネルギーの利用効率を3倍にするのは，そのことと関係している。その政策は主に化石資源の枯渇化の問題を利用の効率化という技術革新でもって解決しようとするものである。本節では，第2節で分析した枯渇性資源を利用する経済で外生的技術進歩が生じる場合に，将来にわたる効用を最大にする最適消費政策とはどのようなものかを分析する。またこの分析結果が第2節での結果とど

のように異なるかを明らかにする。

この外生的技術進歩については，Krautkraemer, J. A.〔14〕と同様に資源を消費のために利用するときに，資源 r_t と消費 C_t の間に次の式の関係があるものとする。m は外生的技術進歩率で，$m>0$ であると仮定する。

$$C_t = e^{mt} r_t \quad m>0$$

資源ストックの変化 $\dot{S}_t$ と資源 r_t との間には，次の関係があるものとする。

$$\dot{S}_t = -r_t$$

このとき，資源ストックの変化 $\dot{S}_t$ と消費 C_t の間は(3.1)の関係になる。

$$\dot{S}_t = -\frac{1}{e^{mt}} C_t \quad \cdots\cdots\cdots\cdots\cdots\cdots\cdots\cdots\cdots\cdots\cdots\cdots\cdots\cdots (3.1)$$

人びとは効用を消費からのみ得るものとし，効用関数の性質については，第2節の(2.2)と同じものを仮定する。また，初期の資源ストック S_0 は S^0 で所与であるとする。このとき，政策当局の効用最大化の課題は，時間的視野が無限大であるとすると，(3.3)と(3.4)の制約条件の下で(3.2)を最大にすることである。

$$\text{最大化} \quad \int_0^\infty U(C_t) e^{-\delta t} dt \quad \delta>0 \quad \cdots\cdots\cdots\cdots\cdots\cdots (3.2)$$

$$\text{制約条件} \quad \dot{S}_t = -\frac{1}{e^{mt}} C_t \quad \cdots\cdots\cdots\cdots\cdots\cdots\cdots\cdots\cdots (3.3)$$

$$S_0 = S^0 \quad \cdots\cdots\cdots\cdots\cdots\cdots\cdots\cdots\cdots\cdots\cdots\cdots\cdots\cdots\cdots (3.4)$$

ここで，ハミルトン関数を(3.5)によって示す。

$$H = U(C_t) e^{-\delta t} + p_t e^{-\delta t} \left(-\frac{1}{e^{mt}} C_t \right)$$

$$H = U(C_t) e^{-\delta t} - p_t e^{-(\delta+m)t} C_t \quad \cdots\cdots\cdots\cdots\cdots\cdots (3.5)$$

また，横断条件は(3.6)になる。

$$\lim_{t \to \infty} p_t e^{-\delta t} S_t = 0 \quad \cdots\cdots\cdots\cdots\cdots\cdots\cdots\cdots\cdots\cdots (3.6)$$

(3.2)が最大となるための必要条件を求めるために，まずこのハミルトン関数をコントロール変数である消費 C_t により最大化すると，(3.7)になる。

$$H_c = U_c(C_t)e^{-\delta t} - p_t e^{-(\delta+m)t} = 0$$

$$p_t = e^{mt} U_c(C_t) \quad \cdots\cdots\cdots\cdots\cdots\cdots\cdots\cdots\cdots\cdots\cdots\cdots \quad (3.7)$$

もう1つの必要条件は次の(3.8)である。

$$\frac{d(p_c e^{\delta t})}{dt} = -H_s$$

$$\frac{\dot{p}_t}{p_t} = \delta > 0 \quad \cdots\cdots\cdots\cdots\cdots\cdots\cdots\cdots\cdots\cdots\cdots\cdots \quad (3.8)$$

この必要条件の(3.7)は資源のシャドープライス p_t が技術進歩と消費による限界効用の積に等しいことを示している。この(3.7)は第2節の(2.9)に対応し，技術進歩が含まれていることで(2.9)と異なる。(3.8)の必要条件は第2節の(2.11)と同じであり，資源のシャドープライスの変化率は効用の割引率 δ に等しくなっている。つまり，このシャドープライスは δ の比率で大きくなる。

次に，(3.7)と(3.8)を使って，(3.2)を最大にする最適な消費の経路を求めてみる。まず，(3.7)を時間によって微分すると(3.9)になる。

$$\dot{C}_t = (\delta - m) \frac{U_c(C_t)}{U_{cc}(C_t)} \quad \cdots\cdots\cdots\cdots\cdots\cdots\cdots\cdots\cdots\cdots \quad (3.9)$$

(3.9)は，技術進歩のない第2節の(2.13)に対応している。(2.13)では将来にわたる効用の最大化を実現する最適な消費が $\dot{C}_t < 0$ となって時間の経過とともに減少していた。この(3.9)では効用関数の仮定から $U_c(C_t) > 0$，$U_{cc}(C_t) < 0$ であり，また $\delta > 0, m > 0$ であるので，次の3つの場合が生じる。

(1) $\delta > m$ である場合，$\dot{C}_t < 0$ となり，消費は減少していく。
(2) $\delta = m$ である場合，$\dot{C}_t = 0$ となり，消費は一定である。
(3) $\delta < m$ である場合，$\dot{C}_t > 0$ となり，消費は増加していく。

(3)の場合には技術進歩率が大きく，資源を使ってもそれ以上に効率の上昇により，消費を増加させることが最適になる。また(2)の場合にも一定の消費を維持することが最適になる。だが，資源の枯渇化がきわめて重要な問題となっている現実の経済では，このような大きな技術進歩率を予想することは難しく，これらの2つの場合は実現不可能と考えられる。このため以後，(1)の場合 $\delta > m$ を前提に議論する。

この(1)の場合には，時間の経過とともに消費を減少させることが最適な消費となる。この(1)の場合の(3.9)を第2節の(2.13)と比較すると，技術進歩があるとその比率 m の大きさだけ消費の減少は小さくなる。

次に，(3.9)を時点 t での消費の変化率を示す(3.10)に置き換える。ここで，消費による限界効用の弾力性 η は効用関数の仮定から，$\eta > 0$ になる。ただし η は一定で定数であると仮定する。

$$\frac{\dot{C}_t}{C_t} = -\frac{\delta - m}{\eta} \quad \text{ただし} \quad \eta = -\frac{U_{cc}(C_t)}{\dfrac{U_c(C_t)}{C_t}} > 0 \quad \cdots\cdots (3.10)$$

(3.8)から資源のシャドープライス p_t は δ で大きくなっており，(3.6)の横断条件の $p_t e^{-\delta t}$ は一定の値になる。この横断条件から無限時点では資源ストックは(3.11)に示すようにゼロとなり，資源ストックを枯渇し尽くすことが最適になる。このため無限時点では消費もゼロとなることが最適になる。

$$\lim_{t \to \infty} S_t = 0 \quad \cdots\cdots\cdots\cdots\cdots\cdots\cdots\cdots (3.11)$$

初期の資源ストック S_0 とこの最適な消費 C_t との間の関係，また(3.1)の資源の利用と消費の間の関係から，(3.12)が導かれる。

$$S_0 = \int_0^\infty \frac{1}{e^{mt}} C_t dt \quad \cdots\cdots\cdots\cdots\cdots\cdots (3.12)$$

次に(3.10)から，時点 t での最適な消費の変化率を時間 t で積分すると，

(3.13)になる。

$$\int_0^\infty \frac{1}{C_t} \frac{dC_t}{dt} dt = \int_0^\infty \left(-\frac{\delta - m}{\eta}\right) dt \quad \cdots\cdots\cdots\cdots\cdots\cdots\cdots\cdots (3.13)$$

この(3.13)を第2節の(2.18)と同じように展開すると，(3.14)の時点 t での消費を得る。ただし，C_0 は初期の消費である。

$$C_t = C_0 e^{\frac{m-\delta}{\eta}t} \quad \cdots\cdots\cdots\cdots\cdots\cdots\cdots\cdots\cdots\cdots\cdots\cdots\cdots\cdots\cdots (3.14)$$

この(3.14)を(3.12)に代入すると，(3.15)になる。

$$S = \int_0^\infty C_0 e^{-\left(\frac{\delta}{\eta} - \frac{m}{\eta} + m\right)t} dt \quad \cdots\cdots\cdots\cdots\cdots\cdots\cdots\cdots (3.15)$$

ここで，政策当局の時間的視野の期末を T として，(3.15)の積分を求めると(3.16)になる。

$$\int_0^T C_0 e^{-\left(\frac{\delta}{\eta} - \frac{m}{\eta} + m\right)t} dt = \left[\frac{1}{-\left(\frac{\delta}{\eta} - \frac{m}{\eta} + m\right)} C_0 e^{-\left(\frac{\delta}{\eta} - \frac{m}{\eta} + m\right)}\right]_0^T$$

$$C_0 = S_0 \left(\frac{\delta}{\eta} - \frac{m}{\eta} + m\right) \frac{1}{1 - e^{-\left(\frac{\delta}{\eta} - \frac{m}{\eta} + m\right)T}} \quad \cdots\cdots\cdots\cdots (3.16)$$

T が無限大になるときには，$\delta > m$ を仮定しているので，(3.16)は(3.17)になる。(3.17)は第2節の(2.22)に対応している。

$$C_0 = S_0 \left(\frac{\delta}{\eta} - \frac{m}{\eta} + m\right) \quad \cdots\cdots\cdots\cdots\cdots\cdots\cdots\cdots\cdots (3.17)$$

政策当局の時間的視野が無限大であるときには，(3.17)から所与の初期の資源ストック S_0 に対して，割引率 δ が大きくなれば，(3.2)を最大にする最適な初期の消費 C_0 も大きくなる。また消費による限界効用の弾力性 η については，$\delta > m$ の場合を仮定しているので，η が大きくなれば，最適な初期の消費 C_0 は小さくなる。これらの結果は第2節での(2.22)の結果と同じである。

最適な初期の消費 C_0 と η の値との関係は次のようになる。$\eta>1$ のときには技術進歩のある場合の方が最適な初期の消費は大きい。$\eta=1$ のときには最適な初期の消費は同じになる。$\eta<1$ のときには技術進歩がある場合には、初期の消費が小さくなる。また、この技術進歩がある本節の場合、技術進歩率 m が大きくなるとき、$\eta>1$ の場合には最適な初期の消費 C_0 は大きくなり、逆に $\eta<1$ の場合には、最適な初期の消費 C_0 は小さくなる。$\eta=1$ の場合には、最適な初期の消費 C_0 は技術進歩率の影響を受けない。

なお、政策当局の時間的視野が有限の期間 T であるときには、最適な初期の消費 C_0 は第2節の(2.21)に対応する(3.16)となる。ここでの $\eta>0$ の仮定から、第2節での分析と同様、この時間的視野が大きくなるほど最適な初期の消費 C_0 は小さくなる。逆に政策当局が考える時間的視野が小さくなれば、最適な初期の消費 C_0 は大きくなる。

第4節　環境を考慮した資源と最適消費政策

資源ストックが消費のために使われるだけでなく、資源ストックそれ自体が人びとの効用の対象となる場合の、最適消費政策の問題を本節では考えてみる。資源ストックが効用の対象となる一例としては森林があげられる。森林から木材を切り出し燃料や家具などの消費財をつくることができ、この消費財を利用することにより人びとは効用を得る。それとともに、森林それ自体が近年問題となっている地球温暖化の要因である二酸化炭素を吸収したり、人びとにレクリエーションの場を提供したりする。このことから、資源ストックそれ自体からも人びとは効用を得る。このように資源ストックそれ自体も効用の対象となる場合、この資源ストックを環境資産とよぶことにする。

経済をもう少し広くマクロ的にみると、石油や石炭など枯渇性資源を生産過程で利用する場合、その生産過程で出る二酸化炭素などの排出物は地球温暖化の要因となり、環境を悪化させる。このことはこれら資源を使っての生産が、環境という自然資源をそれだけ減少させることを意味する。

とくにエネルギー問題の場合,その確保のために天然資源を使うことは,地球温暖化のように環境に大きな影響をおよぼす。その問題を避けるために,原子力を使うと放射能汚染の問題があり,また石油,石炭,ウランという資源についても枯渇化の問題がある。このように天然資源と環境には密接な関係があり,この環境問題を考慮しつつ,枯渇性資源をいかに有効に使うかが重要になる。

ここで,消費のための資源になり,また同時にその資源自体が効用を与える環境資産となるような資源を考え,以後分析を行う。この環境資産を消費のために使うことは,一方で消費から効用を得るが,他方でその環境資産を減少させるので,環境資産それ自体から得る効用は減少する。この環境資産という資源ストックそれ自体からも効用を得るとき,この資源ストックを使っての将来にわたる効用最大化の政策とはどのようなものか,またその政策を第2節での分析結果と比較しながら述べることにする。

資源ストックも効用の対象となるとみなして,最適消費の問題を扱った文献としては Krautkramer, J.A.〔14〕が代表的であるが,本節では第2節との関係を明確にするために,主として Heal, G.M.〔13〕に基づいて分析を行う。

そこでまず,前節での資源ストック S_t をここでは時点 t の環境資産とよぶことにする。効用関数を次の(4.1)のように定め,その変数は消費 C_t と環境資産 S_t である。

$$U = U(C_t, S_t) \quad \cdots\cdots\cdots\cdots\cdots\cdots\cdots\cdots\cdots\cdots\cdots\cdots\cdots\cdots\cdots \quad (4.1)$$

この効用関数の性質については,(4.2)を仮定する。第2節との相違点は,(2.2)では消費がゼロに近づいたときに,消費による限界効用が無限大になると仮定していたが,(4.2)では消費がゼロに近づいたときには,消費による限界効用は無限大より小さく有限の値であると仮定する。また,環境資産が正であるときには,消費がゼロであっても効用は正になるものと仮定する。

$$U_c(C_t, S_t) > 0 \quad U_{cc}(C_t, S_t) < 0 \quad \lim_{c_t \to 0} U_c(C_t, S_t) < \infty \quad U(0, S_t) > 0 \quad (4.2)$$

環境資産と効用の間には(4.3)の関係があるものと仮定する。環境資産についても，それがゼロに近づいたときの環境資産の限界効用は無限大よりも小さく有限の値であると仮定する。

$$U_s(C_t, S_t) > 0 \quad U_{ss}(C_t, S_t) < 0 \quad \lim_{s_t \to 0} U_s(C_t, S_t) < \infty \cdots (4.3)$$

ここで，消費による限界効用は環境資産によって影響されず，また環境資産からの限界効用も消費によって影響されず，限界効用に関しては消費と環境資産との関係は互いに独立であると仮定する。この関係を下の式で示す。

$$U_{cs}(C_t, S_t) = 0$$

環境資産，資源利用，消費の間には第2節の(2.5)と同じ関係があり，本節では(4.5)で示す。また初期の資源ストック S_0 は S^0 であり，(4.6)で示す。このとき政策当局の考える時間的視野が無限大である場合には，経済政策の課題は(4.5)と(4.6)の制約条件の下で，(4.4)を最大にすることになる。

$$\text{最大化} \quad \int_0^\infty U(C_t, S_t) e^{-\delta t} dt \quad \cdots\cdots\cdots\cdots (4.4)$$

$$\text{制約条件} \quad \dot{S}_t = -C_t \quad \cdots\cdots\cdots\cdots (4.5)$$

$$S_0 = S^0 \quad \cdots\cdots\cdots\cdots (4.6)$$

そこでハミルトン関数を定式化すると，(4.7)になる。

$$H = U(C_t, S_t) e^{-\delta t} + p_t e^{-\delta t}(-C_t) \quad \cdots\cdots\cdots\cdots (4.7)$$

また，横断条件は(4.8)になる。

$$\lim_{t \to \infty} p_t e^{-\delta t} S_t = 0 \quad \cdots\cdots\cdots\cdots (4.8)$$

次に，(4.4)を最大にする必要条件をハミルトン関数を使って求めてみる。コントロール変数である消費 C_t により，ハミルトン関数の最大化を行うと，(4.9)になる。

$$H_c = U_c(C_t, S_t) e^{-\delta t} - p_t e^{-\delta t} = 0$$

$$p_t = U_c(C_t, S_t) \quad \cdots\cdots\cdots\cdots (4.9)$$

(4.4)の最大化のための第1番目の必要条件である(4.9)は、資源のシャドープライス p_t が消費からの限界効用に等しいことを示している。この関係は第2節の(2.9)と同じようになっているが、本節では効用関数は消費 C_t と環境資産 S_t の2つの変数を含んでいることから、(4.9)の限界効用は消費による効用の偏微分となっている。

(4.4)の最大化のための第2番目の必要条件を求めると、資源のシャドープライス p_t と環境資産 S_t の間は、(4.10)の関係になる。

$$\frac{d(p_t e^{-\delta t})}{dt} = -Hs^t$$

$$\dot{p}_t + p_t(-\delta) = -U_s(C_t, S_t) \quad \cdots\cdots\cdots\cdots\cdots\cdots\cdots\cdots (4.10)$$

また(4.10)の必要条件を資源のシャドープライスの変化率で示すと(4.11)になる。

$$\frac{\dot{p}_t}{p_t} = \delta - \frac{1}{p_t} U_s(C_t, S_t) \quad \cdots\cdots\cdots\cdots\cdots\cdots\cdots\cdots (4.11)$$

(4.11)の資源のシャドープライスの変化率を第2節の(2.11)と比較すると、(4.11)でのその変化率は環境資産による限界効用をこのシャドープライス p_t で割った値だけ(2.11)での変化率より小さくなっている。

(4.9)と(4.10)から、次の(4.12)の関係が生ずる。

$$U_{cc}(C_t, S_t)\dot{C}_t + U_{cs}\dot{S}_t - \delta U_c(C_t, S_t) = -U_s(C_t, S_t) \quad (4.12)$$

(4.3)の効用関数についての仮定と、$U_{cs}(C_t, S_t) = 0$ という仮定から、(4.12)は(4.13)になる。

$$\dot{C}_t = \frac{\delta U_c(C_t, S_t) - U_s(C_t, S_t)}{U_{cc}(C_t, S_t)} \quad \cdots\cdots\cdots\cdots\cdots\cdots (4.13)$$

(4.13)は時点 t での(4.4)を最大にする最適な消費の変化を示している。第2節の(2.13)も時点 t での最適な消費の変化を示していたが、その違いは(4.13)では分子が環境資産による限界効用だけ小さくなっていることである。このため(2.13)では $\dot{C}_t < 0$ となっていたが、(4.13)では必ずしも $\dot{C}_t < 0$ に

はならず，$\dot{C}_t>0$ と $\dot{C}_t=0$ にもなる。とくに(4.13)で $\dot{C}_t=0$ となるのは次の(4.14)のときである。

$$\delta U_c(C_t, S_t) = U_s(C_t, S_t) \quad \cdots\cdots\cdots\cdots\cdots\cdots\cdots\cdots (4.14)$$

図表10-2では，横軸に環境資産 S を，縦軸に消費 C を示している。(4.13)から $\dot{C}_t=0$ であるのは，効用関数の性質についての(4.2)での $U_c(C_t, S_t)$ および $U_{cc}(C_t, S_t)$ の仮定，それと(4.3)の $U_s(C_t, S_t)$ の仮定により，図表12-2の破線で示した曲線である。この曲線より右側では $\dot{C}_t<0$ となり，左側では $\dot{C}_t>0$ となる。また，時点 t での環境資産の変化は(4.5)から，$C_t>0$ である限り $\dot{S}_t<0$ になり，$\dot{S}_t=0$ となるのは $C_t=0$ になるときである。

初期の環境資産 S^0 が与えられたとき，この $\dot{S}_t$ と $\dot{C}_t$ の動きにより，政策当局の時間的視野が無限大での(4.4)を最大にする最適経路は図表10-2では，初期の消費 C_0 から座標 $(S^*, 0)$ に向かう矢印の付いた線になる。この最適経路では(4.13)によって最適な消費の変化が決定される。この C_0 では $\dot{C}_t<0$ となり時間の経過とともに消費を引き下げることになる。環境資産は(4.5)により減少し，消費がゼロになるとき環境資産は S^* となる。この座標 $(S^*, 0)$ では $\dot{C}_t=0$ となることから，(4.14)が満たされ(4.15)になる。

$$\delta U_c(0, S^*) = U_s(0, S^*) \quad \cdots\cdots\cdots\cdots\cdots\cdots\cdots\cdots (4.15)$$

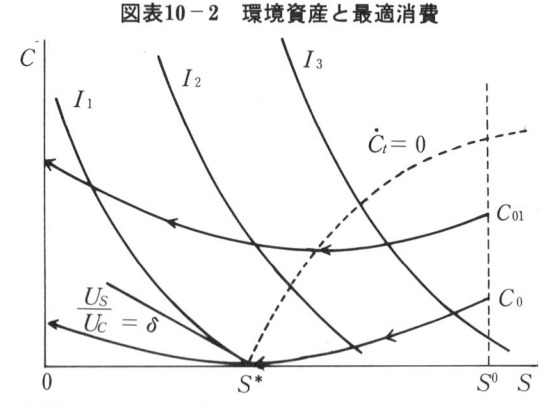

図表10-2 環境資産と最適消費

資料) Heal G.M.〔13〕41ページより作成

この(4.15)から(4.16)を得ることができる。この(4.16)の関係を図表10-2の座標$(S^*, 0)$から左上に引いた直線が示している。座標$(S^*, 0)$では消費と環境資産の限界効用の比率はδとなり，この比率は無差別曲線I_1の接線の傾きと等しくなっている。

$$-\frac{dC}{dS} = \frac{U_s}{U_c} = \delta \quad \cdots\cdots\cdots\cdots\cdots\cdots\cdots\cdots\cdots\cdots\cdots\cdots\cdots\cdots (4.16)$$

なお，(4.11)から$p_t e^{-\delta t}$は一定ではなく，時間の経過とともにゼロに近づく。このことから(4.8)の横断条件については，S_tは無限時点では必ずしも(2.15)のようにゼロである必要はなく，$S_t > 0$であることが可能になり，座標$(S^*, 0)$では定常状態が維持されることになる。政策当局の時間的視野が無限大であるときには，この座標$(S^*, 0)$に最適経路が到達するように，最適な初期の消費C_0を定めなければならない。

第2節での最適政策と本節での最適政策を比較した場合，効用関数に消費C_tだけを含めた第2節の場合には，時間の経過とともに消費を引き下げることが最適政策であることは本節でも同様である。だが無限時点においては，第2節の分析では資源ストックを残さず，枯渇してしまうことが最適政策となった。しかし本節の分析では効用関数の中に環境資産をも含めたことにより，環境資産を枯渇し尽くさず，S^*だけ残すことが政策当局の最適政策になる。また座標$(S^*, 0)$では，$\dot{C}_t = 0, \dot{S}_t = 0$となり持続可能となる。なお，この最適消費政策では消費が正であるのは，座標(S^0, C_0)から最適経路に沿って座標$(S^*, 0)$に到達するまでの一定の有限の期間Tであり，その後は消費はゼロとなる。このS_0, S^*および消費C_tの間の関係を(4.17)によって示すことができる。

$$S_0 = \int_0^T C_t dt + \overset{*}{S} \quad \cdots\cdots\cdots\cdots\cdots\cdots\cdots\cdots\cdots\cdots (4.17)$$

次に，同じ初期の資源ストックS^0に対して，この最適経路での初期の消費C_0と第2節で求めた最適な初期の消費とを，位相図を使って比較してみ

る。前述のように，$\dot{C}_t$の変化は第2節でも本節でも負であるが，(2.13)と(4.13)から本節では$U_s(C_t, S_t)$があるので大きくなっている。このことから，初期の座標(C_0, S^0)からの最適経路の傾きがより水平になる。また，第2節では資源ストックを枯渇し尽くすことが最適であったが，本節では最終的に環境資産をS^*だけ残すことが最適になる。

このことから図表10-1と図表10-2の最適経路を比較すると，本節の最適な初期の消費C_0は第2節のC_0よりも小さくなる。また(2.13)と(4.13)から本節では消費をよりゆっくりと減らすことになる。つまり，効用関数の中に環境資産が入る場合には，環境資産からも効用を得ることができるので，環境資産を大切にし，初期の消費を少なくすることが最適となる。

ところで，政策当局の考える時間的視野が有限の期間Tである場合には，政策当局の課題は(4.19)と(4.20)の制約条件の下で(4.18)を最大にすることになる。この場合には(4.18)を最大にする必要条件は時間的視野が無限大の場合と同じで，(4.9)と(4.10)になる，この2つの必要条件から，最適な消費の変化を(4.13)によって示すことができる。

最大化　$\int_0^T U(C_t, S_t) e^{-\delta t} dt \quad \delta > 0$　……………………(4.18)

制約条件　$\dot{S}_t = -C_t$　………………………………………(4.19)

$S_0 = S^0$　……………………………………………(4.20)

だが，政策当局の時間的視野が有限の場合，消費の最適経路はそれが無限大の場合と異なる。この政策当局の時間的視野が有限の場合での(4.18)を最大にする最適経路を位相図を使って説明すると次のようになる。この有限の期間Tがかなり長い場合には，その時間的視野が無限大の場合と同じように初期の消費をC_0に定め，その後そこからの矢印のついた最適経路に沿って座標$(S^*, 0)$に進み，その後一定期間は座標$(S^*, 0)$で環境資産からの効用のみを享受する。だが，この有限の期間Tの場合には，その後座標$(S^*, 0)$から左上に動く最適経路に沿って消費C_tを増やしながら，最後の時点Tでこの最適経路が縦軸に接する。この縦軸では環境資産S_tはゼロになるので，

政策当局の考える時間的視野が有限の期間 T である場合には，環境資産を枯渇し尽くすことになる。

この有限の時間的視野 T では，初期の座標(S^0, C_0)から座標$(S^*, 0)$までの期間は T_1 となり，座標$(S^*, 0)$から C 軸までの期間は T_2 となる。それゆえこの残りの $T-(T_1+T_2)$ の期間は座標$(S^*, 0)$にあり，最適成長論でいわれるターンパイク定理が成立する。なお，このことが成立するためには，この時間的視野 T について，次の(4.21)の関係が満たされていなければならない。

$$T > T_1 + T_2 \quad\quad\quad\quad\quad\quad\quad\quad\quad\quad\quad\quad (4.21)$$

逆に，政策当局の考える時間的視野 T が(4.21)を満たさず，比較的短い期間であるときには，最適な初期の消費を C_{01} に定める。このとき最適経路は座標$(S^*, 0)$に到達せず，座標(S^0, C_{01})から直接縦軸に到達する矢印のついた最適経路で資源の利用が行われる。この経路では座標$(S^*, 0)$に到達する経路と比較して，消費 C_t が大きく，(4.5)から資源をたくさん利用することになり，環境資産をより短期間で枯渇し尽くすことになる。

参考文献

〔1〕秋元　肇「酸性雨」（慶應義塾大学経済学部環境プロジェクト編『地球環境経済論上』）慶應通信株式会社　平成6年
〔2〕宇沢弘文『地球温暖化を考える』岩波書店　平成7年
〔3〕尾崎　巌・蓑谷千凰彦『経済分析と微分・積分』東洋経済新報社　昭和46年
〔4〕小宮山宏『地球持続の技術』岩波書店　平成11年
〔5〕小山昭雄『経済数学教室　8 ダイナミック・システム下　』岩波書店　平成7年。
〔6〕西岡秀三「地球温暖化」（慶應義塾大学経済学部環境プロジェクト編『地球環境経済論上』）慶應通信株式会社　平成6年
〔7〕西山孝『資源経済学のすすめ』中央公論社
〔8〕Beltratti,A.,*Models of Economic Growth with Environmental Assets*, Kluwer Academic Publishers, 1996.
〔9〕Cass,D.,"Optimum Growth in an Aggregative Model of Capital Accumulation:a Turnpike Theorem", *Econometrica*, Vol., 34, No. 4 , pp.8

45-846.

〔10〕 Dasgupta, P. and G. Heal, "The Optimal Depletion of Exhaustible Resources" in V.L. Smith (eds.) *Economics of Natural and Environmental Resources*, Gorden and Breach, 1977.

〔11〕 Meadows, D.H., D. L. Meadows, J. Randers and W.W.Behrens, *The Limits to Growth*, Universe Books, 1972. 大来佐武郎監訳『成長の限界』ダイヤモンド社 昭和47年

〔12〕 Heal, G.M., "The Optimal Use of Exhaustible Resources" in A.L. Kneese and J.L. Sweeney(eds.)*Handbook of Natural Resource and Energy Economics*, VolumeⅢ, North-Holland, 1993.

〔13〕 Heal G.M., *Valuing The Future - Economic Theory and Sustainability -*, Columbia University Press, 1998.

〔14〕 Krautkramer, J.A., "Optimal Growth, Resource Amenities and the Preservation of Natural Environments", *Review of Economic Studies*, Vol. 52, No.1, 1985.

本稿は『地研年報第5号』(三重短期大学地域問題総合調査研究室,平成12年3月)に掲載した「枯渇性資源と最適成長政策の一考察」を加筆,修正したものです。

なお,本稿の作成は厚生経済学研究会において,Beltratti,A.〔8〕と Heal, G. M.〔12〕の2つの文献の講読を通じて,夏目隆神戸学院大学教授によりご指導を受けた研究成果です。ここに深く感謝の意を表します。

編者紹介
長谷川啓之（はせがわ　ひろゆき）
早稲田大学経済学研究科博士課程修了
現　　在　日本大学商学部教授
　　　　　経済学博士
主要著書　『転換期の経済政策』（共著）中央経済社,
　　　　　『現代の経済政策』（共著）八千代出版,
　　　　　『現代経済理論の基礎』（共著）富士書房,
　　　　　『アジアの経済発展と日本型モデル』　文眞堂,
　　　　　『アジアの経済発展と政府の役割』　文眞堂

五訂版　現代経済政策入門

1991年11月30日　　第 1 版第 1 刷発行
1999年 4 月10日　　新訂第 2 版第 3 刷発行
2002年 4 月10日　　五訂第 1 版第 2 刷発行

編　者　　長　谷　川　　啓　　之

発行所　　株式会社　学　　文　　社

発行者　　田　　中　　千　津　子

東京都目黒区下目黒 3 － 6 － 1 （〒153-0064)
電話 03（3715）1501（代）振替 00130 － 9 － 98842
（落丁・乱丁の場合は本社でお取替えします）
定価はカバー，売上カードに表示〈検印省略〉
　　ISBN 4 － 7620 － 1045 － 6　　　印刷／新灯印刷